中国净土宗伦理思想研究

Research on the Ethical Thought of
Chinese Pure Land Sect

钱姝璇

—— 著

社会科学文献出版社
SOCIAL SCIENCES ACADEMIC PRESS (CHINA)

目　录

绪　言

　　宗教伦理研究是对发生在宗教生活领域里的人类伦理道德现象及其本质的理性研究①。由于研究对象的特殊性，这一研究属于宗教学与伦理学的跨学科性质研究。关于伦理学的研究对象，罗国杰先生认为："从总的方面来看，绝大多数的伦理学家，都认为伦理学是研究道德的。"② 然而，"道德现象是人类社会生活中一类极为广泛的现象，存在于人类的心理、意识、行为以及社会生活的各个层面、各个领域"③。由于人类生活领域的多样性，从而产生了不同领域的伦理研究，如对生态领域的生态伦理研究，对经济领域的商业伦理研究以及对宗教领域的宗教伦理研究等。宗教伦理研究中的"宗教"范畴，在外延上涵盖了佛教、道教、基督教和伊斯兰教等人类社会中的一切宗教。从历史发展来说，佛教业已存在了几千年，被公认为是对人类影响最大的三大宗教之一。从地域分布看，佛教自产生以来广泛流布于印度次大陆、南亚、东南亚以及东亚的

---

① 本书在绪言第三部分具体解释"伦理"与"道德"的概念。
② 罗国杰主编《伦理学》，人民出版社，1989，第6页。
③ 龚群：《现代伦理学》，中国人民大学出版社，2010，第1页。

中国、韩国、朝鲜、日本等地，有着数量庞大的信众群体。佛教伦理研究是宗教伦理研究的重要组成部分，是一种运用伦理学的原理和方法，系统诠释和建构佛教道德哲学思想体系的研究。实际上，佛教在几千年的传承与发展中，先后演化出了许多宗派。其中，中国净土宗①（以下简称净土宗）是中国大乘佛教的重要宗派，也是中国佛教中有着重大影响力的佛教派别。但与此形成鲜明对比的是，在伦理学研究视域内，净土宗伦理研究是较少有人涉足的研究领域，研究成果相对较少。这种现象，一方面反映出净土宗伦理研究所受的关注程度较低，同时也折射出净土宗伦理思想的复杂性。佛学思想博大，义理深奥难懂。作为重要的佛教宗派之一，净土宗既包含有佛教圆融精深的教义，又发展出了独具特色的修行理念。因此，对净土宗伦理思想进行准确梳理和细化研究，实非易事。

大约在两汉、魏晋之际，净土法门由印度经西域逐渐传入中土，至唐朝时形成中国化的佛教宗派，至今已有 1000 多年的发展历史，目前仍焕发着蓬勃的生命力，并占据着当代中国佛教信仰的中心位置之一。净土宗以圆融的心性体系和独特的修行方式，历来深受广大佛教信众推崇。自宋明以降，净土宗已成为

---

① 关于中国净土宗是否为一门独立的佛教宗派，历来有不同的看法。汤用彤先生在《论中国佛教无"十宗"》中曾指出，从严格的宗教宗派所应具有的诸要素来看，净土宗并不能称为一个宗派。释印顺也从教理的角度认为净土宗不应该独立成宗，其在《净土新论》一书中指出："戒律与净土不应独立成宗。"释太虚提出"律为三乘共基，净为三乘共庇"，认为净土是佛教各宗派所共趋的理想境界，天台、华严、唯识以及禅宗等，都可以修净土行，弘扬净土，这是整个佛教的共同倾向。尽管教内教外不同学者从不同的角度论证了净土宗非严格意义上的宗派，但基于净土宗在中国佛教中的地位和影响，一般还是约定俗成地称其为宗。

中国佛教信仰的主流之一，各大宗派都提倡修行"导归净土"。净土宗修行对佛教其他宗派而言，有极大的涵盖性。加强对中国佛教伦理的研究，也就必然不能忽视对净土宗伦理的研究。

净土宗伦理研究可以从多个维度出发进行讨论和诠释。比如，既可以从其形成发展过程中的伦理道德问题的维度进行研究，也可以从经典文本中所蕴藏的伦理思想的维度进行研究，还可以从其伦理特性的维度进行研究，等等。最直观的分析，可以在净土宗自身伦理特性的基础上，由佛教哲学的共相进入净土宗的殊相，再结合佛教教义理论和净土宗"信、愿、行"三个独具特色的修行理念为逻辑主线，探讨净土宗伦理思想的主要内容，研究其所依据的哲学基础与实践，剖析其所具有的学术和宗教意义。

一　佛教伦理与现实关切

现代工业文明使人类的生存状况和社会环境都发生了巨大改变。作为现代化大生产的成果之一，人类社会的物质财富得以空前增长。然而，高度发达的物质文明犹如一把双刃剑，在满足人类物质欲求最大化的同时，也给人类的生存带来了前所未有的危机。一方面，人类生存环境在持续恶化，大气雾霾、极端天气、水土流失等生态危机层出不穷；另一方面，人们在享受物质财富的同时，出现了各种精神危机，如价值失范、信仰缺失、传统德性丧失等。美国伦理学家麦金太尔正确指出这一点："传统生活以德性为中心，而现代生活则以功利为中心，德性处于现代生活的边缘。"① 20 世纪上半叶，接踵而至的两次世界大战让人们饱受失去亲人和家园的战争之苦。20 世纪 50～90 年代，人类社会长期处于"冷战"阶段，区域对抗、种族歧视和宗教冲突等社会危机不断。21 世纪以来，极端主义、区域战争等仍然威胁着人类社会的和平与发展。同时，改革开放以来，中国在社会财富快速增长的同时，社会道德也出现了不同程度的滑坡现象，道德冷漠、拜金主义、诚信缺失等现象屡见不鲜，一定程度上威胁着社会的进步。如何在实现社会物质文明增长的同时，促进精神文明的发展，已成为当代人类需要面对的重大课题。如何在当前的社会环境中提升人类的精神、净化个体的心灵；如何克服人与环境的异化，重新确立人与自然的共生关系；如何重塑不同文明形态、宗教与种族之间共存关系等，也已成为全人类亟须解决的难题。为此，越来越多的学人尝试从不同学科的视角来应对这些难题，表达对现实社会的学理化关怀。1997 年，联合国教科文组织召集全球宗教领袖，召开了全球伦理国际会议，并提出了《走向全球伦理宣言》。该宣言提倡深入研究宗教与伦理文化的关系，强调既要发挥宗教的伦理功能，又要带动宗教的正向发展，同时还要扩展伦理学的研究领域。2014 年，习近平主席在联合国教科文组织总部的演讲中全面论述了佛教中国化的历程与意义，明确提出了中国佛教深厚的现实背景及中华文化

① 〔美〕阿拉斯代尔·麦金太尔：《德性之后》，龚群、戴扬毅等译，中国社会科学出版社，1995，第 42～43 页。

复兴进程中佛教的担当与文化自觉，倡导佛教等各大世界性宗教以对话的方式，逐步形成共识，协力减少和消除"文明之间的冲突"。佛教超越生命形式的平等大爱，普度众生的广大情怀，以及超脱自在的精神境界，无不彰显其独特的伦理价值以及解决文明困境的可能性思路。

　　佛教教义圆融精深，既有精致的宗教理论，又包含着深邃的人生哲理。它以生、老、病、死等生命存在形态为本体问题，以烦恼痛苦为对治对象，注重以理服人、以德感人，具有浓郁的伦理特色。佛教是佛陀关于宇宙实相与自身修行解脱的言传身教，目的是通过"教"和"证"的方式让凡夫众生通过诵读、学习与修行实践而达到佛的至善境界。实际上，佛教是一种道德性的信仰，其教义、教理、教规和弘传方式都体现出了一种独特而鲜明的伦理特色。在长期的弘传与发展过程中，佛教经过僧伽和信众不断的诠释、改造和创新，已形成了一套纷繁缜密的宗教伦理道德体系。佛教伦理从所关注的生命个体出发，主要涉及人与佛、人与人、人与自身以及人与自然的关系，提出了一系列关于善与恶、人生修行、心灵净化以及至善成佛等命题。如那烂陀长老就提出，佛教不是一般人所理解的宗教，他不是对超验的上帝的忠诚，也不表现为一套信仰和礼拜的仪式系统，佛教更不要求信徒盲目地信仰，而是要"建立于知识基础上的信心"。① 一诚长老指出，佛教根本教义

---

① 〔斯里兰卡〕那烂陀：《觉悟之道——佛陀最直接的教导》，学愚译，山东人民出版社，2007，第139页。

体现为二：一是因缘观，二是道德观①。所谓因缘观，即"诸法因缘生。我说是因缘。因缘尽故灭。我作如是说"②；所谓道德观，即"诸恶莫作。诸善奉行。自净其意。是名佛教"。③因缘观为体，道德观为用，此二点为佛教信仰的立足点，前者说明佛教非神教信仰，后者说明佛教是道德信仰。温金玉也认为："佛教思想骨干不外两个部分，即道德和哲学。佛学主要论证人生皆苦，人们如何彻底转变自己的世俗欲望与认识，寻求人生乃至宇宙的'真实'，达到超出生死轮回的最高境界'涅槃'。它从人生分析入手求得宗教解脱，本质是一种宗教伦理学说。"④ 佛教伦理作为佛学思想的重要组成部分，贯穿于整个佛教教义之中，是佛教教义的基石，同时也是佛教实现拯救人生、解脱人生的基本信念和方法。

佛教一般被区分为小乘和大乘两派。尽管这两派在教义和修行方式上存在差异，但都蕴藏着丰富的伦理思想内容。小乘佛教的伦理思想和道德规范偏重于修行者个体的身心修养和道德实践，以"五戒十善"和"八正道"为修行者的基本道德规范，以通过修行而断灭一切烦恼为最高道德理想。大乘佛教除了追求修行者个体解脱之外，还提倡要"自觉觉他，自利利他"，在道德实践方面强调"六度""四摄"，以"慈悲"

---

① 圆持编著《佛教伦理》，东方出版社，2009，第4页。
② （唐）提云般若译《佛说造像功德经》，《大正藏》第16册，第801页中。
③ （东晋）僧伽提婆译《增一阿含经》，《大正藏》第2册，第551页上。
④ 陈瑛、焦国成：《中国伦理学百科全书（2）·中国伦理思想史卷》，吉林人民出版社，1993，第190页。

"平等"为道德原则，以因果报应论为道德约束，在修行方面强调人人平等，以戒律为道德规范，以成佛实现"自觉、觉他和觉行圆满"为最高道德理想。

作为中国佛教大乘宗派之一的净土宗，其伦理思想与整个佛教伦理一脉相承，以道德理论、道德规范、道德实践三部分组成理论架构形式，涉及善恶观、戒律观、修行观等具体内容。按照道德调节范围的大小，净土宗伦理思想可分为个体德行观、家庭伦理观、社会伦理观等方面。净土宗以阿弥陀佛和西方极乐净土为信仰对象，以"菩提心""出离心""空性"为本，以"戒、定、慧"三学为纲，以往生西方净土并最终成佛为修行的终极目的，行"五戒十善""六度四摄"，强调智慧与慈悲并举。实际上就是提倡生则服务社会，净化社会风气，建设人间净土；死则赴弥陀净土，得证无生法忍。其教导人们完善个体道德修养，开发清净自性，将修行者的世间责任与出世间的解脱修证相互结合起来，力求实现个体道德与社会伦理的共同提升。

净土宗的修行理论中蕴含着丰富的伦理道德思想。净土宗以"信、愿、行"为日常修行的指导纲宗，这三者又被称作"净土三资粮"，意为往生西方极乐世界所必备的前提条件，认为西方极乐世界由阿弥陀佛大慈大悲愿力所化现，那里没有一切恶行恶业，只有至善至美和永恒之乐。"信、愿、行"三者之间有着密切的内在联系，缺一不可。"信"为相信、信仰，"信"以启"愿"，"愿"以导"行"。从伦理学角度看，

"信"是对阿弥陀佛这一道德至善榜样的"认同"与坚定的信念，更多地属于道德信念范畴；"愿"是由对道德理想，即往生西方极乐净土，成就最高道德理想人格的追求而激发的情感、意志，更多地属于道德情感、道德意志范畴；"行"是道德修养的实践过程，更多地属于道德修养范畴。作为涉众面最广的中国佛教宗派，净土宗在佛教中国化的进程中有着浓墨重彩的一笔，理应成为我们研究中国佛教伦理予以关注的切入点。净土宗修行理论引导下的道德修养和伦理价值思想，也是我们研究整个佛教伦理道德体系的参考坐标之一。

净土宗自创立以来，因其独具特色的修行理念和简单易行的修学方式，将高深难懂的佛教义理从庙堂搬到巷陌中来，吸引了数量众多的佛教信众，对中国佛教宗派的发展和格局产生了深刻影响。净土宗这种亲民的伦理道德学说，在整个佛教伦理道德体系中占据着基础性地位。因此，加强对中国净土宗"信、愿、行"的修行伦理研究，对佛教伦理道德的研究具有重要意义。同时，中国净土宗伦理研究是中国佛教伦理研究的薄弱环节，对其进行深入研究具有理论和现实意义。净土宗伦理承载了中华民族传统文化，加强对净土宗伦理的研究，有助于扩大国际学界的交流和对话，对促进不同文明、不同宗教背景之间的文化交流具有现实意义。

二　净土宗伦理研究的兴起

佛教伦理研究是一个相对较少有人涉及的研究领域，中国净土宗伦理研究则更是"少数中的少数"。佛教伦理作为佛学的重要组成部分，学界从不同学科的视域对其进行了相关研究。国内伦理学界普遍从伦理思想史的角度描述佛教伦理的基本内容。三浦藤作（张宗元、林科棠）[①] 最早对中国佛教伦理进行了概括性介绍，以华严宗的杜顺和禅宗的宗密为例，简要介绍了中国佛教伦理思想。随着中国伦理学研究的兴起，许多国内学人（如沈善洪与王凤贤[②]，陈瑛与唐凯麟[③]，张岱年[④]，罗国杰[⑤]等）从思想史的角度，简单介绍了中国佛教伦理的基本理论框架。这些著作主要以儒家伦理思想为研究主体，佛教伦理所占比重显得微乎其微。王月清[⑥]以佛教教义为依托，全面探讨了佛教伦理的善恶观、戒律观、修行观、人生观和孝亲观等方面的问题。从佛教关于善恶的界定，分析论证了佛教善恶报应论，认为重戒律于内心、重大乘菩萨戒和世俗化的现实品格是中国佛教戒律的三大特征，将佛教人生观与儒家人生观进行对比，探讨了中国佛教的理想人格、修养方法以及社会理想，同时详细阐述了中国佛教"以佛言孝、劝佛行孝、助世行孝"的孝亲观。张怀承从三教互补视角讨论了佛教伦理道德与中国传统文化的关系，指出四谛真如是佛教伦理道德的理论基础，悟空断苦是佛教伦理道德的总体构建，无常无我是佛

① 〔日〕三浦藤作：《中国伦理学史》，张宗元等译，台湾商务印书馆，1970。
② 沈善洪、王凤贤：《中国伦理学说史》，浙江人民出版社，1985。
③ 陈瑛、唐凯麟：《中国伦理思想史》，贵州人民出版社，1985。
④ 张岱年：《中国伦理思想研究》，上海人民出版社，1989。
⑤ 罗国杰：《中国伦理思想史》，中国人民大学出版社，2008。
⑥ 王月清：《中国佛教伦理研究》，南京大学出版社，1999。

教伦理思想的主要观点，同时还探讨了佛性论、修持论、处世论以及慈悲观①。温金玉探讨了禅宗伦理，认为禅宗本质上是一种生命哲学，禅宗伦理的基本框架由人生观、佛性论和解脱论组成。禅宗以"真如"为最高伦理实体，自性与真如、佛性同一。佛性是清净无染，至纯至善的"善良意志"；把"无念"作为心性修养的至高境界。他认为无修之修、定慧等学的是实现明心见性的道德理想的实践方法②。董群探讨了禅宗伦理作为伦理化宗教的基本特征，提出五种道德关系的规范和原则，揭示了宗教伦理和世俗伦理之间的联系与区别。同时，考察了禅宗伦理对于中国伦理的吸收，展现了禅宗伦理的基本特色。③ 业露华主张从宗教信仰的立场出发，形成了以宗教善恶观和善恶轮回报应说为主的佛教伦理理论体系。他认为佛教伦理思想需要解答的根本问题在于人是否可以成佛以及怎样才能成佛，并以佛性论为切入点，论证了成佛的可能性。从人生为苦、"涅槃"境界说和修行方法三个方面阐述了成佛的途径。④ 欧顺军研究了伦理学视域下的佛教平等观，探讨了佛教平等观要义，从缘起论、空论、佛性论、业力因果论四个方面论证佛教平等观；从人我身心关系、人与人、人与自然三个方面分析了佛教慈悲观的践行，论述了佛教平等观的现世伦理价

---

① 张怀承：《无我与涅槃——佛家伦理道德精粹》，湖南大学出版社，1999。

② 温金玉：《〈禅宗伦理学初探〉·中国佛教学术论典》（28），佛光山文教基金出版，2001，第 221～272 页。

③ 董群：《佛教伦理与中国禅学》，宗教文化出版社，2007。

④ 业露华：《中国传统伦理思想史》，华东师范大学出版社，2009。

值。佛教界僧人从教内的角度，对佛教伦理进行了相关研究。[①]
如圆持首次全面整理了"三藏"中有关伦理思想的内容，并
结合佛教教义进行了细化分类，认为佛教的主要思想在于伦
理，而佛教伦理的核心在于正确的道德观和价值观。佛教伦理
体系庞大，对道德问题有着超凡的洞察力，对社会道德具有普
遍指导意义。对佛教经典内伦理道德内容的摘录与梳理有助于
还佛教信仰以本来面目，以及发挥佛教的普世价值。[②] 释昭慧
则通过广泛参与社会慈善、生态保护、动物保护等公益活动，
积累了丰富的实践经验，并以此作为研究背景，以佛教伦理学
和戒律学为思想体系，建构了佛教规范伦理学。在顺应西方伦
理学研究范式的基础上，探讨了佛教规范伦理学的理论与实践
两部分内容。理论方面提出缘起论是佛教规范伦理学的基本原
理，而因果律和护生观是缘起论的道德原则；实践方面强调中
道是佛教规范伦理学的实践纲领，探讨了器官移植、人造干细
胞、死刑等应用伦理学的热点问题。[③]

　　总体说来，国内学界对佛教伦理的研究形式丰富多样，切
入点各具特色。有借鉴、对比儒家伦理进行的研究，如佛教善
恶观、孝亲观、人生观研究；有根据佛教自身教义来进行的研
究，如修行观、戒律观、慈悲观、平等观等；有根据佛教宗派
划分进行的研究，如禅宗伦理、净土宗伦理等；有根据具体某

---

① 欧顺军：《伦理视域下的佛教平等观》，湖南师范大学出版社，2012。
② 圆持：《佛教伦理》，东方出版社，2009。
③ 释昭慧：《佛教规范伦理学——从佛教伦理到佛教戒律思想体系之构建》，宗教文化
　出版社，2013。

一部经典进行的研究，如《法华经》伦理思想研究、《坛经》伦理思想研究等；也有根据佛教伦理道德规范进行的研究，如研究自利利他原则、中道原则等；还有学者以佛教哲学为基础进行佛教伦理价值研究，探讨佛教伦理的社会作用等。客观地说，不同学科语境的研究呈现出不同的特色。在佛学已成为研究热点的前提下，对佛教伦理的研究，往往以佛教哲学研究为基础来进行，内容涵盖了佛教戒律、医学伦理、环境伦理、心理学、人类学、跨文化交流及不同信仰间的伦理对话等方面。

国外对佛教伦理的研究相对比较深入，研究内容也多以南传佛教伦理思想为主。从理论和实践两个方面阐述南传佛教伦理思想，探讨了以业力和轮回为主体的"自我"，涅槃的伦理价值，修行中的伦理与道德评价以及什么是"善"的社会，如何完善等。如斯里兰卡僧侣学者 Saddhatissa H，用西方读者能够把握的方式，结合佛教教义，系统地向西方世界解释了南传佛教伦理思想。他认为佛教有着非常完善的伦理研究基础，佛教戒律是道德行为的律令，佛教的道德理想是心的解脱与涅槃境界，阐述了居士修行的身心修养和道德规范，如佛教徒的家庭伦理规范，佛教徒对亲友的责任，居士与国家的关系等。[1]该著作影响巨大，很大程度上促进了东、西方不同宗教语境内伦理思想的交流与理解。伴随着巴利语佛教研究与佛教禅修体验在欧美的兴起，Peter Harvey 以佛教教义和佛学经论为论证

---

① Saddhatissa H，*Buddhist Ethics*：*Essence of Buddhism*，London，Geoge Allen & Unwin，1970.

依据，将轮回与业力、四圣谛作为佛教伦理的基础。在他看来，布施、戒律和慈悲是佛教伦理的核心价值，还特别探讨了大乘佛教中悲智双运、发菩提心和修菩萨行与菩萨伦理的关系。他从伦理学语境的角度，学理化地剖析当前全球所关注的许多问题：如人类与自然的关系、经济、战争与和平、安乐死、流产、同性恋等问题，揭示了佛教伦理学的基础和核心理念，体现了佛教伦理对社会现实的关切。从中西方伦理研究状况来看，国内学界大多基于佛教整体，侧重结合佛教教义对佛教伦理思想进行全方面研究。国外的研究则既从道德哲学层面进行伦理理论研究，又立足现实，用佛教伦理创造性地解释当代社会问题，如生态环境、战争、和平、人权等问题。

学界对净土宗伦理研究刚刚兴起，目前还没有净土宗伦理研究的专著出版。鉴于此，本书从中国净土宗教义出发，以净土"五经一论"为中心，以"信、愿、行"、"自力与他力"、"持名念佛"、"九品往生"和"净业三福"等净土宗基本理念为理论依据，融合净土宗伦理思想梳理、净土典籍研读，结合宗教学和伦理学理论与应用方法，着重探讨净土宗的修行伦理思想及其现实意义，以期对净土宗伦理思想研究做出相应补充，同时对转型期的中国伦理道德建设起到有益参考。

三　净土概念疏解

（一）宗教、伦理与道德

宗教伦理是以宗教信仰为基础的道德体系，是宗教教义的延伸与扩展。宗教伦理主要处理人与超越性对象（上帝、神、真主、佛）、人自身的身与心、人与人、人与社会、人与自然的关系，其中人与超越性对象的关系是基础和核心。① 简要言之，宗教形式与道德内容是宗教伦理得以形成的前提。宗教伦理涵盖世俗与宗教两个层面，力求在世俗性与神圣性、规范性与超越性、自律性和他律性中寻求统一。伦理学是对人类道德生活进行系统性思考和研究的学科。基于伦理学理论而对特定宗教伦理进行研究，首先需要界定宗教、伦理与道德的概念。

从词源来看，古代汉语并无"宗教"这个组词。《说文解字》说，"宗者，尊祖庙也，从宀从示"②，表示对神祇及人类祖先神灵的尊敬和敬拜。"教，上所施下所效也。从攴从孝。凡教之属皆从教"③，指教育、教化，上施下效，侧重对神道的信仰。一般认为，"宗教"作为复合词开始于印度佛教的传入与发展。佛教将佛陀所说为教，佛弟子所说为宗，宗是教的分派，合称为宗教，统指佛教的教义与理念。西学东渐后，学界多用佛教之"宗教"一词对译西方语言的"宗教"（Religion），出现了广义的宗教概念。"Religion"被认为源自古罗马时代的拉丁语"Religio"，其词源有多说：一说由动词 ligare（结）变化而来，意指神与人结合；一说由动词 legare（整理）

---

① 朱贻庭主编《伦理学大辞典》，上海辞书出版社，2011，第 269 页。
② （汉）许慎撰，（宋）徐铉校定《说文解字》（电子版），http://www.cidianwang.com/shuowenjiezi。
③ （汉）许慎撰，（宋）徐铉校定《说文解字》（电子版），http://www.cidianwang.com/ shuowenjiezi。

而来，表示严肃与礼仪；或说源自"Religere"，有重视、考量之意。"Religio"原意指对超自然事物的畏怖、不安等感情，后引申为超自然之事物的感情及表达的礼仪，进而指团体性与组织性之信仰、教义、仪礼之体系。也就是说，宗教即是人类将超验现象赋予意义，将其作为绝对的理想主体，并产生尊崇、畏怖、信仰、皈依的情感，并进行祭祀、祈福等仪式，制定相关戒律与信条作为日常行为准则，从而期望得以安身立命并形成完美的人格。

作为一种文化现象，宗教具有复杂多样的表现形态。对宗教的定义向来形色不一，在不同的文化背景中也有着不同的含义。比较宗教学的奠基者麦克斯·缪勒认为，"宗教，乃是领悟无限的主观才能……是人对于无限存在物的渴求、信仰和爱慕"。① 在缪勒看来，宗教被理解为对某种无限存在物的信仰，其根源是人对"无限"有一种本能的追求与渴望。冯友兰认为每种宗教的核心都有一种哲学，大宗教就是一种哲学加上一定的上层建筑，包括迷信、教条、仪式和组织者。② 在任继愈看来，"宗教是人类社会发展到一定水平出现的一种社会意识形态和社会文化历史现象，其特点是相信在现实世界之外存在着超自然、超人间的神秘力量或实体。信仰者相信这种神秘力量超越一切并统摄万物，拥有绝对权威，主宰着自然和社会的

---

① 〔英〕麦克斯·缪勒：《宗教的起源和发展》，金泽译，上海人民出版社，1989，第15页。
② 冯友兰：《中国哲学简史》（第2版），北京大学出版社，1996，第2～3页。

进程，决定着人世的命运及祸福，从而使人对这一神秘境界产生敬畏和崇拜的思想感情，并由此引申出与之相关的信仰认知和礼仪活动活动"。①

道德二字最先出于《道德经》，"道生之，德畜之，物形之，器成之。是以万物莫不尊道而贵德。道之尊，德之贵，夫莫之命而常自然"。（《道德经·第五十一章》）在古汉语中，"道"最初的含义是道路，后来泛指事物发展变化的规律，进而引申为在社会中为人处世应当遵守的原则和规范。"德"表示前视直立行走，后被引申为诚心正意。依照中国哲学的理念，"道"化生万物而又内在于万物，是万物的内在本性，"德"分有并体现了"道"，是事物存在和发展的依据，万物相对于"道"而言，即为"德"。"道"和"德"的词源含义都指向应该如何的行为规范，"道"是外在的普遍规范，"德"是内化为个体心性的普遍规范。"道德"二字合用，一方面指调整人与人之间关系的行为规范与准则，另一方面指人的品德、修养、情操、境界等。②

中国古代文献中对伦理有多种解释。《说文解字》记载："伦，辈也；理，治玉也。"③"伦"的本意是类、辈，后被引申为人与人不同的辈分关系；"理"的本意是加工玉石使其纹理外显，后被引申为人与人之间的行为准则。"伦理"原指人

---

① 任继愈主编《宗教大辞典》，上海辞书出版社，1998，第 1090 页。
② 李萍主编《伦理学基础》，首都经贸大学出版社，2004，第 2 页。
③ （汉）许慎撰，（宋）徐铉校定《说文解字》（电子版），http://www.cidianwang.com/shuowenjiezi。

与人之间复杂微妙而又和谐有序的辈分关系，后来泛指人与人之间用道德手段调节的种种关系，以及处理人与人相互关系应当遵循的道理和规范。孟子也将伦理阐述为："人之有道也，饱食、暖衣、逸居而无教，则近于禽兽。圣人有忧之，使契为司徒，教以人伦：父子有亲，君臣有义，夫妇有别，长幼有序，朋友有信。"（《孟子·滕文公上》）显然，孟子认为人伦的基本内容是父子有亲、君臣有义、夫妇有别、长幼有序和朋友有信这五类，并在此基础上提出了"仁""义""礼""智"四德的道德规范体系。汉语语境中的"伦理"与"道德"概念，在内涵和外延上交叉重叠，都涉及人与人之间的关系及其相应的行为准则与要求。

现代汉语所使用的"伦理"与"道德"概念，在含义上对应于英语的"ethical"与"morality"。从词源上看，ethos（伦理）最早出现在古希腊《荷马史诗》中，原指某群人的群居地，后指群居地及群居者的性格、气质及风俗习惯。自亚里士多德以来，"ethical"这一概念就用来指人的行为、品格、品德（德性）、习惯等。"morality"（道德）来源于拉丁文的"moralis"。尽管这两个语词在词源学上的来源不同，但其意思是相同的。在西方思想史上，伦理与道德两个概念长期不分。黑格尔说："道德与伦理在习惯上是当作同义词来用，在本书中则具有本质上不同的意义。普通看法似乎也把它们区别开来。康德多半使用道德一词，其实在他的哲学中，各项实践原则则完全限于道德这一概念，致使伦理的观点完全不能成立。"① 在西方伦理思想史上，正是从黑格尔开始，将道德与伦理这两个概念区分开来。康德主要从个人层面使用道德这一概念，如良心、意志、责任、道德、绝对命令等。而黑格尔却在超出个人，即在社会层面使用伦理这一概念。如黑格尔明确指出："关于伦理的对象，主要关于国家、政府和国家制度。"② 因此，在黑格尔的意义范畴内，"伦理"多指超出个人行为的社会道德现象，而"道德"则多指个人行为这一层面的道德现象。目前，国内伦理学界的樊浩等学者，是在黑格尔将这两个概念区分意义的基础上进行使用。当然，也有学者未将这两个概念进行区分使用。不过，就道德规范现象而言，又超出了个人范畴的意义，因为规范必然是涉及人与人之间的范畴。宗教领域也不复如是，故此，本书认为，既可在不区分也可在相对区分的意义上来使用这两个概念。

宗教具有超越性属性，道德则主要面向当下的世俗生活。然而，超越性的宗教必须要有世俗伦理道德的支持，因而这两者的联结是必然的。这种联结使宗教与道德得以提升了各自的伦理价值。道德是规范人类社会生活秩序的主要手段之一，而宗教所提供的道德资源可以有效弥补世俗道德在调节各种社会关系中的缺漏。"宗教的道德功能，宗教在历史上对社会道德的影响，宗教道德本身的作用，是极其深远的，这是客观存在

① 〔德〕黑格尔：《法哲学原理》，范扬等译，商务印书馆，1961，第42页。
② 〔德〕黑格尔：《法哲学原理》，范扬等译，商务印书馆，1961，第5页。

的，任何人无法否定。"①

（二）形形色色的净土

净土，梵文为 Sukhavati，意指清净无垢、至善至纯的世界。净土又称清净土、净刹、佛刹、佛国，一般特指诸佛以愿力所成的世界，后被简化为阿弥陀佛的西方净土②。佛教经典对净土有诸多描述，它是殊胜、庄严、美妙的，脱离了一切恶行、烦恼、垢染和苦难的至善之地。佛经中把我们所在的世界称为"娑婆世界"，并形容为"五浊恶世"③，认为是污浊之土；而净土则是清净安乐、无烦恼无痛苦、庄严而美妙之土。大乘经典中的净土有"他方净土"和"自心净土"两种说法。"他方净土"指由诸佛修行功德和普度苦难众生的愿力化现而成的清净佛土。按佛教教义，诸佛在成佛前需要修习"自觉觉他、自利利他"的菩萨道，发愿成佛后以庄严清净的佛国救度众生。净土是菩萨成佛后用无量亿劫（漫长时间）的修行积功累德而建立的庄严清净世界，如阿弥陀佛在因地修菩萨行做法藏比丘时发愿："我当修行摄取佛国清净庄严无量妙土。令我于世速成正觉。拔诸生死勤苦之本。"④ 西方极乐净土、东方妙喜净土、东方净琉璃净土等都属于此类净土。其中

---

① 吕大吉：《人道与神道——宗教伦理学导论》，上海人民出版社，1991，第 3～4 页。

② 陈观胜、李培茱编《中英佛教辞典》，外文出版社，2005，第 169 页。

③ 五浊：劫浊、见浊、烦恼浊、众生浊和命浊。劫浊指随着时间的转移一切会变化灾害不断；见浊为知见上的愚昧，有身见、边见、邪见、戒禁取见、见取见五种；烦恼浊指烦恼众多，躁动不安；众生浊指凡夫的五蕴报体，为众苦之本；命浊指息、暖、识等所成命根，刹那变化无常。

④ （魏）康僧铠译《佛说无量寿经》，《大正藏》第 12 册，第 267 页中。

最受中国佛教信众周知并推崇的他方净土主要有阿弥陀佛的西方极乐净土、药师佛的东方琉璃光净土和弥勒菩萨的兜率内院净土，从而产生了弥陀信仰、药师信仰和弥勒信仰，其中弥陀信仰在中国流传最广、影响最大。"自心净土"指自性本来清净无染，一切众生的自性都清净如佛，只是被无明妄想所缠缚，从而产生贪、嗔、痴三毒，继而产生各种各样的烦恼与痛苦。倘若自心回归清净，则当下世界即为净土。如《维摩诘所说经·佛国品》里所说，心净则国土净，心净娑婆即常寂光净土，若众生心不净，此土即秽恶不净。经中宝积菩萨问净土之相，释迦牟尼佛以净相来解答，净相即净土因缘。净土因缘有三种：一菩萨功德，二众生，三众生功德。三种因缘都清净则当下所在即是佛国净土。①《法华经》中描述的灵山净土、《华严经》里的莲华藏世界等都属于自心净土。按照佛教教义，他方净土与自性净土不二，权作区分只是为了阐明净土之义。

前面说到有形形色色的净土，比较著名的有四大净土：弥勒净土、阿閦佛净土（东方妙喜净土）、药师如来净土（东方净琉璃净土）和西方极乐净土。下面做个简单介绍。

1. 弥勒净土

弥勒净土可分为现在的兜率天净土与弥勒未来人间净土两部分。据经书所记，兜率天为欲界六天之第四天，位于夜摩天

---

① （东晋）僧肇选《注维摩诘经》，《大正藏》第38册，第334页中。

与乐变化天之间，距夜摩天十六万由旬，在虚空密云之上，纵广八万由旬。兜率天可分为内院、外院，内院为补处菩萨说法处，即兜率净土；外院是一般天人居处，仍有五欲乐。因兜率天是欲界天，此天的天人仍有五欲，但因为一生补处菩萨（弥勒菩萨）在此说法，往生此天的弟子得以追随闻法修行，将来再与弥勒一同下生人间，故亦称为净土。因此，兜率天净土是暂时存在的净土，其时间范围乃是起于补处菩萨上生，终于补处菩萨下生。

2. 阿閦佛净土

阿閦佛，又称不动王佛，无忿怒佛，表不为嗔恚所动之意。阿閦佛净土属于现在存在的他方净土，处于我们所在的世界往东过千佛刹之地。根据《佛说阿閦佛国经》描述，阿閦佛于过去世行菩萨道时，在大目如来会座前听闻六度无极之法后，立下大誓愿，行无嗔恚、无觉意、无淫欲等，经过多劫修行，于七宝树下成道，今住东方妙喜世界。阿閦佛净土有声闻与菩萨众，声闻弟子非常容易证得罗汉果。因阿閦行菩萨道时以比丘身发成佛的大愿，并誓愿"世世出家"行头陀行，所以阿閦佛净土是一个推重出家的净土。阿閦佛国中的出家菩萨和声闻弟子，不住精舍，依律行事，只是独住修行。菩萨一旦往生阿閦佛刹就能得证阿毗跋致（不退转），能承阿閦佛威神之力，到十方佛刹听经闻法，解意后才复还阿閦净土，由此可见，阿閦佛国比较重"智"。阿閦佛国与人间净土有诸多接近之处，但该国庄严清净胜过了天国净土之美妙。如衣食方面和北俱卢洲衣食一样，都是精美而现成；享受也与天人一样；住处由七宝所成，床与卧具，女人所用的珠玑璎珞，都自然而有，满足了人类的一切需要。同时，阿閦佛国虽有女人，但没有女人的过失、不净与生产的苦痛。国土众生不著爱欲淫姝，连音乐也没有淫声，自然消除了男女间的纠纷与苦恼。没有一切疾病、种族差别、丑陋、拘闭牢狱的事，也没有外道的异端邪说。阿閦佛净土是一个纯粹学道修行的佛土。

学界一般认为，在净土思想发展史中，阿閦佛净土应该是最早的十方世界形态。原因在于，与经典描述的其他佛国净土相比较而言，阿閦佛净土朴实而简单，且与人间净土有诸多接近处，如其国中还有女人，也有生育，只是孕无痛苦，亦无麻烦的月事。阿閦佛净土是般若流，比较重视自力、强调智证；与其他强调它力的净土思想有很大区别，如弥陀净土是重他力、强调信愿的净土思想，这两大净土在大乘佛教中占有极重要的地位。

3. 药师如来净土

药师如来净土，就是药师佛的琉璃光净土。药师佛，全名药师琉璃光如来，是东方净琉璃世界的教主，率领着日光遍照与月光遍照二大菩萨等眷属，在东方琉璃净土化导众生。药师净土以琉璃为名，是以琉璃之光明透彻来比喻此国土清静无染，殊胜妙吉。据《药师琉璃光七佛本愿功德经》记载，从我们所处的娑婆世界向东，过十亿恒河沙数那么多的佛国，有一个世界名琉璃世界，即药师佛的东方琉璃净土，此世界一切无比清净光明，没有杂秽，其佛国土庄严如弥陀的极乐净土。

4. 西方极乐净土

弥陀净土，又称西方极乐世界，指阿弥陀佛的佛国净土。极乐，意远离诸苦的安乐之境，其特点是快乐安隐、纯善无恶、清净庄严，具有理想的精神和物质环境，是安乐殊妙之境，是去除痛苦之后达到的精神愉悦之境，也是洞悉涅槃之道后的无限喜悦境界。根据《佛说阿弥陀经》所述，此世界往西方经过十万亿佛土就是极乐净土所在地，它是阿弥陀佛经过漫长时间的修行所产生的功德力加上四十八个救度众生的宏愿力所化现而成的佛化乐土。《佛说阿弥陀经》等净土诸经对西方极乐世界的庄严作了详细的介绍。

本书前面提到，阿閦佛净土与阿弥陀佛净土是初期大乘佛教净土的两大流派：阿閦佛净土是重般若流，重现实、自力、智证、重头陀行的净土思想；而弥陀净土是重理想、他力、信愿的净土思想。弥陀净土思想的影响深远，从印度大乘佛教初期持续至今，经久不衰，生生不息。原因在于，它是经文所描述的所有净土中最殊胜的净土，也是记载佛经最多的净土，因此最能吸引人。对比阿閦佛的妙喜世界，阿弥陀佛建立的极乐世界，在很多方面都更进步、更理想。比如阿閦佛净土是从菩萨发心得无生法忍，而阿弥陀佛净土是佛果的究竟圆满；阿閦佛净土有女人但已经没有女人的痛苦，而阿弥陀净土是纯男无女的净土，人民都有天眼、天耳、他心、神足、宿命等五神通；阿閦佛刹的人民出生仍由女人孕育生产，而极乐世界的人民则是莲花化生，清净无比，等等。由此可以看到，阿閦佛刹具有的优点，极乐世界全都有并且更殊胜。关于往生阿弥陀佛西方极乐世界的方法，有诸多经书中都有提示，即"信、愿、行"，念阿弥陀佛求生极乐。具体说来，"信"就是相信弥陀愿力、弥陀净土真实不虚，相信自己能往生；"愿"就是依靠弥陀的愿力，自己发愿求往生弥陀净土；"行"就是念阿弥陀佛，行十善六度。净土都是由佛菩萨的愿力，加上众生的业力共同成就。往生西方极乐净土，需要依靠阿弥陀佛的他力救助，加上众生的自力，核心在于"信、愿、行"三要。

第一章　中国净土宗源流概说

在佛教两千多年的历史进程中，净土思想始终贯穿于其教义之中。从原始佛教时期净土思想的萌芽形态，到古印度著名论师对净土义理的论辩，再到大乘佛教缜密的净土思想体系，无一不在体现净土思想是佛教的要义之一。佛教自两汉传入中国之后，通过僧侣、学者的译经、义解以及实修等传播方式，逐渐融入中国传统文化，成为中华文化的重要组成部分。经过两晋和南北朝的发展，至隋唐时，佛教中国化呈现百花齐放的状态。最主要的表现是形成了中国佛教八大宗派：净土宗、华严宗、天台宗、三论宗、法相宗、禅宗、律宗、密宗；小乘佛教形成了二宗，即成实宗和俱舍宗。下面，我们从净土信仰形态的源流开始，梳理净土宗的形成、义理思想和学脉发展概况。

第一节　净土思想的理论溯源

佛经对净土有各种各样的描述，净土反映了佛教所追求的理想社会。净土信仰理论可以追溯至原始佛教经典中描述的人间净土和天国净土,大乘佛教思想以及大乘佛教时期著名论师的各种净土思想也是净土宗理论的来源之一。

一 原始佛教中的净土思想

净土宗的思想渊源最早可以追溯到原始佛教时期的净土思潮。原始佛教时期,净土一般被区分为天国净土和人间净土。净土有广义和狭义之说。狭义净土指诸佛为救度众生,根据他的本愿力所成就的佛国净土。这一净土的特征是,国土由众宝构成,绝对清净庄严,国内有佛和菩萨众,没有四趣五浊等秽恶且佛法兴盛。而广义的净土指一种秩序良好,环境优美的世界。据《经集》记载,佛陀时期有一位南印度的婆罗门学生,某次听完佛陀的开示后返回处所。他告诉师父说,自从拜谒佛陀以后,日夜思念佛陀所在的地方。这种思念是因为聆听了佛陀的说法、钦佩、敬仰佛陀的说教与人格而对佛陀产生礼敬、皈依之情。在此,他所皈依的是释迦牟尼,而依止处也只是释迦牟尼说法的道场,这可以看作是净土思想的萌芽。

原始佛教中的人间净土和天国净土,它们都是原始佛教所宣说的净土思想。净土还有出世间净土和世间净土两种分类方法。出世间净土指超出三界的十方诸佛净土,即前面所说之佛国。世间净土指在单位世界,即小世界内净土,这些净土同样以金刚等宝为地,种种庄严,但往往缺少佛法的教育,比如北俱芦洲和天人之土(除弥勒菩萨的兜率内院),虽然环境殊胜，却没有佛法。根据广义的净土思想，除了出世间净土以外，还包括北俱芦洲、转轮圣王国土，以及庄严的天国在内的世间净土。原始佛教经典《长阿含经》、《中阿含经》以及《增一阿含经》中，都详细介绍了北俱芦洲的依正二报，胜过我们所居住的南阎浮提，属于人间净土。其还多处提及当来弥勒佛下生人间时，人间将成为佛国净土的景象。北俱芦洲、转轮圣王国土、当来弥勒佛降生的人间，都成为后来大乘佛教净土信仰的理论基础。

（一）原始佛教中的人间净土

首先，我们来详细介绍一下什么是人间净土。根据《阿含经》所描述，人间包括非常大的范围，并非特指我们人所居住的世界，还有其他地方。人间有四个天下，即四大部洲，分别代表四类社会阶层里的人道众生。它们是东胜神洲、南赡部洲、西牛贺洲以及北俱芦洲，分布在须弥山四方的咸海之中。其中，南赡部洲是我们现在所生活的世界，有佛法存世，其余三洲都无佛法传世。北俱芦洲被认为是四大洲中环境最优美的洲，有种种福乐，寿命千年。《长阿含经》描述北俱芦洲土地没有沟壑、荆棘，也没有蚊蛇蜂蝎、虎豹等虫蛇恶兽，土地由众宝构成，土地润泽，没有石沙，四气和顺，不寒不热，无众恼患，尘秽不起，无有游尘，百草常生没有冬夏。树木繁茂，花果炽盛。总的说来，北俱芦洲土地丰饶，生存环境优美，人口众多且人民福报深厚。有众多的繁荫树木，种类丰富，是人们衣食行的重要来源。据佛经记载，北俱芦洲花果繁茂，其果熟时皮自然裂开，香气自溢，会生成各种衣服、饰品、宝器、果食、乐器，等等。其还记载北俱芦洲有一个宽广的池子名叫善见池，池水清澄无垢，周边以七宝围绕着七重楯、七重罗网、七重行树，还有无数众鸟相和而鸣。人们可以尽情地游戏玩耍，想吃饭时有自然生长的粳米自熟，等等。除此以外，该洲没有阶级，人人平等，无我、无我所，每个人都在无忧无虑的环境中惬意地生活，内心祥和安宁，没有恐惧，命终之后通常往生天国。《长阿含经》等原始佛教经典如此详细地描述北俱芦洲，将其定义为人间净土，最终目的是为了劝说修行人行十善业道，往生天国净土，不再受现实的苦难。

转轮圣王国土也是原始佛教语境中的人间净土。根据《长阿含经》记载，转轮圣王的国土在环境方面与北俱芦洲没有太大的差别，也有各种满足衣食住的树，有无须人力种植而大地自然产生成熟的粳米，国土内的人民都自发地同行十善，不行诸恶，祥和美好。转轮圣王净土与北俱芦洲净土二者之间也有区别，如转轮圣王净土有国家组织形式，且国内人民有病痛之苦。而北俱芦洲人无我、无我所，无国家形式，其国内人民的生活是全自然状态。《长阿含经》卷二《游行经》、《中阿含经》卷十四《大善见王经》、《大般涅槃经》卷中和卷下，都曾描述过去的转轮王国土。与此同时，原始佛教经典中描述了很多类似这样的净土，各种庄严殊胜，引人入胜，使人向往。本书前面提到，弥勒下生人间后会产生一个人间净土，即弥勒未来人间净土，故在此不再做赘述。弥勒是《阿含经》

中唯一被提及的菩萨。《长阿含经》卷六《转轮圣王修行经》、《中阿含经》卷十三《说本经》、《增一阿含经》等都记载，弥勒将于未来人寿八万岁时下生成佛，成就弥勒未来人间净土。在经典描述中，弥勒佛出世时，南赡部洲土地平整，自然环境和生存状态与北俱芦洲类似，七宝充满，花香浓郁，果味甘美，风调雨顺，国土丰乐，人民善良，众生普遍平等。根据《弥勒下生经》记载，弥勒成佛时，将会出现一位名叫峨怯的转轮圣王，以正法治世，届时将出现一个人民道德水平高尚、政治清明和谐的理想世界。由此可见，未来弥勒人间净土将是一个人间佛国净土。以上这些不同类型的净土也被认为是后来净土宗思想的理论渊源。

（二）原始佛教中的天国净土

在原始佛教声闻法中，六欲天被描绘得非常美妙殊胜，被当作天国净土，人们有往生六欲天的理想。虽然天国净土庄严美妙，但仍然囿于三界之中，并不是人们完美的理想归宿。后来，随着大乘的不断发展，十方诸佛净土思想产生并壮大。诸佛净土思想从生天思想发展而来，后来远远超过生天思想。也就是说，大乘诸佛净土思想，从原始佛教净土思想特别是天国净土思想发展而来，最后超越了天国净土思想，成为佛教净土思想的主流。

佛教将三千大千世界分为欲界、色界和无色界，一般称为三界。欲界，指有淫欲与食欲的有情居住的世界。自下至无间地狱，中间是人界的四大部洲，上至六欲天，因男女参居，故称欲界。六欲天指四天王天、忉利天、夜摩天、兜率天、化乐天、他化自在天。色界，指没有淫食二欲的、清净的天人所居住的地方。色界分四级，称为四禅天，安立十八天：梵众天、梵辅天、大梵天、少光天、无量光天、光音天、少净天、无净天、遍净天、无云天、福生天、广果天、无想天、无烦天、无热天、善见天、善现天、色究竟天。无色界即唯以心识住于深妙之禅定的无物质之世界，有识无边处天、空无边处天、无所有处天和非想非非想处天。《长阿含经》卷十提到："四天王复有三事胜阎浮提。何等为三？一者长寿，二者端正，三者多乐。以此三事胜阎浮提。"① 由此可见，天道中最差的四天王天，与南赡部洲相比也算是当之无愧的天国净土。在其之上的诸天，果报都在四天王天之上，其土更为清净庄严。天国净土从构成、众生福报、自然环境、组织形式等都远胜四大洲中最好的北俱芦洲。原始佛教经典通过描述天国净土的种种庄严，目的在于劝善，劝修行者来世生诸天，而这正是净土信仰形态的理论渊源。②

学术界一般认为，净土思想源自原始佛教时期的念佛、念天与生天思想。念佛、念天是佛教六念处中的二念，六念处即念佛、念法、念僧、念戒、念施、念天。根据佛教教义，念天修善业可得以生天。由生天思想演变为往生的思想，再进一步由念佛思想与往生思想的结合，形成念佛往生诸佛净土的思

① （后秦）佛陀耶舍、竺佛念译《长阿含经》，《大正藏》第1册，第135页下。
② 汪志强：《印度佛教净土思想研究》，四川出版集团巴蜀书社，2009，第53~56页。

想。到了大乘佛教时期，各种诸佛净土思想蓬勃开展出来。关于念天，《大智度论》卷二十二说："声闻法中说念欲界天，摩诃衍中说念一切三界天。行者未得道时，或心著人间五欲，以是故佛说念天。若能断淫欲，则生上二界天中若不能断淫欲，即生六欲天中。是中有妙细清净五欲，佛虽不欲令人更生受五欲，有众生不任入涅槃，为是众生故，说念天。"① 到了大乘佛教时期，净土思想广泛流行开来，出现了种种的净土观念与信仰形态。

净土思想的产生，离不开人们对该思想的需求。佛教认为，人生本苦，现实人间充满了各种苦痛与不圆满。佛教用八苦概括了人间所有的苦，即生、老、病、死、爱别离、怨憎会、求不得、五蕴炽盛，认为所有都痛苦逃不过这八大类。反映在个体上，有寒苦、热苦、饥苦、渴苦、不自在苦、自逼恼苦、他逼恼苦等。面对生命的困苦，人们心中自然会向往无忧的净土。因此，渴望世界的清净与圆满，成为佛教信众所追寻的共同愿望。

释迦牟尼佛时期产生过去七佛与未来佛的信仰。过去七佛指释迦佛及其出世前所出现之佛，即毗婆尸佛、尸弃佛、毗舍浮佛、拘留孙佛、拘那含牟尼佛、迦叶佛与释迦牟尼佛。弥勒菩萨被当作未来佛而信仰，据佛经记载，弥勒菩萨居住的兜率天内院，是一个清净微妙、庄严辉煌的净土。释迦牟尼佛之

---

① 〔古印度〕龙树菩萨造，（后秦）鸠摩罗什译《大智度论》，《大正藏》第 25 册，第 227 页下。

后，弥勒菩萨在我们生活的娑婆世界成佛，为人类带来光明与希望。佛教大小乘的经论都有记载人往生弥勒兜率天的事迹。大乘佛教有无著夜赴兜率天，由弥勒传授《瑜伽师地论》的传说，小乘有三罗汉往生兜率天的记载。由此可见，在原始佛教时期已孕育出原始的净土思想。到了部派佛教后期，释迦牟尼佛被逐渐神格化，如《本生经》记载了释迦牟尼佛累劫多生行菩萨道救度众生的故事，里面暗含净土信仰，到了大乘佛教时期逐渐发展成"上求佛道，下化众生"佛本愿思想，后来演化成修行成就佛国净土，救度一切苦难众生的净土思想。

二　大乘佛教中的净土思想

净土思想与大乘相伴出现于大乘佛教初期。大乘经论多有言及净土思想，如《大智度论》和《十住毗婆沙论》都有很多关于净土的讨论。净土思想上承原始佛教的念佛与生天思想，部派佛教时本生故事中的本愿思想与慈悲精神，小乘佛教的诸天和无余涅槃观念，也包含大乘般若、法华和华严诸经思想。

约在公元前 4 世纪中叶，因对原有戒律及教义的理解分歧，原始佛教分裂为上座部佛教和大众部佛教两大派系，俗称小乘和大乘。上座部秉持一些长老的主张，要求恪守佛祖时候的清规戒律，属于正统派；大众部注重僧侣的理念，强调顺应时代而发展。两个派系的区别在于，上座部认为佛是人不是神，他有超人的神通，但肉体是有限的，寿命也有边际。佛陀之所以伟大，主要在于他的有甚深智慧，辩才无碍，平等慈悲。大众部则提出"超人间的佛陀"或"超自然的佛陀"的理论，即出现神格佛陀。认为佛已断尽漏失，根绝烦恼，佛的肉体、寿命和威力都是无限的。他们提出菩萨道理论，认为佛陀经过多生多世的修行才成佛，佛在前世的修行称为菩萨行，实践菩萨行，则称为菩萨。佛的生平被神化，出现了很多有关佛陀过去世修行的故事，比如在成佛前经过了无数次的轮回转世，曾做过婆罗门国王、长者、妇女、商人、鹿、熊、大象、猴子等，每转生一次，便有一个行善立德的故事，或救度众生之危机，或为求法而精进。这些故事被称为"本生故事"，表现佛在累生累世之前如何行菩萨道而成佛，充满了自我牺牲精神。这些本生故事都有超验性特色，比如菩萨遇到灾难或事变，一发出祈愿，灾难或事变便不可思议地消失，菩萨祈愿办什么事，什么事便自然办成，这里已初显示愿力的萌芽。这与后来的"本愿"、菩萨慈悲思想有关。王公伟认为，代表原始佛教思想的《阿含经》中提出，如果众生要摆脱现实生活的痛苦，可以独身到僻静的地方如森林、石窟等修行禅定到一定的程度就可以升天，摆脱痛苦。其后的《本生经》中，也出现了大量的净土观念。到了大乘佛教时期，净土思想广泛流行开来，出现了种种的净土观念与信仰形态。①

在部派佛教向大乘佛教过渡中，本生故事中的自我牺牲精

---

① 王公伟：《试析中国净土思想发展的路径》，《社会科学战线》2005 年第 6 期，第 30 页。

神已经发展成熟为大慈大悲的六度菩萨行，菩萨在修行时期发的愿，即将来成佛道之时建成什么样的净土，这种誓愿叫作本愿。木村泰贤在《本愿思想之开展与道德文化的宗教意义》中认为，虽然本愿思想萌发在本生故事中，但其萌芽可以追溯至原始佛教时期。① 佛陀的伟大因过去世修菩萨行而成，过去菩萨行成为本生故事，因此菩萨的本愿暗含在本生经中。本愿描绘出的内容便是净土的蓝图。此愿一实现，净土建成，这位菩萨便成了佛。或者说，这位菩萨成佛，他的净土便建成了，本愿便成为现实。净土即是本愿的具体化，本愿即净土，净土即本愿。每一净土为一佛所专有，不会在一个净土同时有二佛，一佛一净土，一净土一佛。后世随着佛陀逐渐神格化，产生了佛的法身、报身和应（化）身三身说及无量世界无量佛的观念。每一佛皆有说法的道场，故出现无数清净道场——净土，西方有阿弥陀佛极乐世界，东方有药师佛净琉璃世界，南方有无垢世界，北方有莲花世界，等等。

学术界主流观点认为，净土思想始于印度大乘佛教时期。约在公元 1 世纪大乘佛教兴起时，贵霜王朝的犍陀罗地区就流行净土信仰的经典。后随着佛教经西域传入中土后，净土信仰随之传入并开始扩散。东汉时，有关净土信仰的经典经西域高僧的翻译流传开来，净土信仰在中土取得了空前发展并形成了缜密的思想体系。

---

① 〔日〕木村泰贤：《本愿思想之开展与道德文化的宗教意义》，张漫涛主编《现代佛教学术丛刊》第 66 册，大乘文化出版社，1978，第 339 ~ 340 页。

三　古印度著名论师的净土思想

古印度重要论师的思想中含有许多净土思想理念，随着大乘佛教的发展和弘传，这些思想逐渐东传至中土，对净土宗的思想义理和发展产生了重要影响和作用，其中最具影响力的是龙树和世亲两位论师。

（一）龙树的净土思想

龙树是古印度佛教史上最著名的大乘论师，著述颇丰。其代表性论著有《中论》、《大智度论》和《十住毗婆沙论》。龙树是初期大乘佛教的集大成者，因首开般若中观学说而被誉为"第二代释迦"。龙树擅长广引大乘诸经整理大乘佛教义理思想，其学说全面影响了大乘佛教各宗派，在汉传佛教中被誉为"八宗共祖"。龙树引述的大乘诸经中，包含《无量寿经》《般舟三昧经》等宣说极乐净土的经典。由于龙树对于极乐净土的圆融诠释，其净土思想历来深为净土修行者所尊崇。

在龙树所处的时代，弥勒净土、阿閦佛净土和阿弥陀佛极乐净土等净土信仰形态已形成并流传。龙树的净土思想主要涉及阿弥陀佛的极乐净土，主要反映在《大智度论》和《十住毗婆沙论》两部论著里面。这两部论著是有关早期中观学派的菩萨行义理诠释，所涉及的净土思想有很多的相似性，都提倡秉持菩萨道理念，自度度人而成佛，都强调念佛法门是确保菩萨道践行的关键。净土诸经典所演示的建立佛国净土之愿，成为大乘行者的实践典范，引领他们依诸佛愿行而净化自我及众生的心灵，共同转秽土为净土，成就自己的佛国净土。两部论书所倡导的念佛法门是《般舟三昧经》里的念佛三昧行法，即透过禅观专注忆念如来相好庄严与无边功德，进而观见诸佛现前，最后导入空性观照。龙树强调念佛三昧的目的在于提倡众生实修实证得念佛三昧，具备往生净土能力之后回到到现实中救度苦难众生，彻底实现生命的意义与价值。

《大智度论》主要论述从释迦牟尼佛至龙树七百年间佛教的各种教义思想。龙树多次在此论中提到阿弥陀佛的西方极乐世界，赞叹称扬极乐净土的殊胜庄严。《大智度论》主要从阐释发愿念佛、念佛三昧以及描述净土各种殊胜景况，全面呈现龙树中观般若思想体系下的净土思想。《大智度论》提倡要修行菩萨道利济众生，趋向清净国土，具体方法是远离粗恶的身口意业，修学六波罗蜜，化导众生如此修行，以自他共同清净的因缘，转秽土为净土。龙树把中观学派的实相思想与菩萨义理加以融通，发展出侧重自力行菩萨道的净土实践理念。《大智度论》提出将念佛三昧作为往生净土的重要法门，念佛三昧以忆念佛身的禅观作为中介，最终仍汇入诸法实相的体证，相较于将念佛见佛作为往生清净佛国的方法，其更大的意义是运用于此世实践的重要菩萨行门。①

《十住毗婆沙论》是龙树对华严系《十住经》（《十地经》）思想要义的疏解。《十住毗婆沙论》之《易行品》是佛

---

① 黄国清：《龙树的净土念佛思想——以〈大智度论〉与〈十住毗婆沙论〉为本的研究》，《普陀学刊》2016年第3期，第216~224页。

教净土法门的重要典籍，主要阐述如何以忆念、称名、礼敬诸佛菩萨的易行道得证不退转地。在《十住毗婆沙论》中，龙树将念佛法门分为易行道的念佛名号与难行道的念佛三昧两类。念佛名号全凭诸佛威神力的他力加持，而念佛三昧修行主要靠波罗蜜行的自力成长，二者都可以导向菩萨不退转地。这对汉地净土念佛法门产生了深远影响。中国净土宗祖师如昙鸾、道绰和善导等都对易行道做过许多的引申、阐释，丰富了净土宗义理思想体系。龙树虽提出易行道的念佛方便法门，实际上自身并不鼓励这种快捷进路生净土，而是主张修习念佛三昧而得证悟念佛三昧，再积极入世行菩萨道引领众生修行得解脱，以此增长菩提心和般若智慧。由此可以看到，念佛三昧的最终成就是体悟空性，这与中观学派的义理不谋而合。龙树提出念佛名号的易行道，有助于将念佛求生极乐净土的法门推广至大众，加速念佛法门的弘扬。此论有称赞阿弥陀佛之偈，同时赞叹西方极乐净土的清净庄严和美好，如"无量光明慧，身如真金山，我今身口意，合掌稽首礼，金色妙光明，普流诸世界，随物增其色，是故稽首礼"。[1] 龙树的净土思想对中国净土宗的形成和发展具有基源性的理论价值，是中国净土宗思想重要理论的来源。

（二）世亲的净土思想

世亲又作天亲，古印度著名佛教论师，与兄长无著同为印

---

[1] 〔古印度〕龙树菩萨造，（后秦）鸠摩罗什译《十住毗婆沙论》，《大正藏》第26册，第43页上。

度佛教大乘瑜伽行派的创立者。世亲由小乘次第修学入大乘，创作了包括《阿毗达磨俱舍论》在内的五百部小乘论和包括《大乘百法明门论》在内的五百部大乘论，因此又被称为"千部论师"。

世亲的净土思想主要体现在《无量寿经优婆提舍愿生偈》（《往生论》）里面。此论是古印度唯一一部净土论典，它完整阐明了世亲的净土理念，涉及净土法门的真实义理及修证次第。《往生论》暗含《无量寿经》全部经文义理，可以看作是《无量寿经》和《观经》全部经文的浓缩，反映了净土法门真实修证次第原貌。净土宗祖师昙鸾做过《往生论》注解，为净土法门成为理论体系奠定了坚实的基础。本书前面提到，念佛名号的易行道是龙树净土思想的重要理念之一。世亲继承龙树的易行道思想，对弥陀净土思想加以阐释与发展。《往生论》分为偈颂与长行文两部分，偈颂为总说，长行文为解义。偈颂部分共有二十四偈，第一、二偈世亲表达了礼敬三宝和造论本意，即"世尊，我一心，皈命尽十方，无碍光如来，愿生安乐国"。① 余下二十一偈总说极乐世界依正功德庄严事相，最后一偈回向发愿往生弥陀极乐净土，"我作论说偈，愿见弥陀佛，普共诸众生，往生安乐国"。② 长文部分则论述如何念佛和观想极乐净土的依正庄严。《往生论》的主旨在于，赞叹

---

① 〔古印度〕婆薮槃豆菩萨造，（元魏）天竺三藏菩提流支译《无量寿经优婆提舍愿生偈》，《大正藏》第 26 册，第 230 页下。
② 〔古印度〕婆薮槃豆菩萨造，（元魏）天竺三藏菩提流支译《无量寿经优婆提舍愿生偈》，《大正藏》第 26 册，第 231 页中。

阿弥陀佛因愿力而成就极乐净土，发愿平等教化并接引所有有情往生极乐净土，提倡依易行道修行以清净身、口、意三业，修习五念法门，成就往生净土大业，《往生论》依净土《无量寿经》，提出修行求生弥陀净土的纲要与方法——五念法门，即"礼拜门"、"赞叹门"、"作愿门"、"观察门"和"回向门"。

世亲的五念法门具有纲领作用，可以涵盖净土诸家的往生法门，如菩提心是五念门中的作愿门，念佛是观察门，作愿则是如实修止，观察则以智慧正念净土的庄严功德，如实修观，回向往生净土。《往生论》的主题是修五念门而往生阿弥陀佛极乐净土，观察门是五念的中心，即观察十七种器世界清净和十二种众生世间清净，共二十九种庄严功德。十七种器世界清净，是安乐国的国土功德清净性；十二种众生世间清净，是安乐国的众生即阿弥陀佛和菩萨们的功德清净性。二十九种庄严所要显示的是安乐国的国土和佛菩萨皆为清净，极乐世界是清净的世界，"无垢庄严光，一念及一时，普照诸佛会，利益诸群生。雨天乐华衣，妙香等供养"，① 劝人生起真信切愿，修行往生净土。

基于古印度龙树和世亲两位论师对净土念佛法门的弘宣，净土法门得以流传千年，生生不息。龙树作为初期大乘佛教的典型代表人物，被看作整个大乘佛教的推动者。龙树系统整理了关于净土法门的学说，明示称念十方诸佛和阿弥陀佛的本愿。世亲作为中期大乘佛教的代表人物，最大的贡献在于系统

---

① 〔古印度〕婆薮槃豆菩萨造，（元魏）天竺三藏菩提流支译《无量寿经优婆提舍愿生偈》，《大正藏》第 26 册，第 232 页中。

研究了各种净土法门学说，创作了《无量寿经优婆提舍愿生偈》，提出五念门为往生之行因，开启净土宗义理的正门，为后世中国净土宗的开宗立教指明了方向。可以说，龙树和世亲二位的净土思想，是中国净土宗义理的基源性理论来源。

第二节　净土信仰形态的中国化与净土宗的创立

一　净土信仰形态的变迁与弥陀净土信仰立宗

自两汉传入中国，佛教就开启了中国化的进程，不断地调整自身的理论形式和宗教形态，以便更好地融入中国固有的思想文化和风俗习惯之中，更好地适应中国的社会生活。从传入时的寻求落地生根，到现如今成长为参天大树，佛教顺利完成了中国化，成为具有显著中国特色的宗教。

一般认为，佛教在中国的发展过程大致可以分为五个主要阶段，这个发展过程也就是佛教的中国化过程。五个主要阶段为：两汉魏西晋时期的初传阶段；东晋南北朝时期的发展阶段；隋唐时期的繁荣阶段；宋元明清时期的衰落阶段以及近代以来的革新阶段。东汉魏西晋时期的初传阶段，佛教的发展主要表现在翻译佛经方面，这是佛教传入中国的起始点，也是佛教中国化的出发点。在佛经翻译过程中，将深奥的佛教思想转化为中文，表达中文意境时，其原典内容已不可避免地发生了深刻变化。为了让中土信众更好地接受和理解佛教，译者翻译经典用了很多的黄老辞藻，以至于人们把佛教看作是黄老方术

的一种，或者是民间流行的信仰或巫术之一，佛教的精深教理
在当时不能为人们所正确理解。到了魏晋南北朝时期的发展阶
段，随着魏晋玄学的盛行，佛教也依附于玄学而得以兴盛。开
始出现一批中国的佛教学者，从事佛经翻译与义理研究。以此
为前提，这时期出现了格义佛教，即为了便于理解，在研究和
讲说翻译过来的佛教经典时用儒家和道家主要是老庄和玄学的
名词和术语简单对照、比附佛教的名相概念。格义佛教成为这
个时期佛教中国化的最大特色。格义的流行使得这些出现歧解
和误读的佛经开始在汉语语境中具有了意义，在中国的社会生
活中发生了实际的影响，使佛经得以真正地植根于中国，使佛
教话语在中国语境中得以传播和积累，并促成了中国佛教理论
研究的初步兴盛和繁荣。随着翻译佛经的增多和格义佛教的发
展，很多具有深厚佛学素养和深受中华文化浸润的学者开始进
行判教，即出现多种佛教理论和学派，形成精深的教理思想体
系，这标志着佛教中国化已进入实质阶段。在隋唐时期的繁荣
阶段，佛教进入了创宗立派的新时期，佛教中国化取得重大成
果，即出现中国佛教八大宗派。佛教宗派即以某位德行突出的
高僧为中心，共同弘扬其判教的经典和建构的理论体系，依托
某一寺庙建立道场，形成一个自成体系的独立僧团。八大宗派
的出现意味着佛教中国化在封建经济结构中有了立足的象征。
各大宗派的佛教僧团在发展的过程中，结合中国社会结构、风
俗习惯，沿用世俗生活中的血脉相承等理念，建立法嗣制度，
用以解决该宗权利分割和继承，如禅宗有六祖衣钵传承，天台

宗有九祖接续等。这里需要点明，净土宗祖师制与其他宗派的法嗣制度有所不同。净土宗虽然也立祖师，但它是基于修行者的修为和对净土宗发展的贡献，由后人推尊，其祖师横跨其余诸宗，没有严格的师承关系。可以看到，隋唐时期佛教从经典、义理到组织形式都呈现出中国化形态，在社会生活、风俗民情、思想文化和艺术等方面都对中国社会产生了重要影响，佛教已成为中国传统文化不可或缺的组成部分。这时期的佛教的发展与封建帝王的三教政策密切相关，唐代大多数的统治者出于政治需要而提倡佛教，使佛教中国化的程度加深。宋元明清时期是佛教发展的衰落阶段，佛教传播出现回落现象，主要原因是统治阶层加大对佛教的领导。明初统治者从制度上限制佛教的社会地位，进行细化管理。清代沿袭明制，加强僧官制度，无形中约束了佛教整体的发展。这时期主要仍为禅净两宗流行，寺院盛行做佛事。最后是近代以来的革新阶段，由于实行宗教信仰自由政策，佛教一度有所复兴，在修复寺庙、保护名胜古迹，整顿僧侣制度，发展佛教文化事业，培训僧侣人才等方面都取得了不少成绩。综上所述，佛教通过翻译和研读佛教经典、判教和阐发圆教义理、创立佛教宗派，确立祖师制等完成了形式上的中国化。佛教在传播过程中逐渐将视域确定在人心、本性的关注和探讨，通过大乘圆教的义理传播将佛教信仰化并渗透到中国社会各阶层，完成了佛教内容的中国化。①

---

① 韩焕忠：《佛教中国化的形式和内容》，《青岛科技大学学报》（社会科学版）2002 年第 4 期，第 5～7 页。

　　净土宗属于大乘佛法，伴随着佛教中国化历程，净土信仰形态也不断发生变化。净土思想在中国弘传和发扬，是一个漫长的过程。净土信仰始于印度大乘佛教的兴起，分为初期大乘时期和中期大乘时期两个阶段，代表人物有初期的龙树和中期的世亲。净土信仰可以分为多种，如弥勒净土信仰、阿弥陀佛净土信仰、阿閦佛净土信仰、药师佛净土信仰等。弥勒信仰与弥陀信仰是中国佛教净土信仰中最重要的两个流派，在整个佛教思想、信仰、实践当中占有突出地位。弥勒信仰和弥陀信仰出现和流行的时间不同，一般认为弥勒信仰先流行于弥陀信仰，如净土宗初祖慧远的老师道安即信仰弥勒净土，发愿上生弥勒菩萨的兜率内院，而慧远则选择往生弥陀净土，可见弥勒信仰先于净土信仰。

　　关于弥勒，佛经有诸多记载，涵盖大小乘。弥勒，意译为慈氏。据佛经记载，弥勒为佛弟子，出生于婆罗门家庭，入灭后以菩萨身为天人说法，住于欲界天的兜率内院，外院一般是天人的境界，内院是特别清净的境界。弥勒净土的重点是在人间，弥勒菩萨的愿望就是要把人间净土化成兜率净土，整个人间就变成了佛国净土。弥勒因修行而得名，即以佛四无量中慈悲喜舍的慈为首，此慈从如来种姓中生出，能令一切世间不断佛种，由此又被人称为慈氏（慈氏菩萨）。

　　自南北朝开始，弥勒思想在中国逐渐盛行，中国的弥勒信仰分为弥勒上生信仰与弥勒下生信仰。弥勒上生信仰，即信仰现今于兜率天说法之弥勒菩萨及兜率净土的种种殊胜，而欲往生兜率天；下生信仰相信弥勒将来下生此世界时成佛，于龙华树下三会说法度众，在人间建立佛国净土。伴随着佛教中国化的深入，弥勒信仰在中国的弘传也呈现不断世俗化和中国化的特征。弥勒信仰对中国佛教各宗产生过重要影响，如法相宗的窥基大力弘扬弥勒信仰。后期随着弥陀信仰的兴起，弥勒信仰影响逐渐式微而不显，但弥勒思想并未消失，一直影响到现在。如近代的太虚大师一生极力提倡往生兜率净土法门，宣说兜率净土的殊胜，当前也有诸多佛教僧人发愿往生兜率内院师从弥勒菩萨修行，等待弥勒成佛下生人间，龙华会上成菩提道度众生。

　　东晋时期，随着《无量寿经》和《观无量寿经》等弥陀诸经的陆续译出，发愿往生西方净土者开始变得越来越多，故阿弥陀佛信仰超越了弥勒信仰，成为净土信仰的主流，西方净土法门逐渐在中国流行起来。弥陀净土信仰最早兴起于大乘佛教初期的西北印度，东汉时传入中国，至晋宋时期受到了中国僧俗的高度重视和青睐。弥陀净土信仰传入中国的初期形态是后来净土宗发展的源头。一般认为，后汉支谶译出《般舟三昧经》是净土信仰东传的嚆矢，虽然此经没有专门叙述弥陀净土的庄严，但点明依般舟三昧修持可以见到阿弥陀佛。[①] 东晋末年，慧远一改其师道安的弥勒净土的信仰，倡导弥陀净土信仰，把净土信仰由菩萨信仰（弥勒为菩萨）推向了阿弥陀佛信仰。慧远组织发愿往生西方净土的活动，在南方的朝野、

---

　　① 圣凯：《晋唐弥陀净土的思想与信仰》，中国社会科学出版社，2009，第1页。

山林产生了巨大影响，推动了弥陀净土信仰在社会上的传播。

弥陀经典中叙述了往生净土的修行方法，主要集中于念佛，有诸多念佛之法，其内容可归为三种：实相念佛，又称法身念佛；观想念佛，观想西方净土依正二报诸相，如《观无量寿经》详述之十六观；称名念佛，一心称念阿弥陀佛名号，心口同念名号。在东晋慧远僧团的影响下，到南北朝时期，又经昙鸾的大力倡导，再加之早已盛行的观世音信仰的助推，使弥陀信仰开始在中土盛行起来。根据《无量寿经》《观无量寿经》所言，观世音菩萨和大势至菩萨是阿弥陀佛的左右侍立。《观无量寿经》阐述的"十六观"中，第十观即观观世音，此经并说有信仰、发愿往生西方极乐净土者，死后根据其功德大小而受到阿弥陀佛、观世音和大势至菩萨的不同方式的"接引"和教化，即西方三圣。观世音信仰在隋唐之前已有深厚的民众基础，观世音信仰助推着弥陀净土信仰趋向盛行。

弥陀净土信仰经慧远、昙鸾、道绰和善导的判教创新，由初期的酝酿、发展，逐步走向成熟盛行，昙鸾吸收了龙树《十住毗婆沙论·易行品》中提出的难行、易行二道之说，创立二道二力说判教，为净土开派立宗建立起理论根据。他认为，在五浊恶世，求"阿毗跋致"（不退转），有的靠自力，有的靠他力（佛力），靠自力为难行道，靠他力为易行道。他还论述了佛力之可靠、往生净土之真实，生于净土者毕竟成佛，把印度净土信仰改造成能为中国僧俗雅俗共赏的修行法门。同时，他创立五逆能生净土之说，使民众产生往生净土之信心与愿望，简化修行方法，由观想念佛转而偏重于独立的持名念佛，使净土信仰能深入民众之中。由此，昙鸾创立了一套中国化民众化的弥陀净土学说，为净土信仰的传播开辟了广阔的道路，后经道绰、善导的弘扬而形成净土宗。

道绰继承昙鸾的思想论述，创立圣道门和净土门等学说。他按难行、易行，立圣道门与净土门，把净土门之外的一切佛法都归于圣道门。昙鸾之说分为难行道与易行道，道绰进一步将其立为二门。尤为重要的是，昙鸾以其他法门为难行道，只是"难行"而非"不行"。道绰虽然也说其他法门难行难证，并没有明白地否定其他法门，但是在实际论证中却极力强调其难，大有否定其他法门的倾向。他说圣道门全力修行，身身相续，尚须万劫才获不退位，难到了不行的程度，只有净土法门才是唯一可以成就的法门。昙鸾主张称名念佛独立，并明确提倡口念。道绰把修行诸法分为正学与兼学，以称名念佛为正学，而把其他诸法包括定学、慧学以及实相念佛、观想念佛的名为兼学，从而确立称名念佛的主要地位。

善导继承昙鸾和道绰的学说，提出"二行二业"之说，以念阿弥陀佛名号为正行，以称名念佛为正业，建立起净土宗修行的完整体系。善导认为，行有二种：一者正行，二者杂行。善导坚持昙鸾、道绰的"二道二力"说，著有《观无量寿佛经疏》，强调乘佛力往生，突出弥陀超世本愿的作用，充分反映出易行道之本质。强调信心为本，信自己无力，佛力无边，机法一体，必得往生。他把修行之法分为正杂二行，又把正行分为正助二业，而以称名念佛为正定之业，简化了修行方法。他制定了法事、六时礼忏、般舟三昧、观念法门等仪轨，使净土宗具有了完备的宗教形态，约在唐高宗时，已开始称净土信仰为"宗"，即净土宗。

因此，可以将净土宗在中国的发展归结为三个时期：早期的修行法门阶段；中期的禅净双修阶段；后期的摄禅归净阶段。这个发展阶段，实际上展示了佛教传入中国后怎样从庙堂到巷陌的过程。早期的净土宗并不被其他佛教宗派所认可，即使认可也被归于其他宗派理论体系之下，被当作一种修行法门。主要原因在于净土宗所倡导的念佛法门具有群众性的倾向，它与当时注重义学的精英佛教格格不入。中期的净土宗经过发展，终于取得了和禅宗并列的地位，禅净双修的局面反映了民众性佛教发展的结果。而后期净土宗的发展呈一枝独秀，蕅益所代表的摄禅归净的思想，标志着中国佛教民众化的完成。

二 净土宗主要经典

（一）"五经一论"

佛教传入中国以后，有超过两百部的经论都涉及净土。在如此宏富的净土经论中，经历一千余年的选择，到近代净土宗祖师印光手中才最后定局为净土"五经一论"，使净土宗的修学与弘传有了明确的依归。

一般而言，净土宗的基本经典有"三经一论"和"五经一论"两种说法。"三经"即《佛说无量寿经》（二卷），康僧恺译；《佛说观无量寿经》（一卷），畺良耶舍译；《佛说阿弥陀经》（一卷），鸠摩罗什译。"一论"即《无量寿经优婆提舍愿生偈》（略称《往生论》）。中国古代高僧大德对这三部经做了诸多注释与疏解，据说在明末清初明确把此三经并称为"净土三经"但至今没有完全的考证。"净土五经"则由中国近代高僧、净土宗十五祖印光法师所勘定。"五经"即：《佛说阿弥陀经》《佛说观无量寿经》《佛说无量寿经》《大佛顶首楞严经·大势至菩萨念佛章》《华严经·普贤菩萨行愿品》。"一论"即《往生论》。印光在《净土五经重刊序》中详述了审定净土五经，并定诸经顺序的理由。首先，他指明将《阿弥陀经》置于五经之首，目的是为了普及净土法门。如果按净土法门的缘起，宜将《佛说无量寿经》置于经首。而《佛说阿弥陀经》提倡持名念佛，便于读诵而且惠及大众，所以被禅教律等各宗定为每日必念之经，将其置于首主要是为了更好的弘扬净土念佛法门。其次，他指出将《华严经·普贤菩萨行愿品》纳入五经的理由在于，此章是对念佛法门的最妙开示，能激励信众精进念佛求生极乐净土。最后，他说明五经中的《佛说无量寿经》不是《净土四经》中魏承贯的会集本，而是曹魏康僧铠的译本。印光所编的《净土五经》深受信众欢迎，影响极为广远。本书所引的净土宗经典均以印光所刊定的版本为准。① 下面简要介绍"五经一论"。

---

① 姚长寿：《净土三经与净土五经》，《佛教文化》1990 年第 2 期，第 42～43 页。

　　《佛说阿弥陀经》又作《阿弥陀经》，俗称小弥陀经，是重要的大乘佛教经典之一。此经最大的特点在于，它是一部不问自说之经，也就是说，它是佛经中极少数弟子没有启问而释迦牟尼佛自行宣说的经典。这部经书有三种译本：第一种是后世通行本，由后秦三藏法师鸠摩罗什所译的《佛说阿弥陀经》；第二种是南朝宋天竺僧人求那跋陀罗所译的《小无量寿经》，此经有缺。第三种是唐玄奘法师翻译的《佛说称赞净土佛摄受经》，此经不通行。

　　《佛说阿弥陀经》开头即宣说阿弥陀佛西方极乐世界的种种美妙庄严以及阿弥陀佛佛号的由来与意义，描述西方极乐世界的依正妙果，令闻者生信、发愿、执持佛名，求生净土。经文指明信、愿、行（执持名号）三资粮者，不论是毕生执持而现生就得"一心不乱"的上根之人，或是临终方闻佛名而生大忏悔一念猛利深信切愿者念佛十声乃至一声，皆蒙阿弥陀佛接引往生西方，由此体现了净土法门的纲领宗旨。经文中间部分劝导一切众生要诵念阿弥陀佛的名号以求生西方极乐世界。最后描述十方世界的诸佛都劝导其土众生相信阿弥陀佛及其极乐净土，鼓励其国众生念佛求生净土。《阿弥陀经》强调称佛名号，鼓励每个学佛者念佛求生净土，不执着于其根器的好坏，因此深受底层佛教信众的欢迎。特别在明朝末年，佛教主张禅净一致、诸宗融合以及三教融合，加上明朝净土宗祖师莲池大力宣扬《阿弥陀经》，使《阿弥陀经》成为净土三经中流传最广、影响最大的一部经。相比之下，《佛说无量寿经》

和《佛说观无量寿经》却流传不广。

《佛说观无量寿经》简称《观无量寿经》，由南朝宋畺良耶舍所译，梵文版和藏文版均已不存在。这是一部以摩揭陀国王舍城所发生的宫廷事变为因由而述说的经典。此经开头讲述摩揭陀国国王频婆娑罗被其子阿阇世王幽禁并禁食在宫内，其王后韦提希身裹蜜粉秘密前去探望，被阿阇世发现后同样被囚禁在深宫，最终导致频婆娑罗王饿死。极端痛苦与煎熬的韦提希遥向释迦牟尼佛所在的耆阇崛山祈祷，感到佛陀现身王宫为她说法，讲述极乐净土和通过修净业三福和"十六观"得见阿弥陀佛往生极乐之法。由此可见，"净业三福"和"十六观"是此经最核心的内容。"净业三福"是净土宗修行的基础，是净土修行者成就的资粮，戒、定、慧三学是修净业者之根本。依经中所说，"净业三福"是三世诸佛净业正因，若欲生极乐净土，首先需修"净业三福"，"欲生彼国者，当修三福：一者，孝养父母，奉事师长，慈心不杀，修十善业。二者，受持三归，具足众戒，不犯威仪。三者，发菩提心，深信因果，读诵大乘，劝进行者"。一、二福多属戒学，第三福是戒、定、慧三学圆具。在"净业三福"中，第一为人天之福，第二为小乘声闻缘觉之福，第三为大乘菩萨之福。经文中还开示了观想念佛的十六妙观，阐明是心作佛、是心是佛之理。同时，此经还详细阐述了九品往生的因果，说明往生西方极乐世界各个品位的正因。由于往生者的因行有胜劣，往生之相有等差，往生后见佛成佛有疾缓，从而有上、中、下的三辈九品的区别。西方极乐世界是极善之人会聚的佛土，阿弥陀佛为了普度众生，以佛愿力开带业往生的法门，业力凡夫乃至曾作五逆十恶忏悔之人，只要信愿行具足都可以仰承佛力往生。但业力凡夫业障恶习深重，往生后按照各自因行先住在莲花苞心或边地疑城里铲除业障习气，熏修梵音佛法，增长菩提，然后再花开面见阿弥陀佛。

《佛说无量寿经》又作《无量寿经》，俗称大弥陀经，是大乘佛教初期的重要经典，被誉为"净土第一经"。《无量寿经》的梵文原本已遗失，前后有多个译本，现存五种。第一种是通行最广的《佛说阿弥陀经》（两卷），由曹魏天竺僧人康僧铠所译，文辞详赡、义理圆足，佛教界多以此译本为准，其他译本为参考。第二种是《佛说无量清净平等觉经》（四卷），为最早的译本，由后汉支娄迦谶所译。第三种是孙吴支谦所译的《佛说阿弥陀三耶三佛萨楼佛檀过度人道经》（两卷）。第四种是唐菩提流支所译的《大宝积经无量寿如来会》（两卷）。最后一种是北宋法贤所译的《佛说大乘无量寿庄严经》（三卷）。这五种译本从文字到内容有较大区别，如关于弥陀大愿的数量与内容，各译本有很大差异，魏、唐译有四十八愿，汉、吴译有二十四愿，宋译有三十六愿。另外，自宋代开始至今，有四位居士对该经进行了会集，即会集本。

《佛说无量寿经》主要讲述阿弥陀佛成佛之前修菩萨道时的伟大愿行，描述阿弥陀佛成佛前弃国王位，出家修行，发四十八大愿普度众生，经过无量劫的依愿修行，终于福慧圆满，得证佛果而成就清净庄严的西方极乐净土，得十方诸佛的共同赞叹。此部经中有指导念佛往生净土的殊胜法门，让佛教修行者不必经历长劫的难行苦行以追求佛果，经文提出十方世界的菩萨、回小向大的声闻缘觉以及具足惑业的凡夫，只要信、愿、行三具足，仰承佛力，信愿念佛就可以往生极乐世界。此经中最受关注的是阿弥陀佛"四十八大愿"，其中第十八、十九和二十愿与净土法门休戚相关，深受净土宗修行者重视。在净土宗看来，圆满解决宇宙生命问题的根本方法在于广修六度，自利利他，具足无量功德而成就佛果，这是人类生命意义的最高呈现。这种理想看似遥不可及，但由于净土念佛法门的导入，而有了现实的可能性。

《大佛顶首楞严经·大势至菩萨念佛圆通章》是《大佛顶首楞严经》第五卷中的一个章节。《大佛顶首楞严经》自宋以后盛行于禅教之间，经中的楞严咒更是宋以后丛林必诵的早课之一。明末莲池将《普贤行愿品》和《大势至菩萨念佛圆通章》编入《诸经日诵》，近代印光将此章编入净土五经就是对这种传统的继续和发扬。根据《楞严经》所说，在楞严会上，释迦牟尼佛询问诸大菩萨进入禅定、获得开悟的方法，大势至菩萨说他以念佛方法修学成功，其关键在于要"都摄六根，净念相继"，集中心思，忆佛念佛，相续不断地维持净念得证念佛三昧。这是对念佛法门心要的最妙开示，因此这章被列为"净土五经"之一。

《华严经·普贤菩萨行愿品》，简称《普贤行愿品》，是唐般若所译四十卷《华严经》中的最后一品。由唐代僧人澄观撰写《别行疏》之后，开始单独流通，后由宗密随疏作钞，大力宣说普贤的行愿与弥陀净土的往生之间的关系，主张起普贤十大愿而往生弥陀净土。因此《普贤行愿品》历来受中国净土宗重视，近代印光将其勘定为净土宗经典，纳入净土"五经一论"之中。《普贤行愿品》讲述善财童子为菩提道，到处参访善知识，最后至普贤菩萨座下，蒙其威神加持而证悟菩提，成为等觉菩萨。此品重点阐述普贤菩萨如何以十大愿劝善财，及与华藏海众四十一位法身大士，回向往生西方极乐世界，以期圆满佛果，是华严经归宗结顶之法。目的在于劝导发菩提心的大乘佛教修行者，能随分随力依普贤菩萨的"十大愿王"行持，就能逐渐向佛菩萨的无我利他的心行靠拢，积累资粮提升往生的品位。①

《往生论》即《无量寿经优波提舍愿生偈》，古印度的婆薮槃豆（世亲，又作天亲）著。此著是世亲论师修学净土法门的心得著述，主要论述了净土法门不可思议的事理、因果、性相与佛境界。此论分偈颂和长行两部分，偈颂共二十四行，长行则是对偈颂的解释。偈颂表达对释迦牟尼佛的归敬，表明造论的意趣，阐述三严二十九种功德成就相并以回向偈而作总结。长行揭示了起观生信实践行的五念门，即礼拜门、赞叹门、作愿门、观察门、回向门，最后指出行此五念门，可得近

---

① 姚长寿：《净土三经与净土五经》，《佛教文化》1990年第2期，第44页。

门、大会众门、宅门、屋门、园林游戏地门的五种功德，自利利他速得无上正等正觉。此论的主题是修五念门而往生极乐净土，而五念门的中心是观察门，即观察十七种器世界清净和十二种众生世间清净，共二十九种庄严功德。十七种器世界清净，是极乐净土的功德清净性；十二种众生世间清净，是极乐净土众生即阿弥陀佛和菩萨们的功德清净性；二十九种庄严所要显示的极乐净土的国土和佛菩萨皆为清净，强调极乐世界是清净庄严的世界。从该论中我们可以学习到古印度大乘菩萨修行者对净业修持的诠释与理解，是修行念佛求生弥陀净土的法要。

（二）《般舟三昧经》与其他经典

除勘定的净土宗经论之外，还有不少经典与净土法门相关。其中最著名的是东汉支娄迦谶所译的《般舟三昧经》（三卷），又名《佛立三昧》。此经另有译本，为隋阇那崛多等翻译的《大方等大集贤护经》（五卷），但此版本不通行。

《般舟三昧经》中提及弥陀净土，首开中国弥陀信仰经典引领的先河。此经主要讲述如何通过一心专念佛，寂息妄念而入定，定中见十方诸佛立于面前。这里的念佛，并非指当今流行的口念弥陀圣号，而是指观想佛像而入定，佛像也没有专指阿弥陀佛，可以是任何佛像。修行方法为不坐不卧，从早到晚，循环往复，不是走，就是立，或以七天或以九十天为一期，专念阿弥陀佛的名号。念佛三昧就是指由此种念佛方法而得入定看见诸佛，即念佛见佛三昧。般舟三昧作为大乘禅法之一，随着般若学的发展而兴起。庐山慧远也因修般舟三昧禅法而信仰阿弥陀佛极乐净土，继而大力宣扬此净土，开启念佛求生弥陀净土的先河，被后世推定为净土宗初祖。早期净土信仰以禅观为主，般舟三昧修法特别流行，因此《般舟三昧经》被当作初期弥陀信仰的依据经典。后来随着《法华经》的东传并翻译，经里涉及弥陀净土的《药王菩萨品》，以及后来的译出的《妙法莲华经》中《药王菩萨本事品》等都涉及弥陀净土而都有弥陀净土信仰渊源。从两汉到北宋，随着许多重要经典被翻译出来，其中有不少经典涉及阿弥陀佛的西方极乐净土，如《观音菩萨得大势至菩萨受记经》、《鼓音王经》、《宝积经》和《悲华经》等。

第三节　净土宗师的佛学思想

自宋代开始，凡对弘扬净土法门作出特殊贡献者，均被后人尊推为净土宗祖师，以彰显其佛学思想和实修方面的成就。净土宗立祖师的标准不是其他宗派的法嗣制度，强调一脉传承，而是以异代同修净业所取得的成就为标准。也就是说，确立祖师的标准取决于该修行者是否对净土宗的弘扬产生过明显的推动作用，如在义理、修行方式和对信众的引领等方面是否对当时和后世产生了巨大影响。关于中国净土宗的传承关系，有多种不同的说法。根据《乐邦文类》卷三记载，宋宗晓立东晋慧远为初祖，善导、法照、少康、省常、宗赜等继之。宋志磐《佛祖统纪》卷二十六《净土立教志》以慧远、善导、承远、法照、少康、延寿、省常为净土宗七祖。到了明清时期，又立袾宏为八祖、智旭为九祖、实贤为十祖、际醒为十一祖。一般认为，自宋代以降被确立的祖师有十三个：东晋慧远；唐善导、承远、法照、少康；五代永明；宋省常；明莲池、智旭；清截流、省庵、彻悟及近代印光。当前学界提出新观点认为，应将北魏的昙鸾和唐初的道绰认定为净土宗祖师。其理由在于，东晋慧远圆寂后百余年间，虽有众多专修净土法门的人，但到北魏的昙鸾才有所发展。昙鸾从菩提流支处得到《观无量寿佛经》及印度世亲论师所著的《往生论》，专修净土法门。在山西汾州石壁玄中寺兴建净土道场，并著《往生论注》，发扬阿弥陀佛本愿力的根本教理，为后世净土法门成宗立派奠定了理论基础。① 到了唐初，道绰禅师依昙鸾行法专扬净土，普劝修持，一生讲《观无量寿佛经》近二百遍，著有《安乐集》，兴起一股专修念佛法门的潮流。由于历史原因，昙鸾、道绰的著作一度在国内失传，国内对他们的弘扬净土法门的事迹知之甚少。改革开放以后，随着国际佛教文化交流的日益扩大，两位的相关著述传回国内，人们才得以逐渐了解昙鸾和道绰对中国净土宗的发展和传承的推动作用。基于此，将二者纳入净土宗祖师体系。至此，净土宗共确立了十五代祖师，即一祖慧远、二祖昙鸾、三祖道绰、四祖善导、五祖

---

① 方华田：《中国佛教宗派——净土宗》，《佛教文化》2005 年第 5 期，第 42 页。

承远、六祖法照、七祖少康、八祖永明、九祖省常、十祖莲池、十一祖蕅益、十二祖截流、十三祖省庵、十四祖彻悟和十五祖印光。下面对十五位祖师的净土思想以及义理学说作详细介绍。

一　东晋：慧远首结莲社，倡导观想念佛

东晋末年，慧远（334～416）依据净土经教，在江西庐山东林寺创设莲社，造西方三圣像，开始专修净土念佛法门，后世尊他为净土宗初祖。慧远自幼聪慧，博学于儒、道诸经，深得儒学与玄学的真谛。他二十一岁师从著名高僧道安，誓愿弘法利生，续佛慧命，勤诵精思，昼夜研习般若经典，对佛教大乘般若思想深有心得。慧远二十四岁时开始讲经说法，能善巧方便引《庄子》言说来连接类比，以相应的概念来解释佛理，使听者豁然解悟，从而声名远播。

东晋太元十五年，慧远与刘遗民等僧俗一百二十三人结"莲社"。莲社中设西方三圣像，并让刘遗民居士作《往生发愿回向文》刻于石碑之上。王乔之居士等作《念佛三昧》诗并凿池种莲花，木刻十二叶莲花立于水中，随波旋转，分别刻上昼夜时分，作为念佛修行的时间表。参加莲社的人中有比丘和居士，多是法门龙象、儒林巨子。其中有被后世称为"东林十八高贤"的慧远、慧永、慧持、道生、昙顺、僧睿、昙恒、道炳、昙诜、道敬、佛陀耶舍、佛陀跋陀罗、刘遗民、张野、周续之、张诠、宗炳、雷次宗等。他们在阿弥陀佛像前，

建斋立誓，同修念佛，共期往生。慧远的净土信仰主要依据
《般舟三昧经》，其念佛法门为观想念佛而非称名念佛，即在
修行时，"常念佛身有三十二相八十种好，巨亿光明彻照，端
正无比"，[①] 如果专心念佛七日七夜，就可得见阿弥陀佛。在
观想念佛时，慧远非常重视禅定和智慧，主张"以禅智为
宗"，这与以后的净土信仰以称名念佛方式有较大的差异。中
国的弥陀净土信仰经过慧远的提倡，在两晋以后渐趋盛行。

　　慧远的净土思想以《般舟三昧经》基础，认为只要"穷
玄极寂"，一心专注佛号或者佛像即能入定，定中即见十方佛
悉在前立定。强调以般舟三昧为基础，专于一念，歇虑忘缘，
回归寂灭。在修般舟三昧时，需依一佛而起修，不限于念阿弥
陀佛。慧远因精于般若学说，由禅法而行般舟三昧，在信仰上
选择了弥陀净土。[②] 因此，慧远的净土思想具有强调般若智慧
的特点，后世的禅净双修思想最先始于慧远的念佛思想。由此
我们可以看到，慧远的念佛法门与后来净土宗"口称念佛"
法门有很大的不同。慧远首开僧团念佛求生净土的先例，对后
世弥陀净土的信仰具有很大推动作用，因此被尊为中国净土宗
的初祖。

　　慧远著述颇丰，有《大智论要略》（二十卷）（亦名《释
论要钞》）、《不敬王者论》（一卷）、《问大乘中深义十八科
（并罗什答）》（三卷）、《大智论序》（一卷）、《阿毗昙心序》

① （后汉）支娄迦谶：《佛说般舟三昧经》，《大正藏》第 13 册，第 889 页中。
② 圣凯：《晋唐弥陀净土的思想与信仰》，中国社会科学出版社，2009，第 15 页。

（一卷）、《三法度序》（一卷）、《妙法莲华经序》（一卷）、
《明报应论》（一卷）、《修行方便禅经序》（一卷）、《辩心识
论》（一卷）、《法性论》（一卷）、《沙门祖服法论》（一卷）、
《释三报论》（一卷），以及《佛影赞》（一卷）。

二　北魏：昙鸾奠基净土思想

南北朝时期北魏的昙鸾（476～542）是慧远之后弘扬净
土法门的主要代表人物。昙鸾最大的贡献在于对弥陀净土作了
系统的阐述，初步建立起净土宗的理论框架，为后来净土宗的
创立奠定了重要基础。

昙鸾广学内外经典，擅长佛性学说和般若中观学说，尤其
对龙树《大智度论》《中观论》《十二门论》《百论》四部论
的研究颇有心得，后世尊称他为"四论宗之祖"。据记载，昙
鸾读《大集经》时深感此经义奥难解，后因得了气疾顿觉生
命短促，于是出门寻医疗治。听说江南隐士陶弘景精研神仙方
术，昙鸾随即南游拜访陶弘景求取长生不老之法，并得到修仙
经十卷。在返回北方的路途中偶遇北印度三藏法师菩提流支，
他向菩提流支叙述自己的愿望，并问其佛法中是否有胜过仙经
的长生不死之法。菩提流支将一部《观无量寿经》送给他，
并告诉他，依此经修行必定能解脱生死，此经才是真正的解脱
生死的大仙方。昙鸾听后生起信心，放弃仙经专修净土法门。
随着修行精进，声名远播，得到东魏孝静帝的支持并被尊称为
"神鸾"，先后在并州的大岩寺、汾州北山石壁玄中寺弘传净

土法门。

昙鸾作为净土法门的集大成者，为净土立宗奠定了重要的思想基础。根据《续高僧传》卷六及《隋书·经籍志》卷三十四、《新唐书·艺文志》卷五十九等所记，其著述共有十种。净土类书籍有《礼净土十二偈》（《赞阿弥陀佛偈》）、《安乐集》（《略论安乐净土义》）、《净土往生论注》、《赞阿弥陀佛偈》和《略论安乐净土义》。其中《往生论注》（二卷），是对印度论师世亲《无量寿经优婆提舍愿生偈》的注解，上卷解释偈颂，下卷专释长行，有"二道二力、名号为体、往还二向"等论义。《往生论注》完整呈现了昙鸾的净土思想。他在《论注》的卷头即引龙树《十住毗婆沙论》说明菩萨欲求阿毗跋致（即不退转法）有难行、易行二道。在五浊恶世无佛之时求阿毗跋致名为难行道；但以信佛因缘愿生净土，由佛力住持入于大乘正定之聚名为易行道。也就是说，在无佛之世全靠自力修持，没有他力加持，难得阿毗跋致，譬如陆路步行则苦，名为难行道。反之，乘着佛的本愿力往生净土，即依他力而得阿毗跋致，譬如水路乘船则乐，名为易行道。昙鸾强调依佛本愿力修行，其思想根源于《无量寿经》。他在《往生论注》卷下说明阿弥陀佛本愿力的殊胜和修五念门以自利利他，可以速得成就阿耨多罗三藐三菩提，其要点在以阿弥陀佛为增上缘。以弥陀"四十八愿"中的第十一、第十八、第二十二，三大本愿为中心的他力本愿，发挥了弥陀净土念佛法门的奥义。《赞阿弥陀佛偈》有七言偈一百九十五行，是依《无量寿经》而赞咏阿弥陀佛及其净土的功德，所以又称《无量寿经奉赞》或《大经奉赞》。《略论安乐净土义》用问答的体裁，把有关阿弥陀佛极乐净土的三界摄否、庄严多少、往生辈品、边地胎生、五智疑惑、度与不度、十念相续等问题，作总别九番的问答，并一一加以解说。这些都体现出昙鸾的净土思想的深邃与系统。

关于念佛方法，昙鸾在强调观想念佛的同时，又提倡称名念佛。观想念佛即在禅定中观想阿弥陀佛，以求觉悟的大乘禅观之一。在昙鸾及其以前的时代，净土信仰中的念佛法门主要是以观想念佛为主。昙鸾也非常重视观想念佛，但他又常常将观想念佛与口称念佛等同起来。他在《往生论注》卷上说："忆念阿弥陀佛，若总相，若别相，随所观缘，心无他想，十念相续，名为十念。但称名号，亦复如是。"① 经过昙鸾的倡导，使弥陀信仰中的念佛法门从注重观想念佛开始向口称念佛转变。后经道绰、善导等人的大力推动，使口称念佛几乎成为净土信仰的标志，同时也使弥陀净土信仰深入民间，广为普及。昙鸾被后世尊为净土宗二祖。

三 唐代：道绰继承，善导立宗，承远、法照、少康、永明绍隆

昙鸾之后，真正继承其净土思想并大力弘扬净土教义的是道绰。他少年出家，深研《大涅槃经》，并对禅学有很高造

---

① （北魏）昙鸾注解《无量寿经优婆提舍愿生偈注》，《大正藏》第40册，第834页下。

诣。道绰后来参访玄中寺，看到昙鸾念佛往生种种瑞应的碑文时心生震动，转而修习净土法门，一心专念阿弥陀佛，观想礼拜、精勤不断。道绰几乎穷毕生精力致力于宣扬净土法门，为信众开讲《观无量寿经》达二百多遍，词旨明畅，辩才无碍。道绰主要著作有《安乐集》上下二卷。道绰净土思想的特色在于重视经证。他在《安乐集》的卷首就说明该论集所引用的经律论释多至四十余部，足见其对于经、律、论三教所学博深。道绰主张教法应该和时机相应，修福忏除罪障，并认为念佛一门最为应机。他把佛的教法分为圣道、净土二门。圣道门非末法钝根众生所能悟证，只有净土门简要易行，乘佛的本愿力即能往生净土。

道绰认为净土生因在于以菩提心为其根本，以念佛三昧为要行。他引用世亲的《净土论》"发菩提心即是愿作佛心。愿作佛心即是度众生心"的说法为证明。同时，他广引诸经证明"念佛三昧"的不可思议功德，修此三昧必能见佛，命终之后即生佛前；又提出"念佛三昧"具足一切"四摄六度"，能消灭过去、未来及现在一切诸障。从他所引《般舟经》的"常念我名"及《观佛三昧经》的"观佛相好"文字来看，道绰的"念佛三昧"包含"称名"和"观念"两种念佛方法，这与昙鸾的思想一脉相承。基于道绰对净土教义承上启下的弘扬贡献，当代学界认为，道绰应被尊为净土宗第三祖。

善导是道绰之后唐代净土宗史上最杰出的人物，被后世尊为净土宗四祖。善导少年出家，初习"三论宗"，诵《法华》

《维摩》等经，后深入经藏研习。他在阅藏时偶得《观无量寿经》，并潜研此经，常修"十六观法"，思惟西方极乐胜境。

因仰慕庐山慧远结社念佛的高风尚德，善导还特意去往庐山瞻礼其遗范，后隐居于终南山悟真寺一心专修念佛法门，并得以亲证。据记载，善导曾于贞观十五年拜访道绰参问念佛法门津要，道绰有感于他的求法精神，授予他《观无量寿经》和净土教义。后来善导到长安，盛唱念佛法门，极受道俗的敬信。善导一生精苦勤笃，淡泊名利，书写《阿弥陀经》有十万余卷、画"净土变相"三百余壁。他弘扬称名念佛，认为称名比较容易，没有外界杂缘的干扰，能够得到正念，而且念佛本身就是与佛的本愿相应，也不违背佛教的教义。唐高宗赐匾额给善导所居寺院为"光明寺"，后世称善导为"光明和尚"。

善导一生著述甚多，其中《观无量寿佛经疏》四卷曾传入日本，日本僧人依此而开创日本净土宗，并尊善导为日本净土宗初祖。另外，他还有《观念法门》一卷、《法事赞》（二卷）、《往生礼赞》（一卷）、《般舟赞》（一卷）、《临终要诀》（一卷）、《念佛镜》（二卷）、《大乘布萨法》（一卷）。作为净土宗的立宗祖师，善导所处的隋唐时代是中国佛教发展的黄金时期，其净土思想的核心内容主要有以下几个方面：

一是明确九品往生净土者皆是凡夫。根据《无量寿经》记载，往生净土者分为上、中、下三辈，《观无量寿经》（《观经》）则分为九品。《无量寿经》的三辈与《观无量寿经》的九品并不对应。善导对三辈九品往生作出了详细的阐释。《观经》里提到，有三种人可以上品上生：一是持戒修慈者；二是虽不能持戒修慈，但能读诵大乘者；三是不能持戒读经，唯能念佛、念法、念僧等，"此之三人，各以己业专精励意。一日一夜，乃至七日七夜，相续不断，各回所作之业，求愿往生。命欲终时，阿弥陀佛及与化佛菩萨大众，放光授手，如弹指顷，即生彼国"。① 善导认为，以此可以证明上品往生的三种人是佛涅槃后，大乘极善上品凡夫。根据《观经》记载，善导认为上品中生者不必受持大乘，只说义解，不说修行，深信因果，不谤大乘。这些也是凡夫，只是修学较弱。而上品下生的标准是信因果，不谤大乘，但发无上道心。关于中品往生，善导认为，依《观经》解读，中品上生者受持五戒、八戒，修行诸戒，不造众恶，无诸过患。中品中生者受持一日一夜净戒者，回愿往生，命终即得生净土。即便是无善凡夫，逢遇小乘，受其小乘戒，回愿往生，仗佛愿力而得生。中品下生者孝养父母，行世仁慈，临命终时遇善知识为说净土乐事，回心得生。依《观经》所说，善导认为下品往生没有佛法善根，连世俗善根也没有，只知道作恶。若遇善缘劝令往生，即得往生，若不遇善缘，必定下堕三恶道中，不得出离。由《观经》定善及三辈上下文意而总结九品往生差别，目的在于警策善恶凡夫同沾九品，生信无疑，乘佛愿力悉得生。二是论证仰信佛言，不可信用菩萨不相应教。善导认为，《观经》为佛所说，

---

① （唐）善导集记《观无量寿佛经疏》，《大正藏》第37册，第248页中。

是绝对真理，而论则是菩萨对经典的解释和发挥，可能有不太圆满或者曲解佛意的地方。经与论相比，经重于论，经与论有矛盾的地方，以经为准。尤其是净土法门其事理因果皆是佛果的境界，认为念佛求生净土是特殊法门，非凡夫所能思惟，甚至也非菩萨所能解悟。若站在自力通途法门来诠释净土，难免出现差错，其提醒我们在末法时期，以佛说经典和净土宗祖师言说为智慧择法依据，否则，很可能自误误人，错失得度因缘。三是引经据典论证弥陀净土是报佛报土。善导引用《大乘同性经》说法，然后引用《无量寿经》及《观经》证明极乐净土是报佛报土。四是提出指方立相念佛法。指方，指定西方极乐净土；立相即建立弥陀之相好，而观想西方正报、依报之庄严事相（即《观经》中定善十三观），由此指方立相而得生净土，径登不退。善导指出《观经》以观佛三昧为宗、念佛三昧为宗，而望佛本愿，意在众生，一向专称弥陀佛名。善导最后论证了往生净土正因在于安心、起行和作业。安心即三心具足，三心即诚心、深心和回向发愿心，信、愿、行相扶，净业必成。善导之后，净土思想体系构建完成，正式立宗，善导被尊为净土宗正式立宗之祖师。

五祖承远（712～802）勤苦修行净土法门，常行般舟三昧（即九十日内不坐、不卧、不杂用心，专念阿弥陀佛圣号），用念佛来开导众生。承远善立中道，随机施教，蒙其教化的人数以万计。唐代宗赐其修行所居处为"般舟道场"。承远一生以专持名号为正行，以布施持戒为助行。

六祖法照（747～821）得承远宗传，以音韵文学来弘扬净土法门，常行"五会念佛法会"教化大众念佛。唐代宗封法照为"国师"，令其教化皇宫大众"五会念佛"，法照又被尊为"五会法师"。法照著有《大圣竹林寺记》（一卷）、《五会念佛广法事仪赞》（三卷）、《五会念佛略法事仪赞》（一卷）。

七祖少康（736～805）少年出家，十五岁时通达《法华经》《楞严经》等诸经奥义。后遇善导的《西方化导文》而专修净土法门，在乌龙山建净土道场，每遇到斋日，善男信女都前来集会，被教化者有三千余人。少康一生撰作《往生西方净土瑞应删传》（一卷）、《净土论》（三卷）流布于世。

八祖永明（904～975）又称延寿，自小便读诵《法华经》，出家后常结坛修"法华忏"，后专修净土法门，日诵佛号十万声，发愿往生极乐净土。他提倡摄禅归净，化导众生，曾被忠懿王赐号"智觉禅师"，并建"西方香严殿"专供其修行。永明专弘净土法门，谆谆教诲大众老实念佛，并自己践行念佛求生净土。永明一生所著《宗镜录》（百卷），融会诸法同入心宗，又著《万善同归集》阐明空有、性相之旨，提策真修实归之中道。

四　宋代：省常结净行社，弘扬念佛法门

九祖省常（959～1020）少时出家，戒行严谨，通达《大乘起信论》，并修"天台止观"。因仰慕庐山慧远的遗风，省常仿"庐山莲社"而创建"净行社"。加入"净行社"者，仅

出家人便多达上千人，还有公卿大士一百二十余人，其中显贵云集，影响巨大。省常精进念佛，修行至诚，广刻无量寿佛像传送，并刺血书《华严经·净行品》。毕生严持戒律，辩才无碍，每日率众念佛精进不懈，数十年如一日，受敕封为"圆净法师"。

五　明代：莲池中兴念佛，智旭重振莲宗

莲池（1535～1615）又名袾宏，天生聪颖，以学识及孝道著称于世。莲池因闻"万物皆有无常"而出家，在五云山建立"云栖寺"，弘扬念佛法门，深受百姓的拥戴。莲池依据佛教"三学"——戒、定、慧，其中立"戒"为基本，以"净土"为指归。莲池亲自整肃清规戒律，以精严律制为第一修行，命令僧众以半月为期，读诵《梵网戒经》，并著写《沙弥要略》《具戒便蒙》《菩萨戒疏发隐》等，阐发戒学深义。同时，莲池崇尚讲诵，明因果，推崇放生。莲池所居寺前建有放生池，定期开放生法会、宣说佛法，著有《戒杀放生文》并盛传至今。莲池博通诸宗，既是净土宗的祖师，也是华严宗的名僧，深受两宗学人敬仰。其思想皆归于净土，极力主张"持名念佛"，融会事理，直归净土。莲池一生真修实学，在调和诸宗关系的同时专弘净土法门，以教化无数信众，一时中兴莲风。其著述有三十余种流行于世，包括《弥陀经疏》、《竹窗随笔》（三卷）、《菩萨戒疏发隐》（五卷）、《具戒便蒙》（一卷）、《禅观策进》（一卷）、《缁门崇行录》（一卷）、《水

陆法会仪轨》（六卷）、《楞严摸象记》（十卷）等。

十一祖智旭（1599～1655），号蕅益，别号"八不道人"，因丧父得闻《地藏本愿经》，发起出世之心。他二十二岁专志念佛，因对《大佛顶楞严经》中的"世界在空，空生大觉"心生疑团，为解此疑团而决心出家探究宇宙人生大事。智旭后来生了大病，发愿往生西方极乐净土，认定念佛法门是"方便中之第一方便；了义中无上了义；圆顿中最极圆顿"。① 智旭病愈后独倡"持名念佛"法门，专弘专修，使得莲风也随之大振。

智旭最著名的作品是《弥陀要解》，特点在于依天台宗"五重玄义"方式，说明《阿弥陀经》以能说所说人为"名"；实相为"体"；信愿持名为"宗"；往生不退为"用"；大乘菩萨藏无问自说为"教相"。其指明《阿弥陀经》总摄一切佛教，以"信、愿、行"总摄《阿弥陀经》的全经宗旨，念佛圆摄一切佛教，持名一法统摄一切宗、教、事、理。他提倡学佛当以般若为导，以净土为归。智旭一生著书颇丰，除《净土十要》《弥陀要解》是净土行人必读著作外，还有《唯识心要》《毗尼事义集要》《阅藏知津》《法海观澜》等四十余种著作流行于世。

六　清代：截流、省庵、彻悟广宣念佛

十二祖截流（1628～1682）青年出家，精进修持，五年

---

① （宋）蕅益智旭解《佛说阿弥陀经要解》，《大正藏》第37册，第365页上。

后契悟佛法要旨，深得天台精髓。截流后来结庵于杭州法华山，专修净土法门，大弘净土念佛法门，教导无数信众。截流一生著作有《金刚经疏记会编》（十卷）、《劝发真信文》、《起一心精进念佛七期规式》、《宝镜三昧本义》、《楞严经势至圆通章》等流布于世。

十三祖省庵（1686~1734）七岁出家，兼通世典，能写诗、善书法。省庵因见一僧人仆地而死，深感人事无常，从此精进修行，严持戒律。省庵一生修"不倒单"，日食一餐，过午不食。融汇通贯"三观、十乘"之旨、性相之学，是灵峰四世天台宗传人。省庵每于佛涅槃日，讲演《佛遗教经》及《佛说阿弥陀经》，开示"是心是佛"的佛法奥义。同时，省庵发大悲心作《劝发菩提心文》，激励众生发愿往生极乐世界。因其教化三根普摄，得江、浙一带四众弟子仰慕皈依。省庵常结期开念佛会，严立规约，昼夜六时，互相策励，随其修念佛，而得度者甚多。省庵著述有《劝发菩提心文》《净土诗》《西方发愿文注》《续往生传》等流布于世。

十四祖彻悟（1741~1810）自小聪慧，经史群籍无不采览，悟二十二岁因大病深悟幻身无常而出家。彻悟善于研究诘问，精进探求奥义，对于法性宗、法相宗以及"三观、十乘"的旨义，全然通达。因明心见性而成为临济宗三十六世祖。彻悟因有感于永明延寿禅师作为禅门宗匠归心净土，而发愿往生极乐净土，专弘专修净土法门。其一生修行精严，礼佛、持念佛号，与大众一起精修开启莲宗之风，远近僧众都因敬仰而归心于他，成为当时净土法门的第一人。著作有《示禅教律》《念佛伽陀》等流行于世。

七　近代：印光文字般若扬莲风

十五祖印光（1861~1940）幼年随兄读儒书，二十一岁时，到终南山南五台出家。印光因阅读残本的《龙舒净土文》，而知晓念佛往生净土的法门；又因眼疾而感悟身为苦本的道理，一心精进念佛求生极乐净土，以净土为归。

印光除念佛正行之外，还深入经藏而妙契佛心，修行路径达到了理事无碍的水平。他出家几十年始终韬光养晦，只期昼夜念佛，早证念佛三昧。其文章被收集刊印为《印光法师文钞》，字字归宗，上符佛旨、下契生心，充分发挥了禅、净二宗的奥妙，深入显出、妙契时机，体现了文字般若之功。印光的著述还有《净土决疑论》、《宗教不宜混滥论》等。印光以文字来摄化众生，倡导格致诚正、修齐治平、五伦八德等以及儒家经世之道，指归净业三福。同时，他提倡依教奉行，吃素念佛，精修净业，得其教化而念佛得以往生的善士信女难以枚举。印光还创建了"弘化社"流布佛教诸书，广印《了凡四训》《安士全书》等善书教化世风。印光还先后领导修缮了普陀、五台、峨眉、九华等四大名山的山志，修复江苏吴县灵岩山寺，使之成为近代我国净土宗第一大道场。由于深感世风日下，印光特别提倡因果报应说，以"诸恶莫作、众善奉行""因果报应、生死轮回"等实事实理开导学人，句句发自肺腑，字字不离因果不涉虚文，令人深生憬悟而立定为人处世之根基。印光又以"真为生死、发菩提心、信愿念佛、求生西方之坦途要道"来教人切实奉行，以作超凡入圣之捷径。印光一生通宗通教，学行俱优，被誉为民国以来净土宗第一尊宿。他对近代中国佛教发展做出了巨大贡献，重新振兴净土宗念佛之风教化无数信众，是当之无愧的净土宗祖师。

第二章　净土宗伦理中的本体和心性基础

　　净土宗修行的根本特征在于强调自力与他力相结合，念佛求生西方极乐净土。这里所讲的自力，指的是依个人修行行为如持名念佛、五戒十善、净业三福等而产生的修行功德力；他力指的是阿弥陀佛的平等广度众生之愿力。从根本上看，净土宗所提倡的修行是一种伦理道德的实践活动。从伦理层面来理解净土宗，首先需要厘清其得以成立的佛教宇宙观和本体论，特别是与净土修行往生成佛紧密相关的因果论、佛性论等基本佛教哲学理论，以期说明净土宗伦理思想的哲学基础。

第一节　弥陀净土之本体论

　　净土宗是中国大乘佛教的八大宗派之一。与其他佛教宗派一样，净土宗哲学理论的基础前提是对世界的理解。就实际而言，佛教本身业已形成一套完善的解释话语体系，用以阐发其对世界结构及其本体论的认识和观念。净土宗认为，修行者是否能够往生净土成佛，其本体根据就在于人的佛性。这就要求本书首先需从佛教对世界的理解说起。

一　佛教的世界结构与佛国净土说

佛经中所说的佛国净土，如弥陀净土、药师净土和法华净土等，并非是我们世俗所谈及的国家意义上的"国家"，它既没有政治、法律和经济制度体系，也没有至上的统治者。佛经里所提及的佛国净土里的佛，是说法者和教化者，而非统治者。依佛教经典所说，十方世界①充满了形形色色的佛国净土，并且有数量不可计算的诸佛在教化、普度众生。佛国在诸佛普度众生的慈悲愿力的含摄下，十方众生得以能够在庄严清净的环境中修行。佛经一方面告诉人们，这样的胜地净土确实存在；另一方面，强调没有众生自己的修行积累功德福报，则不可能往生这样的净土。这样美好的修行净地如何得以存在？佛教认为，首先是由诸佛功德愿力而成，其次由众生的德福所感而至。无论是何种净土，都可以追溯到佛教对于世界本体的理解。

佛教把众生分成十类。具体包括了圣人四类和凡夫六类，其中声闻、缘觉、菩萨和佛为四圣类，地狱、饿鬼、畜生、阿修罗、人、天为六凡类。十类众生居住在不同的世界中。佛教把世界理解为这样四重结构：欲界、色界、无色界和佛国净界。佛经中的"欲"这一概念，主要指食欲、贪欲与淫欲。

---

① 佛教用语，十方指东、南、西、北、东南、西北、西南、东北、上方和下方，意即十方有有情世界是无量无边的，故称十方世界。

欲界由深受各种各样的欲望支配和煎熬的众生所居住，其间又为六类：天、人、阿修罗、畜生、饿鬼、地狱，即"六道"。欲界的六道有层次性，体现从低到高的关系，最底层的是地狱。佛教认为十方世界有无数的地狱，一般将其分为三类：一根本地狱，即八大地狱及八寒地狱；二近边地狱，即十方游增地狱；三孤独地狱，在山间旷野树下空中等。① 佛教很多经典都对地狱进行过描述，如《正法念处经》从卷六至卷十五，即从第二品至第十一品，用十品的篇幅详细叙述了各种地狱名号、构成因缘以及地狱众生的业缘果报。② 地狱众生受苦无量，前生做上品五逆十恶者感生地狱。地狱由阎罗王所统治。第二层是饿鬼。根据佛教的观点，这类众生或在前生，喜欢积聚，不爱布施，悭吝成性，死后感饿鬼的果报；或是犯戒造恶，堕落到地狱，地狱果报受尽，投生鬼胎，继续受报。这类众生或居海底，或在人间山林中。根据佛经描述，恶鬼形象丑陋，枯瘦如黑炭，咽喉细如针尖，肚大如鼓，因业力而无法进食，随时随地处于饥渴煎熬状态。饿鬼道也由阎罗王所统治。第三层为畜生，又名旁生。畜生居于水、陆、空中，种类繁多，多披毛戴角，鳞甲羽毛，且弱肉强食相互吞杀，受苦无穷。佛经说宿世造作恶业偏邪愚痴者，死后转生到畜生道。第四层是修罗道。佛经说此类众生因前生常怀猜忌心，以好胜心行善，作下

---

① 丁福保编《佛学大辞典》（网络版），http：//www.fodian.net/zxcd/default.asp。
② （魏）般若流支译《正法念处经》，《大正藏》第 17 册（卷六至卷十五），第 29 上 ~ 91 页上。

品十善，死后感生到修罗道。修罗福报巨大，与天人道为邻，宫殿严饰华丽，由于心怀猜忌，常好战斗。此道众生或居海岸、海底，或居半须弥山岩窟。① 第五层是人，即四天下的人。根据佛教世界观，须弥山四面有四个洲，即东胜神洲、南赡部洲、西牛贺洲和北俱芦洲。这四个洲内皆有人类居住，但形体相貌不同，福报差别各异。前生行仁、义、礼、智、信，行中品十善，得生人道。最高一层是天，也称"天人，天神、梵天"等，此类众生前生修上品十善、世间禅定，而得生天道，福报具足，寿命长久。天的另一含义是指这些不同生存类别的众生所生活的环境，包括欲界六重天、色界十七重天或十八重天、无色界四重天等。佛经把欲界的天分为六重如四王天、忉利天、他化天等；六重天中的众生仍然有食欲和淫欲，还没有脱离生、老、病、死，因此都归在其名下。

　　在欲界之上为色界。色，指物质现象，也指生命身体。色界的物质与欲界的不同在于欲界的物质是笨重粗大的重物质，而色界的物质无重量、无阻碍。由这样的物质构成的身体，十分轻灵，可以自由飞行。《长阿含经》介绍了色界二十二重天，而《涅槃经》和《大智度论》以摩醯首罗天为第二十三重天。值得指出的是，这里开始出现"净天"的概念。在色界里，有"极光净天""少净天""无量净天""遍净天"。这里的"净"，是"离喜受乐为净"，即离去欲界之喜，而感受

---

　　① 早期佛教并无此道，后犊子部将修罗道另外列出。本书探讨中国净土宗，故用六道说。

到离开欲界的清净喜乐。这二十三重天中，还有四禅十八天（具体来说，为上初禅天、第二禅天、第三禅天各三天，第四禅天有九天，合计色界十八天。另有不包含大梵天而成十七天之说法）。初禅是感受到离开欲界生活之乐。二禅是断灭对欲界的寻思活动，并感受到禅定自身的喜乐。三禅是把前两禅所得的喜乐都除却，而处于非苦非乐的境地，产生"离喜妙乐"，即非常清静殊妙的静观。四禅则是再否定前三禅所得之妙乐，而进入到一种不苦不乐的状态。此界众生没有染欲，都是化生。

色界之上为无色界。这是三界中的最后一重。所谓"无色"，即没有任何物质性的存在物，同时它本身也是无物质的处所。这里的众生既无欲望又无形体，没有宫殿和自然国土的处所，仅存识心。无色界在色界二十三天之上，分为四天：空处智天（空无边处）、识处智天（识无边处）、无所有处智天（无所有处）和有想无想智天（非想非非想处）。这些众天是依据禅修所达到不同境界而感得。①

无色界之上则是佛国净土。以上三界的世界结构图式，都没有回答一个问题：佛居于何处？因此，在后来的佛教经典中，加上了一重境地，就是佛国净土。小乘不讲佛土，他们认为"佛"是对释迦牟尼的尊称，众生难以像释尊那样，修行达到成佛的境地。换句话说，认为佛只是对释迦牟尼的尊称，

---

① 方立天：《中国佛教哲学要义》（下卷），宗教文化出版社，2014，第521～528页。

是其他修行者不可能达到的觉悟境地。后起的大乘佛教则认为，佛即自觉觉他和觉行圆满者，即是说不仅自己觉悟而且又可使得众生觉悟者、修行圆满者，都可称之为佛。大乘佛教认为，十方三世尽虚空遍法界，到处都是佛国净土。佛的数量如恒河里的沙子，多得数不清。同时认为，佛的居所是"佛国"、"净土"或"净界"，与世俗众生所居住的"染土"和"秽土"相对。小乘佛教已有净土之说，后起的大乘佛教则产生了多种净土说。如《法华经》所说的灵山净土，《华严经》里的华藏世界，《大乘密严经》中所说的密严净土，《佛说无量寿经》里的阿弥陀佛之极乐净土，等等。在这些形形色色的净土说中，阿弥陀佛的西方极乐净土影响最大，流传最广。《大智度论》卷二十八中说他方国土"不明色界，不名欲界，不名无色界"，说明了佛国净土的超三界性，但又有"在地上、有形色、存天欲"等三界性。

　　根据《佛说无量寿经》的记载，西方极乐世界由阿弥陀佛在因地修菩萨行时发愿普度一切众生离苦，即"拔诸生死勤苦之本"①，觉行圆满之后依其功德化现而成。西方极乐世界是一个永恒存在的世界，没有过去与未来，只有永恒之当下。阿弥陀佛的法身遍及一切处所，来无所从来，去无所从去，发愿救度众生，从法身流现出西方极乐世界。正如阿弥陀佛对他方世界菩萨的开示所言："觉了一切法，犹如梦幻响，

---

① （魏）康僧铠译《佛说无量寿经》，《大正藏》第 12 册，第 267 页中。

满足诸妙愿，必成如是刹，知法如电影，究竟菩萨道，具诸功德本，受决当作佛，通达诸法门，一切空无我，专求净佛土，必成如是刹"①。在无色界，已经没有任何物质性的存在，但仍然有经过禅修而达到的觉者存在。然而，无色界仍然不是他们的最终归处，其最后的指归是佛国净土。极乐净土是佛国净土之一，由阿弥陀佛愿力所作而成。阿弥陀佛在因地作法藏菩萨时，依般若智慧发四十八个救度众生的大愿，通过累劫不断地勤修善法，积累一切出世善功德而成就的清净庄严之佛土。净土宗认为，西方极乐净土因阿弥陀佛的慈悲愿力而开启，由广聚众德而成就了它的庄严殊妙。西方净土这一神圣极乐世界，与其他佛刹互融互摄，是一种相互摄含的关系。也就是说，西方净土世界是阿弥陀佛在因地作法藏菩萨时，祈请世自在王佛加持，完成大愿而成立。世自在王佛为十方诸佛的代表，所以西方极乐世界即是十方三世诸佛共同参与的庄严神圣的净刹。②

　　在佛教所说的世界结构中，欲界、色界和无色界都是众生不同的业力所致。相比较这三界，作为佛国净土之一的西方极乐世界则是由阿弥陀佛的功德愿力所化现。它是超出三界外的远离四趣五浊的清净无漏世界。《佛地经论》说："净土非三界摄。便是无漏。"③ 从世界结构来看，佛国净土是一个完全

---

① （魏）康僧铠译《佛说无量寿经》，《大正藏》第 12 册，第 273 页上。
② 释大安集述《净土宗教程》，庐山东林寺印经处，第 182 页。
③ 〔古印度〕亲光菩萨等造《佛地经论》，玄奘译，《大正藏》第 26 册，第 293 页中。

不同的世界。然而，不论从哪个方面来看，佛教所说的世界，包括佛国净土说，从理论上都可追溯到缘起论。

二 佛教缘起论与庄严净土说

原始宗教以及后来影响人类社会生活的一些宗教如基督教都以外在于人的超验性存在为其本体论基础，而佛教则不同。现代佛教研究者认为，佛教的本体论基础不是神话，艾拉达（Inada，Kenneth K.）说："为了重构整个佛教（理论），断定佛教是建基于彻底的自然主义基础之上是有益的。从历史上释迦牟尼的言论，可收集充分的可证明的资料来支持这一断言。"① 所谓自然主义，即不承认这个世界有一个永恒的创世主。我国著名佛学家、哲学家方立天先生就持有自然主义的观点，他说："一般地说，印度佛教对现实世界或现实存在的基本看法是：一切事物和现象都是因缘和合而成，并没有决定其自身的独立的实体。同时，也这样那样地承认一切事物和现象又都具有终极的本性、最高的真实，这种终极性、最山高路险真实就是本体。"② 显然，佛教是以缘起论作为世界的本体论。在佛教看来，这个世界是缘起，而不是神的创造。佛教认为，大千世界中的万事万物，万般现象，都可追究其根源。这个世界的种种事物都可统称为"诸法"或"一切法"，而所有这些

① Kenneth K. Inada："Buddhist Naturalism and the Myth of Rebirth," *International Journal for Philosophy of Religion*, Vol. 1, No. 1（Spring, 1970），p. 46.
② 方立天：《中国佛教哲学要义》（下卷），宗教文化出版社，2014，第 605 页。

"法"都有根源。缘起论回答的正是这个万般世界存在的根源，被佛教诸宗诸乘作为整个教义的基石。

佛教缘起四句偈是佛教缘起论的根本，即"诸法从缘起。如来说是因。彼法因缘尽。是大沙门说"①。据唐代义净的《南海寄归内法传》卷四记载，印度一带在佛教塔基和佛像内多安置这个四句偈，"大沙门"即释迦牟尼佛。佛教认为，宇宙间万事万物都因"缘起"而存在。缘，就是因缘；起，就是发生、出现和呈现、展现。"缘起"就是因缘和合而生诸法，森罗万象由因缘而生，也因因缘而灭，这也可说是"诸法无常"。同时，又是"诸法无我"，即任何事物都是因缘合聚，它没有自性。宇宙间的万事万物，都不是绝对的存在，而是相对的有依存关系的存在。佛教把这种依存关系区分为同时和异时两种，所谓同时的依存关系，就是"此有故彼有，此无故彼无"，此是主彼是从；异时的依存关系即"此生故彼生，此灭故彼灭"，此是因彼是果。前者指横的空间，后者指纵的时间。佛教的宇宙，从时间来说，是因果相续，因前复有因，因因无始；果后复有果，果果无终。从空间来说，是主从相联，主旁复有主，没有绝对的中心，从旁复有从，也没有绝对的边际。如此相续不断的因果，以及重重牵引的主从关系，构织成了互相依存、纷繁复杂的世界。

佛教认为，众生的身心也是众多因缘和合而成。过去的业

① （唐）义净译《根本说一切有部毗奈耶出家事》，《大正藏》第 23 册，第 1027 页中。

因交织而形成众生现在的身与心，即是说，作为现象呈现的"我"的身心，实际上是一个因缘聚合。具体包括有色、受、想、行、识五蕴。色即为物质性的身体，受、想、行、识为心的活动。五蕴就是身和心，佛说它是种种因缘和合的结果，因此，并没有一个叫作"我"的实体在其中，只是人们把它称为"我"，这个"我"是没有实体性和自性的我，只是一种假名的"我"。换言之，真我是不存在的。以此类推，世界上的万事万物都是因缘和聚，因而任何事物都没有亘古不变的自性，都是"假有"，自性本空。这就是佛教所讲的缘起性空说，本书后面还有更进一步的说明。

佛教要探究这个世界为何而存在，这个世界的结构如何，最终是为了回答人生问题。佛教的缘起理论回答了这个世界之所以存在的根源问题，然而，佛教要解答的根本问题在于生老病死等人生问题。佛教的理论旨趣在于众生所困扰的人生问题，观察的重心也在于人生社会的万般现象，尤其是人生的苦难，以及这些人生苦难给人类心灵带来的困苦与烦恼。沙利·肯说："根据传统的说法，佛自己的寻求、发现和教导的出发点是人类状况的困境。而且，大量的佛教经文谈到了和强调了人类经验本身，有意识地把它作为问题与回答的来源。"[1] 佛教的缘起说从人类经验本身出发，以因果关联性的哲学观来解释人类的苦难现象，主要关注了心的缘起和生死缘起的问题。

---

[1]　Sallie B. King, "Buddha Nature and the Concept of Person," *Philosophy East and West*, Vol. 39, No. 2 (Apr., 1989), p. 151.

《杂阿含经》说："所谓此有故彼有。此生故彼生。谓缘无明有行。乃至生、老、病、死、忧、悲、恼、苦集。所谓此无故彼无。此灭故彼灭。谓无明灭则行灭。乃至生、老、病、死、忧、悲、恼、苦灭。"①缘起说从最初的十二缘起说开始，在印度和中国的弘传过程中不断发展出新的缘起说，其重心都在解答人生苦难的问题。

"业感缘起"说为佛教小乘诸宗派的观点。"业感缘起"说不是对自然宇宙中的万般世界现象的观察，而主要是直面人生的重大疾苦问题，尤其是对人生的困苦所造成的心理现象的观察而得出的一种看法和观点。"业"为造作的意思，具体指人的内心活动和由心理活动所发生的言语和行为，以及这些活动的影响。这一理论认为，在这个世界上的一切有情生命，如神、人、鬼、狗等，都处于生死流转当中。人何以来到人间，死后又往何处，都由众生之业而起。佛教认为，业的性质可分为善、恶、无记三种，"无记"即为中性。能感召有益于众生的结果，是善业；如果其业有害于众生，则为恶业；如果是既无益也无害，则为无记。佛教把所有的生命存在看成是一个有漏的不断流转的生命现象，即所谓"六道轮回"。"六道轮回"以及"三世说"（即前世、现世和来世）是佛教对人生最基本的理解，也是佛教伦理的最基础理论。佛教对于这个世界的起因持有一种彻底的自然主义立场，没有任何神话色彩，然而，

---

① （宋）求那跋陀罗译《杂阿含经》，《大正藏》第2册，第67页上。

在涉及对人生的解释时，则持有一种类似神话的解释。"六道轮回"说认为，如果众生在六道轮回中成为人或者神，为人天果报；如果在六道轮回中成为畜生，或下地狱，则为苦报或恶报。佛教宣扬人们所做的一切都将招致报应，即我们所说的"善有善报，恶有恶报"。有情众生以语言和意识以及相应的行为所做的一切，都可进行善恶判断，或是善，或是恶，或是无善无恶。众生所做的事虽然是刹那间的幻灭，但所造之业必在现世或来世会如实报应。人们今世的苦难与折磨，不仅可以在现世找到因果业缘的根源，而且也可追寻到前世所作之孽。如果人们不在今世积德成善，积累善业，则还会在六道轮回中承受更大的苦难。

"缘起性空"论是大乘中观派学说，包括"八不中道""二谛"等。"缘起性空"论是大乘佛教对小乘因缘论的批判。小乘佛教认为，蕴、处、界三者都是主客观因缘相互作用的产物，因而是变化无常的。众生的构成不外乎色、受、想、行、识五种成分，即所谓五蕴和合而成。众生由五蕴和合而成，因而没有真实的自我，即所谓"诸法无我"。人们执着于身体的我，执着于思维的心，认为这些都是"我"存在的真实展现，由此产生"我"的观念，形成我执，形成烦恼之源。同时，小乘的因缘论又承认五蕴存在的实有性，并进而承认构成一切事物的成分本身都有自性。小乘佛教对万物空性的认识与理解是模糊的、不彻底的。大乘佛教则认为，不仅因缘和合而成的身与心是虚无，而且其五蕴也是空无自性。《中观论》中有名的"三是偈",鸠摩罗什译为"众因缘生法。我说即是无。亦为是假名。亦是中道义"①,这被认为是全书中心思想的概括。以上所说"无"亦可解释为"众因缘生法。我说即是空","无"与"空"可以互换使用,凡与空相关的概念,都可以以"无"来表达。"空"是梵文 Sunya 的意译,是指世间一切现象,万事万物都没有常住不变的、永恒独立存在的实体;另一方面,也可以看作是对于一切现象存在本性的界定,即"空性"。因而,空性意味着一切现象都可看作无自性、无自我。《中观论》云:"无为相名不生。不住。不灭。止有为相。故名无为相。无为自无别相。"其指出万物生生灭灭的变化为有为相,是一切经验现象在常态中显现出来的存在方式,它们处在生灭的流转之中。透过万事万物的生灭变化现象,就能够看出这些现象本身无真实的自性可言。相无自性、生灭无自性,是一切现象存在的真实状况。

要进一步理解"空",还需理解"自性"这一概念。何为"自性"?"自性",梵文为"svabhava",bhava 是从第一类动词词根转换而成的名词形式,意为"成为、存在"(to exsit 或 to be),而 sva 相当于英语的 self,具有反身代词的意味,表示对某物自身的意指。由词源的分析可知,"自性"(svabhava)概念有首要和源起的意思,是作为指示词或限定语使用,因而"自性"这一名词,只是对某物或某现象自身的意指。同时,

① 〔古印度〕龙树菩萨造《中论》,鸠摩罗什译,《大正藏》第30册,第33页中。

也可以将万事万物的一切现象与自性概念（现象之自性，有为法之自性）联系起来，指向现象本身。换言之，某一物某一现象有其自性，一切现象一切事物也有其自性。何为自性？即事物本身或现象本身。从语言学意义上看，作为一个单纯的指示词或限定悟，严格地说来，"自性"这一概念本身只是一个虚义词，并无任何具体的实质性的所指与含义，其词义的具体化需要视其所依附的主词而定。与此相随，一物之自性与他物之自性也存在不同。空性作为"自性之空"，是指可含摄一切现象、一切事物之自性，并以命题的形式表达出来，这一命题即是"诸法自性空"。"诸法"可含摄一切事物，既可指自体同一、常恒不变的实体，或在整个世界在整体意义上的存在，也可指有生有灭、变易无常的现象；既可指一切实体性的事物与概念（如神我、极、时间、空间、梵等），也可指一切现象（一切缘起性的事法，一切可摄于蕴、处、界范畴下的现象与事物）。

自性空论是中观学派因缘说的根本观点。这一观点把小乘的空、无观贯彻到底，主张一切皆空。龙树认为，自性与缘起是逻辑上的反对关系，自性指向事物或现象本身，而缘起则强调一现象或一事物与时空序列中其他现象或事物的依存关系。自性是自己作、自己成、自己有，不从缘起。自性空就是无自性，一切现象和万事万物都因因缘而起，因而从根本上看都是非自性。一切现象、一切事物无不依赖缘起，因而也都是无自性、自性空。"空性"并非指某一存在者的本性，而是对一切现象界的存在物之存在实相的本质概括。空性绝非是在存在者层面为某物命名，它指向的是存在的某种本真、本然之性。从中观哲学的观点看，大千世界的林林总总，万般现象，生生灭灭的有为相，都是万事万物在常态经验中显现出来的存在方式，但透过现象看本质，这一切现象的流转生灭都无自性、自体、自我可言。龙树中观学派的观点是从因缘法自身来谈论"空"："众因缘生法，我说即是空"。这里所说的"空"，即是缘起性空，不仅仅是因缘和合之后的成物或现象为空，其构成因缘和合的要素本身也是空，即万物性空。这是一种超越于时空的对一切对象性存在的共性、共相的把握，开显的是存在的特征而不是非存在的特征。龙树在《中观论·观因缘品》中说："不生亦不灭，不常亦不断，不一亦不异，不来亦不出，能说是因缘，善灭诸戏论，我稽首礼佛，诸说中第一。"① 其从世间万事万物自性空的观点出发，摒除生、灭、常、断、一、异、来、去八种偏执，以显示不偏不倚之中道，指出所有对现象界的一切称谓，都是空性的名相。《大般若经》将"真如、法界、法性、法定、法住、不虚妄性、不变异性、平等性、离生性、实际、虚空界、不思议界"作为对空性的解说名相。

无论是小乘还是大乘的缘起论，都试图从宇宙本体意义上来回答人生的价值与意义问题。包括我们生命中发生的所有事

① 〔古印度〕龙树菩萨造《中论》，鸠摩罗什译，《大正藏》第30册，第1页中。

件和现象在内的世间万象，都是因缘和合而成。佛教认为人生本苦，其关注点也就不在于世间的欢乐，而在于生、老、病、死、怨憎会、爱别离、五蕴炽盛等人生的根本苦难。佛教进而强调慈悲为怀，普度众生，就是要让人们认识到了人类悲苦的内在原因，获得解脱之思。正所谓有此即有彼，有彼即有此，所谓此彼，即是因缘。此彼之间的相互依存与转化，都存在着一种因果转化的内在关系。只有认识到生、老、病、死、忧、悲、烦、恼的缘起转合，才能了悟因缘果报，最终清除内心无明烦恼而实现清净解脱。缘起性空论教导人们看破不执着，要认识到万物自性皆空，自然没有执着于人生烦恼的本体理由，从而获得最终解脱。显然，佛教的最终价值指向在于引领人们超脱此世间的所有苦难，趣向彼岸的解脱境地。净土说最终为人们提供的是一个心灵和精神的终极归宿。

第二节　净土宗心性说

为何有情众生净心修行能够往生佛国净土？大乘佛教的回答是众生都有佛性，都可以成佛。众生的佛性与佛无二，佛是成就了的众生，而众生是未成就的佛。净土宗与其他宗派的最大区别，在于强调阿弥陀佛愿力救助在修行解脱中的作用。净土宗在承认佛性本具的基础上，提出独具特色的净土宗"自性弥陀"的心性说。这就意味着，净土宗提倡人心本善。如果以此为前提，我们应当如何理解本具的佛性（善性）和阿弥陀佛"他力"之间的关系？这个问题背后隐藏的实际上是"善"的来源和实质问题。我们要全面深入了解净土宗伦理中善恶观，首当其冲应回答"善"的来源。

佛教禅宗经常讲"反求诸己"，强调修行从自身入手。大乘佛教强调佛性本具，认为需要从人自身寻找善恶的依据和来源，提出修行就是去恶复善，找回内心的清净，找回迷失摩尼宝珠（善性）的过程。其主要强调人类心灵深处本来就有一种道德的纯粹与清净，焕发其原有的光明。这个过程靠的是修行者自身的心力而非任何外在神祇的力量。所有佛教宗派都从人自身寻找善恶的依据和来源，包括净土宗。净土宗的道德本体观沿用的是佛教"心性本净"说。既然心性本净，何来恶业？原因在于，"虽一念心性与佛无二"，但因为各种烦恼和恶业蒙蔽心性而不能显现。人具有佛性，只是被障蔽，没有显发而已。这与孟子的思想非常类似。孟子学说中强调人性本善，只是疏于修养而弄丢本有的善性，才出现各种恶的行为。解决办法在于加强道德修养，找回本有的善心，即求放心。此种道德学说的好处在于首先肯定了人先天具有向善能力，其次强调了修行的必要性，即找回内心本具的善性，消除后天增长的恶。前面我们提到，净土宗是最强调他力的佛教宗派，它借助各种宗教仪式来帮助其找回善性。比如各种忏法奉请三宝的"慈悲摄护"来忏悔业障，通过佛的超验作用，令忏悔有了强有力的能力，可以摧除一切烦恼障碍。这种依靠"他力"的仪式虽然很有力，但前提是修行者自身有意愿去忏悔，因此，净土宗将自性作为一切善法的根源，认为自性清净，将"他力"仅仅视为帮助道德主体开发本有善性的机缘。可见，净土宗在道德本体问题上坚持了佛教固有的立场。

《佛说观无量寿佛经》云："是心作佛。是心是佛。"① 所谓"是心是佛"，指的是众生从本性上看，都具有佛性。众生具有佛性，是对人从本性上是否具有往生净土并且成就佛果的本体论回应。佛性是梵文 Buddhatā 的汉译，亦作佛界、佛藏、如来界、如来藏等。"佛"意为觉悟，即觉悟了佛教所宣谕的永恒真理。佛性是众生的觉悟之因，是众生成佛的可能性依归。佛性之"性"，在印度佛教中，原为"界"字。《瑜伽师地论》释"界"义："问何等是界义。答因义。种子义。本性义。种性义。微细义。任持义。是界义。"② 在印度原始佛教中，性即为界，佛性也即为佛之体性也。佛性在大乘各部经典中，称谓不一。在《涅槃经》中名为佛性，在《华严经》中名为法界，在《楞严经》中名首楞严三昧，在《楞伽经》中名为八识，在《法华经》中名为一佛乘，在《大品》中名为般若法性，等等。对佛性问题的讨论经历了一个漫长的过程。在原始佛教和小乘佛教里，佛性思想相对受限制。在释迦牟尼佛时代，佛祖亦在僧数，佛性问题根本不存在。整个小乘时期，成佛者仅限释迦牟尼一人，其他人都被认为不具有佛性，出现小乘无佛性说。"若小乘中，但佛一人有佛性，余一切人

---

① （南朝宋）畺良耶舍译《佛说观无量寿佛经》，《大正藏》第 12 册，第 365 页上。
② 弥勒菩萨说，（唐）玄奘译《瑜伽师地论》，《大正藏》第 30 册，第 579 页上。

皆不说有。"①《大般涅槃经·梵品行》提到小乘佛教十一部经不说佛性。早期佛教在释迦牟尼佛涅槃后，肉身不在但法言尚存，从而产生了对于释迦牟尼佛的崇拜心理。小乘发展到后期，出现了不同部派的分化，对佛性也有了不同的看法。"若依毗昙萨婆多等诸部中说。一切众生无性得佛性。但有修得佛性。"② 天亲菩萨在《佛性论》中进而指出，后期小乘把众生分为三类：一是无佛性永远不得涅槃，如一阐提犯重戒者；二是不定有无，若修时即得；三是定有佛性，即三乘人："一声闻从苦忍以上即得佛性。二独觉从世法以上即得佛性。三者菩萨十回向以上是不退位时得于佛性。"③ 小乘众一般是自修自度，以成为阿罗汉或辟支佛为修行的最高果位，但也必须经过艰苦卓绝的修行才能达到。这表明佛教内部开始向众生具有佛性的思想转变。关于佛性的来源，小乘诸部派也所执不一。如大众部、分别部等主张"心性本净说"，《异部宗轮论》指出："我今大众部。一说部。说出世部。鸡胤部。本宗同义者。谓四部同说"，而这四部都指向"心性本净客随烦恼之所杂染。说为不净"。④ 其认为众生从本性上是清净的，即人本来就具有清净之性，只是因为外界的不净烦恼所污染，从而变得不净。若能除去烦恼染污，则可以呈现原来的清净本心。此可以看作是一切众生皆有佛性的起始观念。大乘佛教也并非起初就

① （唐）法藏述《华严一乘教义分齐章》，《大正藏》第 45 册，第 486 下～第 487 上。
② （唐）法宝撰《俱舍论疏》，《大正藏》第 41 册，第 459 页上。
③ 天亲菩萨造，（陈）真谛译《佛性论》，《大正藏》第 31 册，第 787 页下。
④ 世友菩萨造，（唐）玄奘译《异部宗轮论》，《大正藏》第 49 册，第 15 页中下。

有佛性说，印度初期的大乘为般若学，般若的实相学已开始有了一个潜在的、常住的"佛性我"，到了大乘中期，佛性思想才基本形成，特别是《涅槃经》《如来藏经》等阐扬了佛性论。佛教传入中国之后，也有小乘大乘之争，但小乘之说在中土的影响远不及大乘。在大乘讨论佛性的多部经典中，《大般涅槃经》对中国的影响尤其显著。此经以真空妙有为指南，以佛性常住为宗旨，是禅宗主要经典之一。

佛教传入中国后，通过发展形成了八大宗派。唐武宗灭佛后，华严、天台、唯识等宗派都先后凋零，而禅宗与净土两宗派则长盛不衰。不同宗派的盛衰固然有政治、经济、社会等方面的原因，而是否契合中华民族的文化心理则可能是最深层的原因之一。大乘各宗派都以成佛为终极目标，成佛即摆脱生死苦难与六道轮回，达到圆满的智慧与至善。一些佛教宗派如华严、天台、唐密等，虽为人们成佛提供了足够精细宏大的理论依据，但其义理及修行方式相对复杂繁复，费时费功，令平民大众望佛兴叹，渐渐失去了吸引力，变相将普通大众排除在修行成佛的大门之外。而净土宗与禅宗都是方便法门，修行方法平实简易，一扫华严、天台的贵族气息，深受芸芸众生之喜爱。

净土宗将凡夫俗子皆有佛性的思想揭示得非常透彻。净土宗经典《佛说观无量寿佛经》提到"是心作佛，是心是佛"。所谓"是心是佛"即所有众生都有佛性，所谓"是心作佛"则指明修行在于用心。佛经把"是心作佛"置于"是心是佛"

之前，或是为了强调心的能动作用，强调成佛在己。净土宗虽没有专门的经典来讨论众生的佛性问题，但净土宗确信，不论是王公贵族还是平民百姓，不论穷人还是富人，不论善人还是恶人，只要深信切愿念佛修行求生净土，人人皆可以往生到西方极乐世界，最终成就佛果。净土宗的这一基本论点，所蕴含的人性前提便是众生天赋秉有成佛之根性。如果不是人人都具有佛性，被称为罪大恶极没有丝毫善根的一阐提则永远无法往生净土成佛；如果不是一切众生都有佛性，阿弥陀佛也不可能发四十八大愿，救度一切蜎飞蠕动，一切飞禽走兽，一切蠢动含灵。净土宗认为，众生仅靠自力难以修成佛果，在自力修行的前提下，还需借助他力即阿弥陀佛的愿力，才可以顺利往生到西方极乐世界，在极乐修行并最终成佛。而众生之成就佛果，也有自身善恶业因的区别。善根成熟者，可得上辈往生，速证佛果；恶业深重者，可预入圣流，先往生到边地，一段时期后再花开见佛生到极乐世界，渐次成佛。以上不难看出，净土宗对于众生皆有佛性的思想探究得是相当彻底的，特别坚持一切众生皆可念佛修行往生极乐净土，尔后得以成佛。

　　大乘其他宗派的典籍，尤其是禅宗，也有着相当丰富的关于一切众生是否具有佛性的讨论。特别值得一提的是，大乘各宗关于一阐提是否能够成佛的讨论。所谓一阐提，是指犯了重戒、重罪而善根断尽之人。在大乘诸宗派中，唯识宗认为这类有情众生没有佛性，永不能成佛，但天台、华严以及禅宗等则认为众生悉有佛性，皆能成佛。大乘关于有情众生是否都可以成佛的问题，关键在于回答"善根断尽"的人是否有佛性的问题。对于一阐提的讨论，值得提及的是法显所译的《方等般泥洹经》（今称《佛说大般泥洹经》，六卷）和昙无谶所译的《北本涅槃经》（即《大般涅槃经》四十卷），前者否定一阐提人有佛性，否定其成佛的可能性，而后者的提法则相反。然而，六卷《方等般泥洹经》是《北本涅槃经》的前十卷，这两部经典实际上是同一部经。在《北本涅槃经》译出之前，人们主要依据《方等般泥洹经》来讨论一阐提的佛性问题。这部经典对一阐提是否有佛性则持否定态度。《方等般泥洹经》说："如一阐提懈怠懒惰尸卧终日言当成佛。若成佛者。无有是处。"① 其指明一阐提人懈怠懒惰成性，不思进取，不能成佛。而在《北本涅槃经》中，相对应的一段文字，其意思则很不一样："不定者如一阐提究竟不移。犯重禁者不成佛道无有是处。何以故。是人若于佛正法中心得净信。尔时即便灭一阐提。若复得作优婆塞者。亦得断灭于一阐提。犯重禁者灭此罪已则得成佛。是故若言毕定不移不成佛道无有是处。"② 这段话里表达了两层意思：第一层与前面经文一致，指一阐提人重罪而不改，不成佛道。第二层是如果接受了佛法，在家修行（成为居士），他原有的罪就此断灭，此罪既灭，则得成佛。也就是肯定了一阐提人也具有内在的佛性。其他大乘经典中则明确说到一阐提人具有佛性："知诸众生皆有佛性。以佛

① （东晋）法显译《佛说大般泥洹经》，《大正藏》第 12 册，第 873 页下。
② （北凉）昙无谶译《大般涅槃经》，《大正藏》第 12 册，第 374 页中。

性故一阐提等舍离本心，悉当得成阿耨多罗三藐三菩提。如此皆是声闻缘觉所不能知。菩萨能知。以是义故。"① 其明确指出一阐提人也有佛性，也可成就阿耨多罗三藐三菩提。既然承认一阐提人也有佛性，也就意味着一切众生都有佛性，而"一切众生虽有佛性，要因持戒然后乃见"。② 所有众生需改恶从善，守持戒律，精进修行，就可见其佛性。

关于一阐提人是否具有佛性的问题，刚开始大乘佛教受到《方等般泥洹经》的影响，多主张一阐提人无佛性说。唯有竺道生在没有经典支持的情况下，依据自己对佛教义理的独立研究和深入领会，提出了一阐提人可以成佛的论点，在当时的佛教界，可谓是异端邪说。后来，《北本涅槃经》译出，众僧敬叹竺道生的先见之智，在后来中土的大乘佛教发展过程中，一阐提人也有佛性也就成为共识和主流观点。一阐提人都具有佛性，侧面证明了其他众生必然也有佛性，也就是从正面肯定了众生皆有佛性的佛性论。

既然人人都有佛性，一阐提人所表现出的恶是佛性吗？从佛教主流观点来看，很显然不是说一阐提的恶是佛性。究竟一阐提的恶是什么？答案为人性。在人性中的恶的一面，不可归为佛性，而在人性中的善的一面，则可以导向佛性。释迦牟尼从王子出家到成佛，无疑显示了其从人性到佛性的转化。隋代天台大师智颢对佛性之善恶进行过解释。张风雷认为，智颢大

① （北凉）昙无谶译《大般涅槃经》，《大正藏》第 12 册，第 505 页下。
② （北凉）昙无谶译《大般涅槃经》，《大正藏》第 12 册，第 374 页上。

师从佛性即实相的基础上论证了"一切众生皆有佛性"，将佛性归结到众生的心性之上，并以"性具善恶"论加以阐述。智𫖮大师提出："答阐提断修善尽但性善在。佛断修恶尽但性恶在，"① 此处的性，是人性意义，也是本性意义。智𫖮进一步提出："阐提不断修善还能令修善起。佛不断性恶。还令修恶起耶。"② 并回答说："答阐提既不达性善。以不达故还为善所染。修善得起广治诸恶。佛虽不断性恶而能达于恶。以达恶故于恶自在。故不为恶所染修恶不得起。故佛永无复恶。"③ 达与不达是佛与阐提区别的关键所在，"达"即通达佛教的善恶智慧，"不达"则是不了悟佛教的善恶智慧。因为"达"，佛明了善恶之所在；因为"不达"，阐提则惑于恶而不明究竟。佛的"达"，可以"于恶自在"而修不起，能"若达诸恶非恶皆是实相，即行于非道通达佛道"。④

　　净土宗"是心作佛，是心是佛"的佛性观，也首先强调了后天主观能动性的作用。即心净土，需要靠自己的内在修行才可达到。从大乘佛教的观点看，一切众生具有佛性，不仅仅是众生有佛性因而众生平等，他们还提出佛与众生平等。佛即是众生，众生即是佛，佛与众生的区别在于悟与迷之间。迷则佛是众生，悟即众生是佛。与上述天台智𫖮讨论佛与阐提的本性观相一致，净土宗也认为，佛与众生没有本质的区别，只是

---

① （隋）智者说《观音玄义》，《大正藏》第 34 册，第 882 页下。
② （隋）智者说《观音玄义》，《大正藏》第 34 册，第 882 页下。
③ （隋）智者说《观音玄义》，《大正藏》第 34 册，第 882 页下。
④ （隋）智者说《摩诃止观》，《大正藏》第 46 册，第 17 页下。

一个事物迷悟之两面。而禅宗所论的佛，不是远在天外，而是就在人间，就在每个人的身心之中。我心自有佛，本性就是佛，强调"由迷转悟，明心见佛"，因为自性本来清净，众生如果执着外境，必使得狂念横生，而不能明见自性。

净土宗与其他宗派的不同在于，净土宗还有一个正在极乐世界发大愿力救度十方众生的阿弥陀佛。阿弥陀佛悲心无尽，愿力无尽，将救度十方法界一切有情众生当作本愿力。其他宗派相信靠自己的心性觉悟就可成佛，而净土宗认为仅靠自力完全不够，还需要借助他力，即靠阿弥陀佛救度众生的愿力接引，才能往生西方极乐世界，尔后在阿弥陀佛的指导下继续修行，直至最终成佛。其他宗派依靠自力，而净土宗则强调依靠自他二力，这是净土宗的最殊胜之所在。净土宗提出，若要获得阿弥陀佛的他力接引，众生必须以持念阿弥陀佛名号为正行，以修行诸善业为助行。净土宗和其他宗派，尤其是禅宗，虽在修行成佛内容与方法上都有很大的不同，但两宗都提倡简单的修行方法，都强调要发愿普度大众，故深得社会底层之芸芸众生的信服与拥护。禅净二宗在佛性思想方面的相互影响与共享，曾在中土佛教发展中产生了重大影响，还出现过"禅净双修，有禅有净土"的修行潮流。

第三节　染净因果与净土九品往生论

佛教认为，一切众生皆有佛性，都可以修行成佛，但这却并不意味着众生不信佛和不修行也可往生净土。净土宗认为，往生西方极乐世界的前提条件是相信极乐世界和阿弥陀佛悲愿救度的真实性，并且也愿意通过念佛、持戒、修净业三福等修行以积攒足够的福报，从而往生极乐净土。可以说，佛性是成佛的依据，而能否顺利往生净土，则取决于修行者自身的信仰和修行。

一　染净因果论

染净因果是佛教缘起论教化众生实现由染至净的本质体现。陈兵在《新编佛教辞典》中说："染净因果是对佛家说的缘起说的概括。纵观四谛、十二缘起、阿赖耶缘起、真如缘起等诸缘起论，其实质无非是依缘起法则，从众生心识去探究生死及解脱的因果关系，以心受无名、烦恼的污染或迷惑为造成生死流转的染因，以净除自心的无明，烦恼污染或转迷为悟为解脱生死苦恼、达到涅槃果地的净因。"[1] 苦集为染，灭道为净，染净因果充分概括了佛法的要旨。"苦集"二谛则是从流转上看十二因缘，"灭道"二谛是从生灭上看十二因缘。这些总括起来就是"染净因果"。

苦集灭道是佛教的根本教义之一。苦谛是说众生的生命之苦，即生存包含着烦恼、不安、困惑和痛苦。苦谛把人生之苦分为八种：生苦、老苦、病苦、死苦、怨憎会苦、爱别离苦、

---

[1]　陈兵编著《新编佛教辞典》，中国世界语出版社，1994，第31页。

求不得苦、五取蕴苦。"八苦"还可进而分为两大类：前四苦为自然生理现象，个人身心之苦。依苦谛所说，人生是一个不断产生痛苦的过程。第五至第七苦为与憎恨的事物联系在一起的厌烦之苦和与所喜爱的事物离别之苦。第八苦"五取蕴苦"则是把前七种苦归结为五取蕴苦，五蕴是苦，贪欲、执着是苦，人生是苦。集谛之"集"，是集合的意思，即指一切事物和现象都是由各种条件因缘和合而成，苦也是由各种各样的因缘条件集合而成。集谛指出了人生之所以苦的根源所在。集谛主要归纳为十二因缘①（又称"十二有支"）论，说明世间杂染因果相生。佛经常描述为："诸行无常，是生灭法。"但它又不是完全断灭，而是在业力作用下，相续轮转三世。十二因缘中的前两因缘，说的是前世对今生今世的影响，中间八因缘，是就今世的因缘说，后两因缘则指出今世因缘对未来世的影响，即后两因缘为未来果。由过去的无明缘行，而生起今世的识、名色、六入、触、受等五因缘果，因这五种因缘果，复又生起爱、取、有等三种果，而后又招致了未来的两种因缘果报。此为前世、今世与来世的因缘果报和人生现象。果报分善恶两种，善法招善果，恶法招恶果。果报又分有漏、无漏果。众生及其所依持的国土是由有漏善恶业力所感而生，而佛及其

---

① 十二因缘：一无明（贪嗔痴等烦恼，生死的根本）、二行（造作诸业）、三识（业识投胎）、四名色（有胎形但六根未具）、五六入（胎儿长成眼等六根的人形）、六触（出胎与外境接触）、七受（与外境接触生起苦乐的感受）、八爱（对境生爱欲）、九取（追求造作）、十有（成业因能招感未来果报）、十一生（再受未来五蕴身）、十二老死（未来之身又渐老而死）。

所依持的国土是无漏善业力所感而生。《杂阿含经》说："所谓此有故彼有。此生故彼生。谓缘无明有行。乃至生、老、病、死、忧、悲、恼、苦集。所谓此无故彼无。此灭故彼灭。谓无明灭则行灭。乃至生、老、病、死、忧、悲、恼、苦灭。"[1] 十二因缘依染净因果之说，阐释世间产生种种痛苦与烦恼的根源。佛教指明，众生顺因缘之流，行有漏恶业，则感召恶果，所得之依报为秽土；若行有漏善业，所得之依报也就是相对的净土，即人间净土；若行无漏善业，则感依报为佛国净土。佛教不仅提倡证悟，以超越生、老、病、死等诸多苦痛的涅槃境界，而且提出人间修行的方法——"八正道"：正见、正思、正语、正业、正命、正精进、正念、正定。十二因缘指出人生苦难与痛苦的根源，而八正道则指出脱离苦海的途径。八正道教导众生学习佛教智慧，离开邪妄迷惑，舍弃欲乐，摆脱贪欲与愚痴，让身心清净，以获得解脱。八正道是清净、出世的因缘。依"染净因果"论，若人们力行八正道，其所感召的必然是清净、安乐的善果，最终可修得正果，实现涅槃境界。以无漏善业感召无漏果，从而成就庄严的究竟净土。只要众生力行善业，断恶修善，最终实现的"依正二报"[2] 皆是庄严美好而清净的佛国净土。

　　缘起说指明了世间万象和人生百态都是因缘和合而成，万

---

① （宋）求那跋陀罗译《杂阿含经》，《大正藏》第2册，第67页上。
② 依报指身体依之而住的果报，即世人的生活环境，如国土、山河、大地、房屋器具等。正报指众生的身心，依众生过去的善恶业因而感召得来。

物实无自性，众生却执着于"有"而陷于痛苦。佛教进而指出，要使众生摆脱现世以及轮回之苦，首先就需要摆脱愚痴，学习佛法，增长智慧。其次，还须转换自己的心灵或精神意向，摆脱贪欲和妄念。这是因为，由心所生的恶与苦痛远大过由身所产生的恶与苦痛。"由心故作恶。由心有果报。一切皆心作。一切皆因心。心能诳众生。将来向恶处。"① 善心之因产生善的果报，恶心之因产生恶的果报，二者都强调心的能动作用。善心生善业，而恶心则生恶业。善心必有善意业，善意引出善行业；而恶心必有恶意业，恶语业，恶意必引出恶行业，而必有恶身果，即"心清净故世界清静，心杂秽故世界杂秽"。②

中国净土宗一方面指出西方极乐净土是由阿弥陀佛的福德愿力而成就之清净庄严妙土，另一方面也强调众生需要脚踏实地努力修行，即"信、愿、行"和念佛行诸善。往生西方极乐净土需要阿弥陀佛的愿力接引，但如果没有自己的修行，心中充满了贪、嗔、痴等，也断不可能得到往生。只有自己的内心清净如净土，才可以与净土感应道交而成功往生。依"染净因果"说，净土形成的关键在于众生的清净之心，正所谓心净则土净。"心持世间去。心拘引世间。其心为一法。能制御世间。"③ 万法唯心，也就是要强调心的作用，强调人的主

---

① （魏）般若流支译《正法念处经》，《大正藏》第 17 册，第 90 页上。
② （唐）般若译《大乘本生心地观经》，《大正藏》第 3 册，第 159 页中。
③ （宋）求那跋陀罗译《杂阿含经》，《大正藏》第 2 册，第 264 页上。

观能动性，强调人的断除贪欲和超越人生苦难须过节制的修行活动。《维摩诘所说经》说："随其心净。则佛土净。"众生因贪、嗔、痴，共业所感而生在娑婆世界，若离三毒①，当下即是净土。可见秽土、净土，唯在自心。

在佛教语境中，心的作用广大无边。西方极乐世界是依阿弥陀佛四十八愿，历经五劫之修行功德力所化现而成。众生虽没有如此无边的心力，但如果众生一心修行，就一定能证得涅槃清净和自心净土。虽说净土、秽土都是业缘幻化，但从众生的感受来看却有区别。大乘佛教说"真空假有"，虽然诸法因缘自性空，但"空"却不等于无，也并非不存在，毕竟空不碍幻有。大乘菩萨了悟诸法之实相，具有大慈大悲救度一切众生离苦之宏愿，广行六度万行，庄严佛土。因此，大乘佛教认为佛国净土非但不是子虚乌有，而且在十方法界都充满着诸佛净土，其数量如恒河之沙无边无尽，阿弥陀佛的西方极乐净土只是其中之一。

成就净土不仅要靠菩萨的愿力，还要靠众生的业力。《观无量寿佛经》中释迦牟尼佛指示说："欲生彼国者。当修三福。一者孝养父母。奉事师长。慈心不杀。修十善业。二者受持三归。具足众戒。不犯威仪。三者发菩提心。深信因果。读诵大乘。劝进行者。如此三事名为净业。佛告韦提希。汝今知不。此三种业乃是过去未来现在。三世诸佛净业正因。"② 所

---

① 佛教将"贪、嗔、痴"喻为三毒。
② （南朝宋）畺良耶舍译《佛说观无量寿佛经》，《大正藏》第 12 册，第 341 页下。

有众生都有业缘，但众生也并不是完全被业缘所困。如果摒除了愚痴，知晓佛所开悟的智慧，摆脱了贪欲和嗔恨，行八正道，凭借自己的善业就能使自己的生命在来世得到善的归宿。每个人的业都会产生相应的一种力量，众人所生活的社会，就是众人的业力所共同所感召而成。换句话说，共同的业力形成共同的生活处境。当前我们所生活的环境为染净混杂，因而我们生活在一个善恶并存的世界，这是由我们自己的业力所感而成。对当前我们所处的世界，我们每个人都有一份责任与义务。若人人能够修净业三福，行八正道，发菩提心，深信因缘果报，诵读佛教经典，则当前所处的世界就会成为清净世界和人间净土。众生的业力不同，所感召的净土也有差别。众生在六道中轮回，其善业是有漏的（不圆满的），所感得的世界只是相对清净，仍在三界之内，还有生死轮回之苦。而超出三界的纯粹清净佛土，只能由声闻、缘觉、菩萨所感得，它是由诸佛菩萨普度众生、成就众生的往生清净佛国之愿力而成就。净业三福劝导众生先行世间的善业，先在世间建设相对清净的国土，然后在阿弥陀佛愿力加持下，修行往生于西方极乐世界。换言之，只有以世间善为基础，才能往生净土和成就佛果。西方净土是至善之地，只有纯善之众居住，而往生净土的根本前提是修行，勤修戒、定、慧，熄灭贪、嗔、痴，诸恶不作，众善奉行。

二 九品往生论

净土宗强调众生皆有佛性，所有众生都有往生净土的内在本性，人人可以念佛从而求生极乐净土。但是，往生净土的品位有高低之分，这是因为修行者的修为有高低。为此，净土宗提出了"九品往生论"，经中做了详细描述：

佛告阿难及韦提希：上品上生者，若有众生，愿生彼国者，发三种心，即便往生。……

上品中生者，不必受持读诵方等经典。善解义趣，于第一义，心不惊动，深信因果，不谤大乘。以此功德，回向愿求生极乐国。行此行者，命欲终时，阿弥陀佛，与观世音、大势至、无量大众，眷属围绕，持紫金台，至行者前。……

上品下生者，亦信因果，不谤大乘。但发无上道心，以此功德，回向愿求生极乐国。……

中品上生者，若有众生，受持五戒，持八戒斋，修行诸戒，不造五逆，无众过患。……

中品中生者，若有众生，若一日一夜持八戒斋，若一日一夜持沙弥戒，若一日一夜持具足戒，威仪无缺。以此功德，回向愿求生极乐国。……

中品下生者，若有善男子、善女人，孝养父母，行世仁慈。此人命欲终时，遇善知识，为其广说阿弥陀佛国土乐事，亦说法藏比丘四十八愿。闻此事已，寻即命终。譬如壮士屈伸臂顷，即生西方极乐世界。……

下品上生者，或有众生，作众恶业。虽不诽谤方等经典，如此愚人，多造恶法，无有惭愧。命欲终时，遇善知识，为说大乘十二部经首题名字。以闻如是诸经名故，除却千劫极重恶业。……

下品中生者，或有众生，毁犯五戒、八戒，及具足戒。……

下品下生者，或有众生，作不善业，五逆十恶，具诸不善。①

所谓九品往生，就是把修行成就分为上、中、下三品，上品、中品和下品又各分为三等，因此，又称为"三品九生"或"九品往生"。关于如何得以往生净土，《佛说观无量寿佛经》中指出："愿生彼国者。发三种心即便往生。何等为三。一者至诚心。二者深心。三者回向发愿心。具三心者，必生彼国。"② 所谓"至诚心"，就是对于西方极乐世界信念至诚不移，"深心"就是将往生净土作为内心深处之坚定信念。"回向"，梵语 parinama，又作转向、施向，即是将自己的修功德回转给众生，与法界众生共享，从而拓展自己的心量，培养慈、悲、喜、舍四无量心。"回向"也是佛教修行中非常重要的一种修行功夫，是佛教慈悲心的一种体现。"回向"时可念专门的回向文，如"愿以此功德，普及于一切，我等与众生，

---

① （南朝宋）畺良耶舍译《佛说观无量寿佛经》，《大正藏》第 12 册，第 344 下～346 页上。

② （南朝宋）畺良耶舍译《佛说观无量寿佛经》，《大正藏》第 12 册，第 344 页下。

皆共成佛道"，也可自行组织语言回向。"回向发愿心"就是将修行功德回向给众生，发愿救度众生，愿一切众生离苦得乐。佛经说具三心者得生净土，意指具备此三心是修行往生极乐净土的基本保障。

修行者修行的境界各有不同，往生极乐净土的层次也有差别。在修行实践中，则体现为修行者道德层次与具体修为的差异。净土宗所论的九品往生主要指上品上生、上品中生、上品下生；中品上生、中品中生、中品下生；下品上生、下品中生、下品下生。此种划分的依据，是基于修行者对佛法的了悟程度，"信、愿、行""往生三资粮"的具备程度以及自身道德品质的完善程度。除此之外，还有三辈九生的区分法。所谓"三辈"，即"上辈"、"中辈"和"下辈"，根据修行者的悟性和修行能力，将往生净土的众生划分为上、中、下三辈。所谓"上辈"，指"上行上根人"，即德行兼备的修行人，其修行勇猛精进，净化身、口、意三业，发菩提心，念念修行出三界，以期超越轮回之苦。根据佛经所说，只有出家修行者才有资格修成上辈往生者。所谓"中辈"，即为"中行中根人"，持斋戒和孝养父母，奉事师长，信愿念佛，发菩提心，回向愿生极乐者，得中辈往生。"下辈"即"下行下根人"，这类众生业力深重，甚至犯有"五逆十恶"之罪，但遇善知识劝化，幡然醒悟并忏悔发愿永不再犯，一心专称阿弥陀佛名号，最终得以往生净土。九品往生体现了佛教修行的道德层次性，其内在根据是修行者的德性与觉悟的完善程度。

　　《佛说观无量寿佛经》对九品往生的因由进行了详细描述。上品上生是最圆满的往生形式，经中认为三种人可以得到上品上生："复有三种众生。当得往生。何等为三。一者慈心不杀具诸戒行。二者读诵大乘方等经典。三者修行六念回向发愿生彼佛国。"① 第一类人慈心不杀，是持戒修慈者；第二类人读诵佛教经典，是学解发慧者；第三类人是修学佛、法、僧、戒、施、天这六念者。这三者中只要有人具备其一，即可临终以上品上生往生极乐净土。这三种品行在家人无法守持，所以上品上生是出家僧人的修行功德。上品中生，要求善解大乘空义不生疑滞，深信因果，不生疑谤；回向往生佛国净土。上品下生之因为深信因果但不定，于大乘不生疑谤，发起厌苦求生心，同时也回向愿生净土。上品三类往生者的修行智慧有高低，修行的功德亦有高低。往生品位的高低与修行者的道德觉悟层次有直接关系。中品上生的得生因由为修持五戒，持八斋戒，修行诸戒，不造五逆，有此戒德，回向往生佛国净土。中品中生者，受持沙弥戒、比丘具足戒者，威仪无缺。从上品上生至中品中生，所有往生者均为出家修行者。从中品下生开始，有居家者出现，其修行功德为孝养父母，奉事师长，个性调和柔善，行世间仁慈。可以看出，往生者从单一的出家人变为普通在家信众，不再要求读诵、悟解佛教经典与严持戒律，转而要求孝养父母，奉事师长。这也表明了佛教对世间孝的重

---

① （南朝宋）畺良耶舍译《佛说观无量寿佛经》，《大正藏》第 12 册，第 344 页下。

视与弘扬，"孝"成为佛教与中土文化融合吸收的关节点。根据经典描述，下品往生者都是作恶犯戒之人，从世俗意义来说，都是恶人。既是恶人如何得以往生净土？《佛说观无量寿佛经》提出了两个得生条件：一是临终得遇善知识开导，称念阿弥陀佛名号以求生净土；二是得阿弥陀佛的接引。任何众生只要能将内在的佛性阐发出来，临终时的一念觉醒，借助阿弥陀佛的愿力救度，都可往生西方极乐净土。佛教常说，一念觉众生即佛。造一切恶，若能忏悔改过，也为净土之因。由此可见，净土宗将佛性论变得更为具体化、明确化：任何众生，只要信愿念佛，必然得阿弥陀佛慈悲接引，往生西方净土直至最终圆成佛果。这一方面体现出了阿弥陀佛愿力的不可思议，另一方面也体现出了称佛名号的功德不可思议。阿弥陀佛以大慈悲心，发起四十八个救度一切有情众生之愿，令众生念佛求生净土，令罪恶众生避免堕地狱、恶鬼和畜生等恶道。念佛可以于念念中除却八十亿劫生死重罪，最终得以莲花化生，花开见佛证得无生法忍，从而超越生死轮回，得到永恒的解脱。也就是说，只要众生佛心不灭，愿往生净土之心不息，哪怕一息尚存，阿弥陀佛慈悲救度之力就永不停止。阿弥陀佛救度众生之心，如一个母亲忆念遥在他乡流浪的孩子，殷殷期盼而不停息，直至母子最终得以相见。阿弥陀佛大慈大悲平等普度众生的慈悲心，也就成为净土宗伦理精神的最佳体现。

综上所述，西方极乐净土的庄严清净代表阿弥陀佛的至善和极乐佛境至善的道德境界，阿弥陀佛是至善的化身，三辈九品往生论体现了佛教伦理的慈悲救世精神。从九品往生净土可以看到，因众生德性的高低不同，往生净土的等级有差别，说明求生净土需要提高自身的道德修养，使自己趋向一个纯善之人，以期上品上生，功德圆满。求生极乐净土的念佛法门，从形式上看是在称念阿弥陀佛的名号，实际则是以阿弥陀佛和极乐净土的诸菩萨为道德楷模在进行道德修行。

第三章　净土宗伦理中的善恶和价值观念

　　竺道生孤明先发地提出一阐提人成佛之说，从而扫清了"一切众生皆有佛性"这一观念所遇到的理论障碍和困惑。进而言之，"一切众生皆有佛性"的佛性论为众生皆可修行成佛确立了本体论前提。宋代法瑶指出这一点说："众生有成佛之道理。此理是常。故说此众生为正因佛性。"① 然而，虽然众生有成佛之理，但并非所有众生都能成佛，其中的原因就在于众生的心充满了贪、嗔、痴，佛性被烦恼与恶业所遮蔽。众生"见虽异涂。不变佛性。受身不同。佛性不改也。凡夫偏执。虽复竭思。终不能得见正理也"。② 众生虽有不改之佛性，但如果不除去俗见与恶业，终不得在自身中呈现出本然之佛性。如第一章所述，佛教哲学对佛性论有过详细讨论，佛教三藏十二部经，也对佛性进行了各种描述。如《大般涅槃经》说："慈者即是众生佛性。如是佛性久为烦恼之所覆蔽故。今众生

---

① （隋）吉藏撰《涅槃经游意》，《大正藏》第 38 册，第 237 页下。
② （梁）宝亮等集《大般涅槃经集解》，《大正藏》第 37 册，第 454 页上。

不得睹见。佛性即慈慈即如来。"[1] 慈悲，梵语 Maitri - Karuna，慈为与乐，悲为拔苦。"大慈与一切众生乐。大悲拔一切众生苦。大慈以喜乐因缘与众生。大悲以离苦因缘与众生。"[2] "慈"是指慈爱众生，给予众生快乐，"悲"是悲悯众生，解除众生的痛苦与烦恼，二者合称为慈悲。换言之，慈悲就是"与乐拔苦"。长期以来，慈悲被认为是佛教的根本精神，是佛教伦理的核心与基本准则。历史地看，佛教在中国的弘传与教化过程中，也形成了以"慈悲为怀"为核心的道德价值观，产生了十分重要的伦理意义。慈悲是佛性之善，被誉为佛心之所在："诸佛心者大慈悲是。"[3] 而众生去除恶业与烦恼，见自身之佛性，便可"成就一切诸善之根本，断于一切不善根本名为如来"。[4]

佛教修行的最终目标是成佛度众生，达到至臻圆满的善。在通往佛性之善的道路上，由于众生觉悟层次的差异，佛教便随应设定了不同层次的善，如五戒、十善等。解读佛教的善恶标准，首先就需要理解佛教的"善恶"概念。"善恶"是伦理学的核心概念，是具有道德含义的价值概念，也是佛教修行成佛的基本概念。在大多数宗教的教义中，善与恶也都被看作是一种宗教价值概念。对宗教伦理而言，善恶概念既表示道德价值，也表示宗教价值。或者说，在宗教意义上，善恶就是宗教

① （北凉）昙无谶译《大般涅槃经》，《大正藏》第 12 册，第 456 页中。
② 〔古印度〕龙树菩萨造《大智度论》，鸠摩罗什译，《大正藏》第 25 册，第 256 页中。
③ （南朝宋）畺良耶舍译《佛说观无量寿佛经》，《大正藏》第 12 册，第 343 页下。
④ （西晋）敦煌三藏译《佛说决定毗尼经》，《大正藏》第 12 册，第 38 页中。

道德价值。宗教道德价值与伦理学道德价值的区别在于，世俗意义上的伦理学道德价值没有宗教背景和超越意义，而宗教意义上的善恶价值则往往与信仰或超越精神相关联。"善"这一概念所表达的是具有正值的价值概念，"恶"这一概念所表明的是具有负值的价值概念。佛教修行的宗旨在于成就一切善，断除一切恶，即是诸恶不作，众善奉行。在净土宗修行伦理看来，断恶修善是去除心灵染污，实现内心净土的根本路径。如果内心愚冥无智，不识自身的身、口、意所具有的恶业，不明辨善恶是非，就无从悟得成佛之路径。佛教的道德价值观念，多散见于其佛经中，尤其体现在佛教对于信徒的行为规范和要求上，即修行戒律上。净土宗强调，修行者如要发往生净土之宏愿，就需首先守持佛教戒律，树立基本的佛教善恶价值观，并积极践履一种符合佛教道德的生活。

第一节　净土宗伦理中的善恶

佛教伦理有着十分丰富的善恶思想。专研佛教伦理的圆持强调说，一种伦理学说的价值取决于它能否彻底认识善恶形成的根本原因，而佛教对何为善恶，善恶的形成以及因由作出了圆满的回答。佛教伦理的根本意义也在于明辨善恶继而做到趋善避恶，使人们树立正确的善恶观，最终达到提升道德的目的。佛教对善恶问题的认识并非仅限于宗教的标准，对善恶问题的界定，也更是以众生的"损益"为基础。自释迦牟尼创立佛教以来，佛教伦理的根本目标就在于去恶向善。要具体研究佛教伦理的善恶问题，首先我们须对善恶概念进行界定。

就伦理学而言，"善恶"概念是对人类最一般、最普遍的道德现象的反映。无论从中国伦理思想史还是从西方伦理思想史来看，善恶概念都是最为古老的基本道德范畴。陈瑛等人认为，早在中国原始社会末期的"一切社会斗争，部落氏族内部、部落氏族与部落氏族之间、甚至家庭内部的斗争，都有了善与恶的内容"。① 而在舜的时代，已有"齐、圣、广、渊、明、允、笃、诚、忠、肃、共、懿、宣、慈、惠、和"这些与善和德性相关的概念。在古希腊的荷马时代，已经有了后来的善的概念。② 在苏格拉底、柏拉图时期，哲学家们对善的概念的探讨已经成为伦理学的基本内容。摩尔更是深入探讨了什么是善、什么是恶的问题："我把对这个问题（或者这些问题）的讨论叫做伦理学，因为这门科学无论如何必须包括它。"③ 善恶问题同时也是佛教伦理的基本问题。从佛教伦理的角度看，佛的概念等同于善的概念："佛为善人，善中之善，所以者何？自得大利亦利他人，自利利人故名善人。"④ 又说，"坏恶度为佛"。⑤ "坏恶"即为灭恶、除恶，即除恶为善。从佛教教义角度看，判断一个行为是"善的"还是"恶

---

① 陈瑛等：《中国伦理思想史》，贵州人民出版社，1985，第271页。
② 〔美〕阿拉斯代尔·麦金太尔：《德性之后》，龚群等译，中国社会科学出版社，1995，第24~28页。
③ 〔英〕摩尔：《伦理学原理》，长河译，商务印书馆，1983，第9页。
④ 〔古印度〕诃梨跋摩造《成实论》，鸠摩罗什译，《大正藏》第32册，第243页上。
⑤ 〔古印度〕法救尊者造《法句经》，维祇难等译，《大正藏》第4册，第567页上。

的"，其标准主要有三个：一是行为者的动机；二是用行为所导致的苦或乐判断一个行为的直接效果；三是行为是否有利于达到涅槃解脱。[①] 佛经所说之"自利利人故名善人"已从实际上道出善恶的本质所在。"善恶" 也是人们对利害关系的认知与感觉。一般而言，人们总是把那些有利于自己、他人以及社会群体的行为和事件看成是善的，而把那些有害于自己、他人以及社会群体的行为和事件看成是恶的。斯宾诺莎说："善是指我们确知对我们有利的东西而言，恶是指我们确知那阻碍我们占有任何善物的东西而言。"[②] 善恶概念与是否有利我们、有利他人与社会内在相关。

善恶概念是与利害相关建立了稳定联系的概念，从而也与我们的评价心理与情感产生联系。魏英敏先生认为："对善的行为和事件，人们无不怀有肯定、赞扬、钦佩、向往的情愫，恶的行为和事件，人们内心却满含否定、谴责、蔑视、憎恨的情绪。人们还把自己的人生追求与道德理想同善联系起来，使善成为照亮自己人生道路的一盏明灯，把所厌弃或不满意的同恶联系起来，让恶成为美好人生的对立面，永远受人诅咒。"[③] 魏英敏先生指出了善恶与人生追求和人的情感的内在关系，善与恶与我们的快乐与痛苦的感受相关联。西方伦理学有一派理论：功利主义伦理学，这一理论的基点就是承认快乐是善，痛

---

① 〔英〕彼得·哈维：《佛教伦理学导论：基础、价值与问题》，李建欣等译，上海古籍出版社，2012，第45页。
② 〔荷兰〕斯宾诺莎：《伦理学》，商务印书馆，贺林译，1997，第170页。
③ 魏英敏等：《新伦理学教程》，北京大学出版社，2012，第305页。

苦是恶。在功利主义看来，"自然把人类置于两位主公——快乐和痛苦——的主宰之下。只有它们才指标我们应当干什么，决定我们将要干什么。是非标准，因果联系，俱由其定夺。凡我们所行、所言、所思、无不由其支配"。① 把快乐与善相关联，把痛苦与恶相关联，这是人类的道德心理现象。佛教伦理也强调了苦乐与善恶的相关性。佛教认为"苦乐各依因，知己修众善"。② 既然人生的痛苦与快乐都有其原因，那么苦乐的根源是什么？《大智度论》指出，苦乐的根源在于善恶："现世不善法动发过重。生瞋恚、嫉妒、疑悔。内恼故身则枯悴颜色不悦。恶不善法受害如是。何况起身业，口业。若生善法净信业因缘。心清净得如实智慧，心则欢悦，身得轻软，颜色和适。以有苦乐因缘，故有善，不善。"③ 佛经从人的内心善恶活动所导致的身心苦乐变化，来说明善恶决定苦乐的原理。以净土宗为例，善恶与快乐、痛苦的心理关联，也是净土宗提出西方极乐世界这一理想境界的伦理前提和基础。"苦报酬恶缘，为善常安乐。"④ 佛教对西方极乐世界的描绘，给出了一幅充满快乐的世界图景。这种图景是一种理想的愿景，而要往生这一极乐净土，人们必须行善积德，清净自心。因为这一行善修行的过程，也是使自己的内心充满光明快乐的过程。

① 〔英〕边沁：《道德与立法原理》，时殷弘译，商务印书馆，2004，第11页。
② 〔宋〕日称：《诸法集要经》，《大正藏》第17册，第514页中。
③ 〔古印度〕龙树菩萨造《大智度论》，鸠摩罗什译，《大正藏》第25册，第338页中。
④ 〔唐〕菩提流支等译《大宝积经》，《大正藏》第11册，第537页中。

一　善恶概念与来源

佛教伦理对于"善恶"问题的讨论，并非建立在狭隘的宗教标准之上，而是以有情众生的损益为根本，有着丰富的善恶价值观念和具体的善恶概念。广义而言，其善概念，有"十善"说；其恶概念，有"十恶"说。十善又称为十善法，即不杀生、不偷盗、不邪淫、不恶口、不两舌、不妄语、不绮语、不贪、不嗔、不痴。十恶即十善的反面，即杀生、偷盗、邪淫、恶口、两舌、妄语、绮语、贪、嗔、痴。从道德价值论角度来看，所谓"十善"，即为十个正价值的道德概念；所谓"十恶"，即为十个负价值的道德概念。这十个正相反对的佛教道德价值概念，涉及道德行为者主体的三个行为领域：行为领域、言语领域和意念领域。

二　十善十恶概念体系

如何理解十善十恶？佛教首先从恶的方面进行界定，进而再确定善的方面。从行为、言语和意念领域将恶概括为十种：三种"错误行为"、四种"错误言论"和三种"有害的精神行为"。行为领域之恶有杀生、盗窃、邪淫。此三恶也是佛教五戒中明确提出应当戒除的恶，可见佛教比较注重防范这三类的恶。"杀生"指的是杀害生命。佛经对杀生有许多的讨论："云何杀生。若生众生想。故断众生命。死时未到。到时未死。教令杀害断命勿令活。彼语闻已过彼时已灭彼生已仆地。

如此身业口业。是众生故断众生命。当断不定断。彼是杀生业。若行彼业者。是名杀生人。"① 杀生指的是肆意夺取他者的生命，未死者令死，即人为地毁灭了另一个有生命的存在。"云何不杀生。乃至湿生蚰蜒之类终不故杀，心不念杀。若有众生。造作置罗网机拨陷。杀诸虎狼禽兽之属。即以财物。其心不悔。亦教他人令往善道。"② 佛教把生命放在不可侵犯、不可杀害的位置，将生命喻为第一重要的财宝，把杀害生命当作是一种严重的犯罪。盗即偷盗，"若人于聚落中及山野间，盗他财物，是名盗窃"。③ 对于他人的东西，哪怕是一草一木，寸纸尺线，未得到物主的允许，都不得擅自取用。"云何不盗。如是善人。修行善业不知厌足。于一切处。不行偷盗。乃至草木泥土。自既不取。亦不教他。设有大热不夺他荫。不令他人居于日中自受荫处。自有势力。亦不夺他。不教他人。见他作者。劝令不作。乃至荫凉。亦不偷盗。微细之事。皆不偷盗。是名不盗。"④ 佛教劝导人们，即使身处贫穷状况，仍不得为财物而起贼心。"夫盗业者。能令众生贫穷下劣无依怙。假使我贫命不存济。终不行于不与取法……积财虽千亿。贪著心不舍。智者说此人。在世恒贫苦。彼虽无一物。安住舍离

---

① 〔古印度〕舍利弗造《舍利弗阿毗昙论》，昙摩耶舍译，《大正藏》第 28 册，第 574 页上。

② （魏）般若流支译《正法念处经》，《大正藏》第 17 册，第 181 页下。

③ 〔古印度〕舍利弗造《舍利弗阿毗昙论》，昙摩耶舍译，《大正藏》第 28 册，第 700 页上。

④ （魏）般若流支译《正法念处经》，《大正藏》第 17 册，第 175 页中。

心。智者说此人。世间最富贵。"① 佛教认为，即使一贫如洗，也不能把他人财物看作可取之物。人们在正常的生活条件下做到不偷盗或许不难，但倘若处于生命垂危时，还能坚持佛教戒律而不偷盗，则可以说不偷盗不是"不做什么"的消极要求，而是坚持道德的要求，把宗教道德价值看成是至上价值。佛教把不偷盗看成是出家人和信众必须遵守的五条戒律之一，也是佛教最为看重的戒律之一。邪淫指发生婚外的不正当关系："云何邪淫。若有邪行人。若有母护。父护。弟护。姊护。妹护。自护。法护。姓护。亲里护。信要护乃至花鬘护。若共如此宿共。行欲法。若自妻非道行。彼业是邪行。若行彼业者。是名邪行人。"② 佛教认为，"贪、嗔、痴"是恶的根本来源，而邪淫属于贪欲，应予以戒除。邪淫会令人沉浸在爱欲中，造成诸多危害。佛教将不邪淫作为一种戒律来实施，有助于佛教徒减少贪婪的习气，防止他们沉浸于爱欲中而失去正念。就家庭生活而言，不邪淫既是一种道德关怀，也是一种道德整肃。不邪淫让青少年免受性泛滥的危害，有利于维护良好的夫妻关系，也有利于保持优良的家风，这对净化社会人心有一定的积极意义。

言语领域的恶即四种"错误的言行"，主要有绮语、两舌、恶口和妄言。"绮"是"稽"的异体字，"稽"为多义字，

---

① （唐）菩提流支等译《大宝积经》，《大正藏》第 11 册，第 537 页中。
② 〔古印度〕舍利弗造《舍利弗阿毗昙论》，昙摩耶舍译，《大正藏》第 28 册，第 574 页中。

其中一义为"计较、争论，如'反唇相稽'，即为反过来责问对方"。因此，绮语也可理解为明知自己无理，却为自己狡辩，甚至责问对方。佛经则解释为："云何绮语。若人出非时言无义语非法语非调伏语不寂静语。是名绮语。"①

联系以上的解释，也就清楚这样的争论是不恰当的（非时言），不近情理的（无义语），也是不合佛教教义的（非法语）。两舌即"若人在此闻至彼说。欲坏此人故。在彼闻至此说。欲坏彼人故。未破者令破。已破者欲使尽散。乐别离他。是名两舌"。② 按佛经的解释，两舌或许可以理解成专门为了对他人使坏而"两面三刀"，即人前说人话，鬼前说鬼话。如何理解恶口？佛经指出："云何恶口。若人出言粗犷苦切。他人闻已。不喜不悦。是名恶口。"③ 恶口即"说脏话"，并且这种脏话使听者不舒服起烦恼。妄语即"虚诳不实之语"，意指颠倒是非、指鹿为马。在佛教看来，妄语是一切罪恶的源头："欺为众恶本。自绝善行业。是故致痛聚。妄言何益人。"④ 妄语为恶事："一切恶事。虚妄为本。"⑤ 佛经甚至分析了人说妄语的原因："凡起妄语有四因缘。一为自利。恋身命故。二为

① 〔古印度〕舍利弗造《舍利弗阿毗昙论》，昙摩耶舍、昙摩崛多等译，《大正藏》第28册，第700页上。
② 〔古印度〕舍利弗造《舍利弗阿毗昙论》，昙摩耶舍、昙摩崛多等译，《大正藏》第28册，第700页上。
③ 〔古印度〕舍利弗造《舍利弗阿毗昙论》，昙摩耶舍、昙摩崛多等译，《大正藏》第28册，第700页上。
④ （魏）白延译《佛说须赖经》，《大正藏》第12册，第53页上。
⑤ （北凉）昙无谶译《大般涅槃经》，《大正藏》第12册，第587页中。

利他。利所爱故。三为他畏。惧王法故。四为求财。所有须故。"① 或为了自我利益，或为了所爱之人的利益，或因为畏惧王法，亦或为了贪得非分的物质利益，人们可能隐瞒真实情况而自欺欺人，以便达到不可告人之目的。

意念领域的恶有"贪、嗔、痴"三种，被描述为三种有害的精神行为。作为十恶中的后三恶，不同的佛教经典对其有着不同的表述。《杂阿含经》表述为"贪、恚、邪见"②，而在《四十二章经》中，则表述为"嫉、恚、痴"③。贪，是指对非分的、并非应当正当属于他的东西存有欲望，或存有强烈的欲望。佛教认为贪欲会直接影响人的价值观和道德观，并对贪欲问题做了详尽的剖析，力求使人意识到贪欲之害，从而提升道德修养。对于贪欲之恶，无论是在伦理思想史上，还是人们对现实的反思中，都可以感受到它的恶之本性。A. L. 哈曼从伊斯兰教角度对佛教的欲望问题进行了分析。他认为佛教是依据欲望的强弱来定义是否是贪欲，并由此而批评道："强的欲望被称为色欲或贪欲，而弱的欲望被称为需求欲。对性的欲望或财富的欲望称为色欲或贪欲，而对住所、衣物或食物的欲望称为需求。但这些范畴会因环境的变化而变化。如我有规律地接受我四个妻子的陪伴，因此我的色欲萎缩到了零。实际上，如果既满足了我的色欲又满足了我的欲望的话，确实是消除欲望

---

① 〔古印度〕无著菩萨造《大乘庄严经论》，波罗颇蜜多罗译，《大正藏》第 31 册，第 631 页中。
② 〔南朝宋〕求那跋陀罗译《杂阿含经》，《大正藏》第 2 册，第 205 页上。
③ 〔后汉〕迦叶摩腾、法兰译《四十二章经》，《大正藏》第 17 册，第 722 页中。

的方法（至少是暂时的）。再如，如果我既饿又无衣遮体，那么我对食物和衣物的欲求就是十分贪婪的。"① 依哈曼之见，我们不能以欲望的强弱来从道德上否定一些欲望，因为所有欲望的好坏（强弱）都是依主体条件的不同而有区别。哈曼立足于主体自身的条件来界定欲望的强弱，因而提出强的欲望即为佛教所认为的恶的欲望，这种出发点是有问题的。因为佛教并非仅仅从行为者主体的欲望本身来看待欲望问题，而是立足于客观的社会要求来定义善与恶的欲望问题。如我们在前面所指出的，佛教的邪淫是在性关系方面恶的概念，这是以人类社会的婚姻制度为背景条件的，离开了这一婚姻制度，就无从谈起是否是恶的问题。正如哈曼从伊斯兰教规定娶四个妻子为合法这一背景出发，认为一个伊斯兰教徒可以同时有四个妻子，并且这不属于贪欲。从佛教的观点看，伊斯兰教徒娶四个妻子也不是贪欲，因为其背景是基于伊斯兰教的婚姻制度。虽然得出相同的的结论，但哈曼和佛教看待问题的出发点并不相同。"恚（嗔）"意为恨和怒，佛教认为嗔是一种不道德的心理活动，会直接支配人的行为，破坏行为者的善德，成为产生罪恶的一大根源。痴即"愚痴无智"，又名无明、邪见、邪念。一般指意识处于模糊或呆滞状态，表现为对道德与精神事物产生怀疑，进而歪曲真理，无法真实洞察现实。与愚痴相对，佛教认为"智慧"是成就一切道德的根源，而愚痴则是罪恶的根

---

① A. L. Herman, "A Solution to the Paradox of Desire in Buddhism," *Philosophy East and West*, Vol. 29, No. 1 (Jan., 1979), p. 91.

源。"贪、嗔、痴"三个恶的根源相互交织缠绕，贪与嗔植根于痴，而贪会导致痴。因此，任何不善的行为都是由贪、嗔、痴引起，会使人远离善良的动机，无助于行为者道德品质的完善，并且使人无法行正道，达到涅槃至善的境地。

意念领域即心灵领域。佛教把心灵领域的善恶放在十分重要的位置。在佛教看来，内心清净无染是修行达到解脱的根本要求。"经云：'心作天、心作人、心作地狱、心作畜生，乃至得道者，亦心也。'凡虑发乎心，皆念念受报。虽事未及形，而幽对冥构。夫情念圆速，倏忽无间，机动毫端，遂充宇宙。罪福形道，靡不由之，吉凶悔吝，定于俄顷。"[1] 佛教强调心（意念）在人的善恶业报中的重要性，指明人心的每一种思虑活动，虽非立即能够付之行动或见之行为，但"机动毫端，遂充宇宙"，心意之动也具有善恶报应的意义，由此强调"是以行道之人，每慎独于心，防微虑始，以至理为城池"。[2] 因此，对于心灵意志的发动，佛教十分强调它的动机本身的善恶倾向，认为其善恶对于因果报应起着决定性的作用。心善可以得道，可以往生净土；心恶则堕入恶道轮回。其进而要求佛教徒从心中意念的防范做起，防微杜渐，不存任何恶念。这也是道德行为发生的前提和基础，只有努力做到心善、向善，以善作为思想的标准，修行才可证悟得解脱。

十恶的反面即为十善。佛教首先明确什么是恶，然后指出

---

① 石峻等编《中国佛教思想资料选编》，中华书局，1983，第 18 页。
② 石峻等编《中国佛教思想资料选编》，中华书局，1983，第 18 页。

什么是善："何等为邪道。谓杀盗、邪淫、妄语、两舌、恶口、绮语、贪、恚、邪见。何等为正。谓人、天、涅槃。何等为正道。谓不杀、不盗、不邪淫、不妄语、不两舌、不恶口、不绮语、无贪、无恚、正见。"① "正道"是从修行的意义上讲，行正道也就是做到这十个方面的要求，或称之为"十善"。十善即不杀、不盗、不邪淫、不妄语、不两舌、不恶口、不绮语、不贪、不嗔、不痴。可见，善恶是对立矛盾的，认识不到恶的危害，人很难去修善，识恶是修善的基础。同时，善恶也是不可分离的，恶的反面即是善。"身、口、意"作为善恶的载体，由道德行为主体所掌控，人可以自行决定善恶行为。严格说来，佛教的根本教义在于如何正确面对善恶问题，佛教是道德信仰，而非神教信仰。佛教对什么是"善"提出了道德要求，强调不作恶，把不作恶作为道德戒律。佛经提到："诸恶莫作。诸善奉行。自净其意。是诸佛教。②" 此四句偈揭示了佛教的根本教义，同时强调了"不作恶，行诸善"的佛教伦理的根本精神。佛教修行的最终目的是成佛，实现"自觉、觉他、觉行圆满"，而实现此信仰目标的前提在于"诸恶莫作，众善奉行，自净其意"。佛教倡导识恶修善，以善灭恶。佛经说："言十善者。则为一切众善根本。能摄一切诸余善法。言十恶者。亦为一切众恶根本。能摄一切诸余恶

① （南朝宋）求那跋陀罗译《杂阿含经》，《大正藏》第 2 册，第 205 页上。
② （后秦）竺佛念译《出曜经》，《大正藏》第 4 册，第 741 页中。

法。"① 人们做到了十不恶，也就是做到了"十善"，而行"十善"能产生其余一切善，这就阐明了如何正确面对善恶的道理。佛教认为，一切的善都应从十善做起，进而扩展到更高层次的善行。

就佛教伦理而言，佛教并未明确规定一种很高的道德价值要求，而从恶的消极意义上对什么是善提出了道德要求。佛教所强调的是不作恶，把不作恶立为信众必须做到的戒律要求。人们做到十不恶，即做到了十善，而有了十善，也就有了其余的一切诸善的基础。值得点明的是，佛教十善的内容与五戒的内容有重合之处，即佛教十善中的"不杀生、不偷盗、不邪淫、不妄语"和五戒中的"不杀生戒、不偷盗戒、不邪淫戒、不妄语戒"在内容上有共通之处，它们的区别在于五戒以戒律作为道德约束，要求佛教徒恪守道德规范，维持合乎德性的生活。

佛教的十善十恶，具有很强的可操作性。它不是抽象地谈论善恶观，而是明确指出在道德实践中做到什么即为善，做不到什么即为恶。从道德生活来看，"十善"并不是高要求的德行，"十善"并没有要求人们去为了什么而无私忘我。然而，佛教又把"十善"看成最基本的善，其他一切善都应当从这样最基本的善做起，有了这些基本的善，才可以继续修行趋向更高层次的善。

① 〔古印度〕菩提灯译《占察善恶业报经》，《大正藏》第17册，第902页下。

三　以五戒为五善德

戒律是佛教徒对自我行为的一种约束形式，也是进行自我控制和净化性情的重要方法。佛教把受持戒律当作布施和涵养德性的重要方式之一。佛教戒律作为一种道德约束，其目的在于培养佛教徒自身的美德。[①] 戒律是一种有节制的行为，可以让持戒者增强好的品质。佛教在十善十恶的基础上，又提出五戒。五戒是对十善十恶进一步明确的修行律令。五戒是正确对待他者（包括人和动物）的行为规则和责任，是一种道德约束形式。五戒通常被佛教徒理解为五种美德。《舍利弗阿毗昙论》中提到："问曰。优婆塞几戒。答曰五。何等五。尽寿不杀生。是优婆塞戒。尽寿不盗。是优塞婆戒。尽寿不邪淫。是优婆塞戒。尽寿不妄语。是优婆塞戒。尽寿不饮酒。是优婆塞戒。如是优婆塞五戒。尽寿受持。不得违犯。"[②] 优婆塞即没有出家但已皈依佛教的男信徒，或称之为男居士。佛教提倡在家学佛的男女受持五戒，即不杀生戒、不偷盗戒、不邪淫戒、不妄语戒、不饮酒戒。前四者属于性戒，最后一种为遮戒。前三种戒在于防身，第四种防口，而饮酒戒可以防护前四戒。其原因在于，饮酒乱性，酒醉神志不清，可能会引发妄语、偷盗、邪淫甚至杀生。对居士而言，五戒是其应当做到并终身实践的基本戒律。

[①]　〔英〕彼得·哈维：《佛教伦理学导论：基础、价值与问题》，李建欣等译，上海古籍出版社，2012，第65页。

[②]　〔古印度〕舍利弗造《舍利弗阿毗昙论》，昙摩耶舍、昙摩崛多等译，《大正藏》第28册，第574页上。

　　五戒中的第一戒为不杀生。在十种不善业中，佛陀将杀生罪定为最重，在五戒中，将不杀生排在首位。佛教的不杀生，表达的是其对生命的敬重，而生命不仅仅指人类的生命，也涵盖了其他生灵。在佛教语境中，不杀生泛指不杀、不危害一切众生，低至虫蚁鸟兽，高至人类，皆不可对其起杀心。不杀生还包括放生，这是佛教敬重生命、不杀生的一个方面。根据佛教教义，放生是不杀生的表现形式之一，也是佛教徒践行慈悲精神的重要实践方式。放生即拯救生命，佛教倡导随分随力地放生，人们看到有动物身陷囹圄时，应尽力救助，全其性命："如是善人。不杀众生。或见猎师罗捕孔雀山鸡种种众鸟。猎师捕得。或养或杀。或以众鸟。作游戏具。是人见之。恐其杀害。赎此生命。放之本处令得安乐。是名不杀利益众生。"① 在佛教看来，不杀生是最重要的德性，是第一德性。人们进行各种各样的道德修行活动，如果做不到不杀生，则履行再多的道德行为也属无益。佛教反对一切形式的故意杀害，"人不自手杀教人杀者。其罪云何。为无罪耶。佛言。阿难。教人杀者重于自杀。何以故。或是奴婢下贱之人作无杀意。或为王者县官所见逼促。不自意出为之所使。教人杀者而知故犯"。② 自己杀害生命是一重罪，教唆别人杀害生命，虽不是自己动手，但却是更重的罪。这是因为，假他人之手来杀人，使得本不愿意杀人的人去杀人，从而违背了当事人的善良意愿，因而更加

---

　　① （魏）般若流支译《正法念处经》，《大正藏》第 17 册，第 202 页下 ~203 页上。
　　② （后汉）安世高译《佛说阿难问事佛吉凶经》，《大正藏》第 14 册，第 753 页中。

了一重罪。

我们应当看到，对佛教不杀生这一道德戒律最大挑战在于人类不可避免地要以其他可食动物作为美味佳肴，这包括家养和野生两类。大乘佛教反对将任何动物作为人类的食物。据报道，人类学家在"人类的摇篮"——坦桑尼亚北部的奥杜瓦伊峡谷挖掘出了两英寸长的人类头盖骨碎片。参与这项发现研究的专家认为，"食肉行为一直都被认为是使我们成为人类的事情之一，肉食含有的蛋白质有助于我们大脑的生长发育"。[①]自人类文明史以来，肉食也是人类文化的一个部分。虽然科学发展使当代的人类可以通过其他手段来补充维持生命需要的蛋白质，但食肉仍然得到多数人的道德认可。尽管如此，我们认为，在强调生态保护和动物保护的现代条件下，佛教不杀生的道德戒律仍然有着积极的道德意义。地球是人类与其他动物的共有家园，人类对其他动物的过度捕杀，使得许多动物濒于灭绝。因此，保护我们的生态环境，就要保护动物。不滥杀动物，是对生命的敬畏，而敬畏生命，就需要佛教这种对待生命的道德关怀态度。

不偷盗戒是佛教的五戒之一。不偷盗即不进行任何形式的盗窃行为。"云何不盗。如是善人。修行善业不知厌足。于一切处。不行偷盗。乃至草木泥土。自既不取。亦不教他。设有大热不夺他荫。不令他人居于日中自受荫处。自有势力。亦不

---

① 内江新闻网："人类学家认为食肉行为促使人类祖先大脑进化"，来源：腾讯科学，2012 年 10 月 10 日。

夺他。不教他人。见他作者。劝令不作。乃至荫凉。亦不偷盗。微细之事。皆不偷盗。是名不盗。"① 不偷盗还指不欺骗、伪造和欠债不还，或者未经允许而借东西和违反诺言，因为这是享用未被允许的特权。"不与取者。知他物。生盗心。取物去。离本处。物属我是名盗。若不作是名不盗。其余方便计较。乃至手捉未离地者。名助盗法。"② 佛教把不偷盗看成是出家人和信众必须遵守的五条道德要求之一，这一道德要求体现的是对社会财产制度的维护与要求。佛教把这看成是最基本的道德戒律，也体现了私有制社会以来的人类道德的基本要求。我们应当看到，这是几千年来人类社会的道德实践所形成的道德常识和最基本的道德真理。

不邪淫通常指不发生婚外性关系。至于僧人则是不淫戒，即彻底禁止男女性关系，若犯禁者，将永被驱出僧团。"云何不邪淫是优婆塞戒。若于彼业不乐。远离不作。护戒不犯。断根舍不善。堪忍行善。是名不邪淫。是优婆塞戒。"③ 佛教认为，邪淫是贪欲的表现之一，会对他人造成伤害。除此之外，不邪淫还指不进行手淫、同性恋或者非常规的性行为。不邪淫戒对佛教徒起到一种道德整肃的作用。从世俗社会来看，这一戒律起着维护婚姻制度和家庭制度的作用，有利于促进社会文明的发展。对于僧人而言，这一戒律要求使出家人彻底摆脱了

---

① （魏）般若流支译《正法念处经》，《大正藏》第 17 册，第 175 页中。
② 〔古印度〕龙树菩萨造《大智度论》，鸠摩罗什译，《大正藏》第 25 册，第 156 页上。
③ （后秦）昙摩耶舍、昙摩崛多等译《舍利弗阿毗昙论》，《大正藏》第 28 册，第 574 页中。

对世俗生活以及情感的依恋，从而使其不仅在行为领域超脱于世俗世界，而且在精神心灵领域超脱于世俗看法。

不妄语戒，即不说谎和不进行错误的言论，不说离间语、粗俗语和愤怒语等。不妄语相当于"八正道"[①] 中的"正语"。佛教提出，妄语是恶事之本。"问曰。妄语有何罪。答曰。妄语之人。先自诳身。然后诳人。以实为虚。以虚为实。虚实颠倒。不受善法。譬如覆瓶。水不得入。"[②] 妄语会造成人的精神错乱或者其他形式的苦难。如妄语会导致说谎者不停地用谎言去圆谎，造成其思维的混乱；说谎还会造成人与人之间的误会，导致他人因不实言论而受到毁谤，等等。在现实生活中，如果佛教徒为了自身或者他人的利益而说不实之言，一般会被认为违反了不妄语戒。"一切善法。实为根本。"[③] 妄语意味着违反了佛教寻求真理的初衷，即"如实"认识事物的价值观念。佛教强调因果，认为爱出者爱返，福往者福来。人若欺骗他人，则他人也必将欺骗自己。为了避免自己不被谎言或错误的言语伤害，佛教提倡受持不妄语戒。

五戒的最后一戒是不饮酒。值得指出的是，五戒中唯有饮酒没有出现在十恶中，而却出现在戒律之中。佛教为什么会把不饮酒作为信众的戒律？《萨婆多毗尼毗婆沙》说："问曰：优婆塞五戒。几是实罪。几是遮罪。答曰。四是实罪。饮酒一

---

① 修行获得解脱的八种正确方法和途径：正见、正思维、正语、正业、正命、正精进、正念、正定。
② 〔古印度〕龙树菩萨造《大智度论》，鸠摩罗什译，《大正藏》第 25 册，第 157 页上。
③ （魏）般若流支译《正法念处经》，《大正藏》第 17 册，第 320 页下。

戒是遮罪。饮酒所以得与四罪同类结为五戒者。以饮酒是放逸
之本。能犯四戒。"① 所谓"遮罪"与"实罪"相对，饮酒并
非是实罪，是虚罪。虽然是虚罪，但如果犯了饮酒罪，就有可
能导致杀生、盗窃、邪淫和妄语。因此，为了防范这四罪，必
须加上饮酒戒。佛经说："饮酒虽一罪。能生一切恶。是故当
制之。心戒则为本。"② 又说："毁坏可业由诸酒，一切不善法
之根，如毒火刀霜雹等，故当远离勿亲近。"③ 饮酒不仅能使
人犯五戒中的其他四重罪，它还是一切不善法的根本，即可导
致人犯任何不该犯的罪恶。在佛教看来，饮酒使人放逸，使人
由于酒精的作用而放松对自己的道德要求，从而导致犯罪。佛
经说："酒是放逸众恶之门，常应远离不过于口，不狂乱，不
迷醉，不轻躁，不惊怖，不无羞，不戏调，常能一心筹量好
丑。"④ 因此，佛教劝人戒饮酒，不在酒本身而在于饮酒可能
导致的道德上的问题。

　　五戒十善是佛教伦理中重要的道德戒律与道德规范，仁、
义、礼、智、信是中国传统文化中的五常。将二者结合起来理
解，不杀生是仁，不偷盗是义，不邪淫是礼，不饮酒是智，不
妄语是信。仁、义、礼、智、信是儒家伦理中最根本的道德准
则。中国传统社会属于伦常社会，伦是五伦，即夫妇、父子、
兄弟、君臣、朋友。从单个的家庭到整个社会再到国家整体，

① 失译人名：《萨婆多毗尼毗婆沙》，《大正藏》第 23 册，第 506 页下。
② （宋）日称：《诸法集要经》，《大正藏》第 17 册，第 481 页中。
③ （唐）善无畏等译《大毗卢遮那成佛神变加持经》，《大正藏》第 18 册，第 45 页下。
④ 〔古印度〕龙树菩萨造《十住毗婆沙论》，鸠摩罗什译，《大正藏》第 26 册，第 56 页下。

均属于五伦组织。维系五伦社会的道统就是五常，这是道德的基础，从而使仁、义、礼、智、信成为中国人最基本的道德规范，人人都必须遵守。这也是中华民族几千年以来得以生生不息、源远流长的原因所在。佛教在中国化的过程中，积极融入中国，吸收中华文化中的优秀思想资源，使其得以扎根并得到长足的发展与进步。就五戒而言，不杀生与儒家伦理中的"仁"相通。仁是会意字，意为推己及人，己所不欲，勿施于人。佛法不杀生是不与一切众生结冤仇，培养大慈悲心。不偷盗与"义"相通，义是公正，以正当的手段获得利益，尽职守则和履行义务，对一切众生贡献即是尽义务。不偷盗有助于修学清净布施，放下身心世界，恢复自性清净。如果没有偷盗，社会可以长治久安，个人与家庭也会幸福安宁。不邪淫相当于儒家的"礼"，即举止文明，通情达理。邪淫有诸多危害，会破坏家庭和谐，损害身心健康，有害于社会的安定团结。不妄语与"信"相通，信即诚实守信，不妄语即不欺骗他人。如能远离妄语，诚实不欺，则人与人之间都能互相信任，促进社会和谐。不饮酒与"智"相通，智是明辨是非善恶的能力。酒能致醉，令人神志昏迷而犯错。人们深信五戒十善，真切地信解修证，从宗教修行方面来看，可以获得人天胜果，趣向声闻、缘觉、菩萨乃至无上菩提。从家国层面来看，其可以实现社会的长治久安。

佛教以戒律的形式戒除五恶乃至十恶，促使人们趋善避恶。就道德价值意义而言，这是要求人们戒除道德上的负价值行为。在佛教伦理看来，如果人们的思想行为中彻底去除道德价值意义上的负价值，也就成为身心清净之人，从而也就是有道德的人。去十恶即成就十善。做到五戒，除去十恶，即有了向善的基础，才可能进一步实践佛教的慈悲精神和无我利他精神。一般认为，如果对人们提出比最低限度的道德要求更高的道德价值要求，如让人们像某些道德楷模那样，所有的言行都是从如何帮助他人出发，甚至牺牲自己而为他人，则一般人不一定能做到，除非是他具备相当道德觉悟的人。在消极意义上，不作恶只是教导人们不做什么，而不是要人们积极去做什么。佛教伦理认为，只有确保人们不做什么，才可确立向善的起点。通常情况下，就人们的道德行为而言，这并不是一种很高的要求。但如果放在某种极端的社会条件下，能够坚持这样戒除十恶，仍然需要行为者具有较高的道德觉悟。即便在关乎生命的情况下，佛教仍然提倡坚持不偷盗的道德戒律，体现了佛教伦理要求的严肃性以及佛教道德价值的崇高性。在极端条件情况能够做到这点，无疑需要长期以来对佛教伦理的体悟与践行，养成一种坚定的道德品格。

第二节　净土宗伦理中的因缘果报说

佛教深信因果，因此，佛教的"因缘果报说"也成为我们理解佛教善恶价值观的另一关键因素。善恶的价值不仅体现在当下人们做什么这一行为上，还可以从当下行为的后果以及长远后果中体现出来。本书在佛教本体论部分，已从缘起论意义上讨论过佛教因缘果报问题。关于因缘与因果，"因"都是指内因或者起因，而"缘"和"果"则不同，"缘"主要指各种条件，一切事物只有在"因缘"具足的情况下才会产生结果，即"因"＋"缘"＝"果"。为了对世界进行全面而准确的认识，佛教将因缘与因果糅合起来形成因缘果报说。佛经里将"因"解释为能生，"果"为所生，有因必有果，有果必有因，认为这是佛教因果之理，同时也是佛教三世善恶报应说的根本。净土宗主要经典里也特别提到因果，《佛说观无量寿佛经》中特别提出要"深信因果不谤大乘"。① 佛教因果观的提出是基于对世界永恒普遍法则的认识，善因必有善报，恶因必有恶报，善因必生善果，而恶因必生恶果。善恶是众生的身、口、意三业所造成的结果，"业"产生的结果不仅局限于今世，还通前世、后世，这就形成了佛教的"三世因果报应说"。三世即前世、现世和后世，佛教认为众生不停地以三世更替形式在六道中轮回，众生所做的一切善行恶行，将以身、口、意三业的形式产生影响，形成各种果报。除此之外，佛教还有"六道轮回说"，认为众生根据自身所作行为，形成不同的善、恶业，投生到天人、阿修罗、人、畜生、地狱、恶鬼这六道中，三世更替，循环往复。六道轮回与众生的道德层次有关，"行十善"得生天道，"持五戒"得生人间，"行十恶"则

---

① （南朝宋）畺良耶舍译《佛说观无量寿佛经》，《大正藏》第12册，第345页上。

投生地狱、恶鬼道。善与福、恶与罪相生相伴。一个人现在幸福与否有与其前世有关。如果一个人出身贫穷，社会地位低下，主要原因在于其前世不积德行善，积累福报。同时佛教还指出，众生虽不能改变前世，但可以通过现世的努力，改变来世的生存状况。在现实生活中可能会有善良的人生活不幸而恶人过得很幸福，对此现象，佛教解释了其根源在于前世。今生作恶而过着好生活的人，是因为他们前世所积善德的结果；而那些现世有善德却仍旧贫困之人，则是前世作恶在现世的体现。所作必感果，今生作恶之人会在来世受苦果，今生行善之人会在来世得善果。善有善报，恶有恶报，如果现世努力行善积德，其善行就不仅带来现世的业果，而且将带来来世的业果。众生现世的祸福是前世善恶报应的结果，现世的善恶将决定来世的祸福。正如经中所说："天地之间五道分明。恢廓窈冥浩浩茫茫善恶报应福祸相承身自当之无谁代者。数之自然应其所行。殃咎追命无得纵舍。善人行善从乐入乐从明入明。恶人行恶从苦入苦从冥入冥。"[1]

　　佛教传入中国以后，善恶因果报应论对中国人的心灵产生了强烈的震撼作用。这一理论，让人们思考现世幸福与行为善恶价值之间的关系，学会将自身道德行为价值与更远的幸福关联起来，从而使得中国人的终极关怀指向更长远的未来。善恶因果报应论是中国佛教的"根要"。东晋王谧说："夫神道设

---

[1]　（南朝宋）畺良耶舍译《佛说观无量寿经》，《大正藏》第 12 册，第 277 页上。

教，诚难以言辩，意以为大设灵奇，示以报应，此最影响之实理，佛教之根要。今若谓三世为虚诞，罪福为畏惧，则释迦之所明，殆将无寄矣。"① 他认为如果没有三世的设定，如果没有因果报应论，佛教教义也就失去了根基。"三世因果说"和"善恶因缘果报说"也被认为是佛教的基本要义。梁启超先生亦论这一点说："这是宇宙间唯一真理，佛教说的'业'和'报'就是这个真理（我笃信佛教，就在此点，七千卷《大藏经》也只说明这点道理）。"② 净土宗之所以成为流传最广、信仰人数最多的大乘佛教主要宗派之一，不仅在于它的修行方式简单易学，更在于净土宗提出有往生极乐世界的道德理想，这一理想只有在相信三世说的前提下才得以成立。净土宗有如此广泛的信众，成为中国佛教信仰的主流，离不开三世因果说与因缘果报论在中国信众中的影响力。

佛教六道轮回与三世说是对有漏众生（没有觉悟成佛的烦恼众生）而言。当然，人也是没有摆脱六道轮回和生死缠缚的有漏众生之一。众生何以摆脱生死轮回，往生净土并彻底觉悟成佛？佛教认为，这就需要不断提高修行者的道德修养，依"八正道"修行。"八正道"即是正见、正思、正语、正业、正命、正精进、正念、正定，同时勤修戒、定、慧，熄灭贪、嗔、痴，就可以灭除烦恼，超越轮回，最终成佛。慧远指

① （东晋）王谧：《答桓太尉》，（清）严可均撰《全晋文》，商务印书馆，1999，第185页。
② 梁启超：《与梁令娴等书·梁启超年谱长编》，上海人民出版社，1983，第1046页。

出："夫因缘之所感，变化之所生，岂不由其道哉？无明为惑网之渊，贪爱为众累之府，二理俱游，冥为神用，吉凶悔吝，唯此之动。无明掩其照，故情想凝滞于外物；贪爱流其性，故四大结而成形。形结则彼我有封，情滞则善恶有主。有封于彼我，则私其身而身不忘；有主于善恶，则恋其生而生不绝，于是甘寝大梦，昏于同迷；抱疑长夜，所存唯着。是故失得相推，祸福相袭，恶积而天殃自至，罪成则地狱斯罚。此乃必然之数，无所容疑矣。"[1] 无明，即贪、嗔、痴造成了众生的迷惑、痛苦与灾难，无明产生种种虚妄，把幻有执着为实有，贪欲与愚痴使痛苦不断。要把人生从生存的痛苦中解脱出来，就首先需要消除无明，行八正道，去除贪欲，修学佛法，断除烦恼而得到解脱。按净土宗来说，就是需要"信、愿、行"，广修诸善，践行有道德的生活，更要念佛求生净土，才能最终在净土成佛并广度有情。如果众生执迷不悟，只会更加深自己的痛苦，其业报还将在现世或者来世中体现。总之，因缘果报论和六道轮回三世说体现了净土宗惩恶扬善的伦理思想。

第三节　弥陀本愿与极乐净土的道德价值论

理想蕴含着价值，理想价值是人生诸多价值中最为珍贵的价值。宗教价值是宗教徒所追寻的超越性的理想价值，这一价

---

[1] （东晋）慧远：《明报应论》，石峻等编《中国佛教思想资料选编》第 1 卷，中华书局，1981，第 90 页。

值包含着道德价值。理想的道德价值是所有道德价值中具有最高善的价值。

一　理想界说

人生理想指的是基于现实而对超现实之目标的追求。就价值而言，理想本身包含着对正价值的肯定。无论什么理想，都表明了行为主体的价值追求。换言之，理想追求就是某种价值追求。就个人与社会而言，理想分为个人理想与社会理想两个层面。个人理想有生活理想、家庭理想、事业理想等，就不同时期的理想而言，有青年时期的理想、成年时期的理想和人生的终极理想等。社会理想有政治理想、道德理想和宗教理想等。政治理想是对人类社会组织（国家）的未来所寄予的希望。一般而言，在世俗社会时期，政治理想是世俗理想中的包容性的理想，包含道德理想和宗教理想，如柏拉图的政治理想就包含着其道德理想。而在宗教占统治地位的社会里，宗教理想则是主导性的理想，其政治理想和道德理想从属于宗教理想，如在西方的中世纪，上帝与天国的理想具有至上性，中世纪的政治与道德都在这一理想的笼罩之下。还有一些把宗教定为国教的国家，如伊斯兰国家，其对真主的信仰作为民族和国家的理想追求，对政治与道德生活起着重要的作用。个人理想与社会理想会产生交叉和重叠，如宗教理想不仅可以是国家理想，同时也能是个人理想。

宗教理想与世俗价值不同，是超越性的理想价值。宗教理想将希望寄托于天国或来世。在不信教人士看来，所有宗教信仰都是虚幻之物；但对于信仰者来说，所有信仰都是对于真切的至上存在与理想境地的坚定信念。无论宗教信仰是否虚幻，人们都不得不承认，宗教理想之所以能够成为所追求的理想，就是因为其内在包含着道德理想，或以道德理想为其核心。如基督教的天国理想，就是一个没有罪恶的理想善的境地。就净土宗而言，这一理想的道德理想特征尤为明显。净土宗所追求的目标是指引众生摆脱六道轮回而成佛，而摆脱六道轮回，其前提在于行善积德，只有自己有了修行，才可往生佛国净土。因此，这一理想对于众生、对于社会都具有积极意义。佛国净土是一个没有罪恶、没有苦痛的至善之界，净土宗所追求的西方极乐世界也就是一个具有最高道德价值的世界。对这样尽善尽美的极乐世界的追求，无论是否虚幻，对于现实社会与行为主体而言，都具有值得肯定的意义。这是因为，把至善的境地作为人生目标去追求，对于行为主体的道德实践意义而言无疑是积极和值得肯定的。

二　弥陀本愿与极乐净土的道德价值

据《佛说无量寿经》等多部佛经记载，西方极乐世界为净土宗所追求的最高理想也是诸多修行者往生的终极所在。西方极乐世界是阿弥陀佛以四十八愿为蓝本，依其修行功德所化现的道德理想世界。因此，探讨西方极乐世界的道德价值，首先就需揭示阿弥陀佛本愿的道德价值。

　　阿弥陀佛发四十八愿，其根本意愿是令一切众生摆脱有漏（即不圆满）之苦，使所有众生脱离六道轮回。这体现了对一切众生生命价值的尊重，以及对一切众生的生命尊严的守候。一切有情众生只要通过自身的行持，愿意往生西方极乐净土，都可以得到阿弥陀佛接引，带业往生西方极乐世界。不论是有德行的贤德人士还是恶贯满盈的歹徒，只要愿往生净土，幡然悔过，起信乐之心，都可以得到阿弥陀佛愿力接引而得到往生。阿弥陀佛本愿是佛教慈悲精神的体现，是对所有生命形式的尊重。阿弥陀佛本着"是心作佛，是心是佛"的根本原则，平等加持所有已得到往生的众生，不论三界中的众生生前财富、地位几何，一旦往生到净土，便无尊卑等次之感，没有富贵贫贱之分，没有特权和地位高低之分，个个享有平等尊严，情同兄弟朋友，同享极乐世界里的无限快乐与幸福。阿弥陀佛又称无量清净平等觉，反映了阿弥陀佛本愿的价值追求。净土宗经典中所说的"九品往生说"，不是描述往生西方极乐世界者的修行现状，而是对其生前修行境界的描述。在《佛说观无量寿佛经》中，对于不同等次进入佛国净土的情况也有不同的描述，只是说明往生时受到的礼遇不同，对于德行好、修为高者给予了更多的尊重。但这并不意味着在进入佛国净土之后，仍然有不同的对待。在佛经中，明确谈到的是作为佛国净土的西方极乐世界，其间的居住者一律平等，衣、食、住、行、相貌等毫无差别。《佛说无量寿经》云："于其国土所有万物。无我所心无染著心。去来进止情无所系。随意自在无所适莫。无彼无我无竞无讼。于诸众生得大慈悲饶益之心。柔软调伏无忿恨心。离盖清净无厌怠心。"① 在极乐世界中，众生平等，断灭一切痛苦烦恼，无彼无我，共享一切。这给予了信众坚定的信念与力量，使他们不论在世间有什么样的善与恶，都以往生净土为追求目标。从非佛教信仰的角度看，这样的描述往往被界定为一种宗教的虚幻；但对于信众来说，无疑是一种强有力的精神慰藉。在几千年来的阶级社会中，劳苦大众除了生老病死之苦外，还有身处社会底层和深受剥削压迫之苦，看不到自由的希望。净土宗这一西方极乐世界的传播，极大地抚慰了苦难众生的心灵。实际上，对平等、自由等人生价值的追求，是一种人性的需求，如果在密不透亮的现实社会中看不到希望，人们便自然而然地会将平等、自由和幸福的期望寄于来世、来生。但不同的是，佛教强调修行是关乎"世间和出世间"，修行不碍生活，真正的修行是在世间法中悟出"出世"的价值。当这种精神和愿望转化为改造社会和世界的精神力量时，也就成为在人间实现理想净土的重要精神动力。

依经书所说，西方极乐世界由世自在王佛加持，靠阿弥陀佛愿力和修行功德所化现。《大乘义章》云："言净土者。经中或时名佛刹。或称佛界。或云佛国。或云佛土。或复说为净刹净界净国净土。"② 西方极乐世界没有痛苦，只有快乐。《佛

---

① （魏）康僧铠译《佛说无量寿经》，《大正藏》第 12 册，第 273 页下。
② （隋）慧远：《大乘义章》，《大正藏》第 44 册，第 834 页上。

说阿弥陀经》说："其国众生无有众苦。但受诸乐。故名极乐。"①"极乐"有安乐、安养、清泰、妙意等含义。安乐，即永离生老病死之苦；安养，即资生用具应有尽有，应念而至；清泰，即没有任何灾难灾害发生，国清民泰；妙意，即如此妙境称心如意，意指这里已经超越了尘世间的一切苦乐。在凡尘世间，有乐就有苦，有苦可能还没有乐。但在极乐净土，只有快乐因而是绝对的快乐，是无漏、无为、清净的法乐，是含摄涅槃的常乐。极乐净土是断灭了一切人生烦恼和痛苦的至善之界，有着极其美好而殊胜的自然环境，在空间上表示为"其佛国土自然七宝。金银琉璃珊瑚琥珀砗磲玛瑙合成为地。恢廓旷荡不可限极"。②在时间上表示为"亦无四时春秋冬夏。不寒不热常和调适"。③并且，"又其国土。七宝诸树周满世界。金树。银树。琉璃树。颇梨树。珊瑚树。玛瑙树。砗磲树。或有二宝三宝乃至七宝转共合成。或有金树。银叶华果。或有银树。金叶华果"。④佛经中诸如此类的描述，处处展现着各种奇妙宝树，处处回响着清畅和雅音乐，随风入耳，绵绵不绝。这种殊胜美妙的极乐世界，是最宜居的理想境地。⑤

极乐净土不仅有美妙和谐的自然环境，还蕴含有至善的道德理想。《佛说无量寿经》云："后生无量寿国快乐无极。长

①　（后秦）鸠摩罗什译《佛说阿弥陀经》，《大正藏》第12册，第346页下。
②　（魏）康僧铠译《佛说无量寿经》，《大正藏》第12册，第270页上。
③　（魏）康僧铠译《佛说无量寿经》，《大正藏》第12册，第270页上。
④　（魏）康僧铠译《佛说无量寿经》，《大正藏》第12册，第270页下。
⑤　释大安集述《净土宗教程》，庐山东林寺印经处，2006，第240～241页。

与道德合明。永拔生死根本。"① 由此可见，极乐世界是道德的理想境界。阿弥陀佛发宏愿，令一切众生摆脱三界六道轮回和生老病死等人生苦难。因此，西方极乐世界没有任何罪恶，是无与伦比的至善至德之境。"诸佛国土天人之类。自然作善不大为恶。易可开化。今我于此世间作佛。处于五恶五痛五烧之中。为最剧苦。教化群生令舍五恶。令去五痛。令离五烧。降化其意令持五善获其福德度世长寿泥洹之道。"② 极乐净土没有五恶，是道德上的完善境地。《佛说无量寿经》专门描述了五恶。第一恶是世间的众生相互残害杀戮，迭相吞噬，不知修善，恶逆无道，虽有王法牢狱，不肯畏惧，为恶入罪，受其殃罚，求望解脱，难得勉出。根据三世因果报应说，此类人死后将受惨报而受极刑，痛不可言，辗转相续，难得解脱。经书将这样的恶与痛比喻为大火烧身，是一大恶一痛一烧。经书同时指出，即使是如此歹毒之徒，如果"人能于中一心制意。端身正行独作诸善。不为众恶者。身独度脱获其德福度世上天泥洹之道。是为一大善也"。③ 换言之，只要他能够转身求善，不再作恶，也能往生佛国净土证得涅槃之道。第一大恶描述社会层面的众生之恶，即恶人对众生的恶意残害。

第二恶则从个人道德的层面来讲。如果没有个人道德，就无所谓家庭伦理。没有德性之人在履行社会及国家职务时，必

① （魏）康僧铠译《佛说无量寿经》，《大正藏》第 12 册，第 275 页下。
② （魏）康僧铠译《佛说无量寿经》，《大正藏》第 12 册，第 275 页下。
③ （魏）康僧铠译《佛说无量寿经》，《大正藏》第 12 册，第 276 页上。

然不会行有德之事。《佛说无量寿经》云："世间人民父子兄弟室家夫妇。都无义理不顺法度。奢淫娇纵各欲快意。任心自恣更相欺惑。心口各异言念无实。"① 没有德性之人，不仅让家庭不得安宁，也给社会造成混乱，因为败德之人必然会"佞谄不忠。巧言谀媚。嫉贤谤善。陷人怨枉。主上不明任用臣下。臣下自在机伪多端。践度能行知其形势。在位不正为其所欺。妄损忠良不当天心"②。无德之人的内心必然不实，这样的人会"臣欺其君。子欺其父。兄弟夫妇。中外知识。更相欺诳。各怀贪欲嗔恚愚痴"③。根据佛教因缘果报说，结局必然为恶果，导致家业失和，眷属斗诤，甚至有破国灭族之灾，寿终堕恶道。此是第二大恶二痛二烧之人，即其恶如同大火焚烧人身。但是如果"人能于中一心制意。端身正行独作诸善。不为众恶者。身独度脱。获其福德度世上天泥洹之道。是为二大善也"④ 就会去恶从善，往生西方极乐世界。

第三恶则是世间不善之人，心怀贪欲，邪念淫欲，烦满腹中，斗诤心炽盛，"爱欲交乱坐起不安。贪意守惜但欲唐得。眄睐细色邪态外逸。自妻厌憎私妄出入。费损家财事为非法。交结聚会兴师相伐。攻劫杀戮强夺不道。恶心在外不自修业"⑤。此类人内心充满无量苦恼，死后必然堕入恶道，辗转

① （魏）康僧铠译《佛说无量寿经》，《大正藏》第 12 册，第 276 页上。
② （魏）康僧铠译《佛说无量寿经》，《大正藏》第 12 册，第 276 页上。
③ （魏）康僧铠译《佛说无量寿经》，《大正藏》第 12 册，第 276 页上。
④ （魏）康僧铠译《佛说无量寿经》，《大正藏》第 12 册，第 276 页中。
⑤ （魏）康僧铠译《佛说无量寿经》，《大正藏》第 12 册，第 276 页中。

相续，承受无边的痛苦，如大火烧身之痛。此为第三大恶三痛三烧，但如果其"人能于中一心制意。端身正行独作诸善。不为众恶者。身独度脱获其福德度世上天泥洹之道。是为三大善也"。① 第三恶主要从人的贪欲来阐明人性之恶。被第三恶所痛烧之人，如果幡然醒悟，端身正行，广行诸善，不再作恶，仍然可以摆脱六道轮回，往生极乐净土。

第四恶者"两舌恶口。妄言绮语。谗贼斗乱憎嫉善人败坏贤明。于傍快喜不孝二亲。轻慢师长。朋友无信。难得诚实。尊贵自大谓己有道。横行威势侵易于人。不能自知。为恶无耻"。② 没有言语道德，两舌恶口，妄语造作，使人失和引发斗净；嫉妒心炽盛，毁谤贤善之人；不孝尊亲不敬师长，狂妄自大。如此恶行必然会形成恶业恶果，使福德消失，临终堕入恶道，痛不可言。如果这类人也能做到"人能于中一心制意。端身正行独作诸善。不为众恶。身独度脱。获其福德度世上天泥洹之道。是为四大善也"。③

第五恶从社会层面来叙述，即"世间人民。徒倚懈惰不肯作善治身修业。家室眷属饥寒困苦。父母教诲。瞋目怒应。言令不和。违戾反逆譬如怨家不如无子"。④ 这类人懒惰懈怠，不修身养性，不立业持家，忘恩负义，不敬父母，不团结亲属，没有报恩之心。"不惟父母之恩。不存师友之义。心常念

① （魏）康僧铠译《佛说无量寿经》，《大正藏》第 12 册，第 276 页下。
② （魏）康僧铠译《佛说无量寿经》，《大正藏》第 12 册，第 276 页下。
③ （魏）康僧铠译《佛说无量寿经》，《大正藏》第 12 册，第 276 页下。
④ （魏）康僧铠译《佛说无量寿经》，《大正藏》第 12 册，第 277 页上。

恶。口常言恶。身常行恶。"① 即是不仁不顺，忤逆父母。善恶因果表明，善人行善，从乐入乐，从明入明；恶人行恶，从苦入苦，从冥入冥。行恶众生必然堕入恶道受苦，而众生却很少了悟其中真谛，导致累劫受苦，痛不可言，难以解脱。此为第五大恶五痛五烧。如果"人能于中一心制意。端身正念。言行相副所作至诚。所语如语心口不转。独作诸善不为众恶者。身独度脱。获其福德度世上天泥洹之道。是为五大善也"。②

从净土宗的角度来说，因人世间普遍存在这五种恶，故被称为五浊恶世。我们生活的世界不是一个至善的完满世界，因此不可能彻底断灭这五种恶，唯有出世间，往生极乐净土才可以彻底断灭，因为"彼佛国土无为自然。皆积众善无毛发之恶"。③ 断恶即是为善，阿弥陀佛发四十八愿而成西方极乐世界，灭除五恶、五痛、五烧，拔生死之苦，广行诸善，升无为之安，从而造就了理想的道德境界。

净土为至善之界，纯善之土。西方极乐世界是净土宗的道德理想国，是一个没有任何恶的世界，是至善的理想境界。佛教的道德理想价值是没有恶的理想佛国。人们认为善是要去积极追求的，善的理想就是追求更高的道德境界，即超出一般道德要求的理想。佛教伦理没有提出一个比为善更高要求的道德理想，而是认为无恶的世界就是最理想的世界。要成就这样一

---

①　（魏）康僧铠译《佛说无量寿经》，《大正藏》第 12 册，第 277 页上。
②　（魏）康僧铠译《佛说无量寿经》，《大正藏》第 12 册，第 277 页中。
③　（魏）康僧铠译《佛说无量寿经》，《大正藏》第 12 册，第 277 页下。

个理想的道德世界，不是要把恶人都斩尽杀绝，而是要使恶人幡然醒悟修行正道，使他内在的佛性得以彰显，使他带业往生净土。作为一种宗教理想，往生西方极乐净土虽被称为是一种死后价值理想，但对于世间的道德价值建设无疑具有积极的作用。西方极乐世界被称作是诸上善人聚集之所，唯有福慧具足才可以得到往生。而福慧源自个人的德行，所有发愿往生西方极乐净土之人，首先都必须行善积德，做一个有德行的善人。任何人都有佛性，都可以修行成佛。恶人若发愿往生净土，需痛改前非并行善积德。即使类似于一阐提那样的毫无善根之恶人，如果他能够在临死时意识到自己的罪孽，忏悔罪业，一心专念阿弥陀佛名号，临命终时，阿弥陀佛也会接引他往生西方极乐世界。这无疑体现了佛教对人性的最大尊重，净土宗的道德理想也就是建立在人性善的基础之上。佛性就是人最纯净真实的本性，它包含于人的精神之中。由于受日常生活各种欲望的染污，人的佛性蒙蔽不显，学佛的过程就是就是恢复清净本性的过程。净土宗"信、愿、行"的修行过程就是提高道德觉悟，提升道德品质的过程，其最终目的在于成佛实现"至善"这一道德理想。显然，弘扬净土宗的道德理想，有利于净化社会人心，有助于建设和谐社会。

第四章 以信为本的净土宗伦理基点

宗教信徒与非信徒的分水岭在于是否相信或信赖某一种宗教所蕴含的价值观及其所追求的终极目标，信徒的信仰是一切宗教得以存在的基础，净土宗同样如此。对净土宗修行者而言，如果没有对净土宗所提倡的往生西方极乐净土这一价值目标的信念和信仰，也就不可能成为净土宗修行者。同时，佛教的任何宗派都认可佛教的道德价值和理想价值。在修行中实现现世的道德价值，在心灵中向往佛教所宣示的理想价值，是佛教一切宗派修行的道德旨要。与佛教其他宗派相比，净土宗的信仰不仅体现了佛教的道德价值追求，而且有着更为独特的内涵。印光法师云："净土法门，以信、愿、行三法为宗。非信何由发愿，非愿何由起行，非持名妙行，何由证所信而满所愿？得生与否，全由信愿之有无。品位高下，全由持名之深浅。信、愿、行如鼎三足，缺一则蹶。"① "信"是净土宗的存在前提，也是净土宗的道德实践的基础，由"信"才能起求

---

① 印光法师：《净土指要》，《印光法师文钞》（下），宗教文化出版社，2008，第1186页。

生净土之"愿"，由"愿"才有念佛修行求生净土之"行"。在进入净土宗的信念和信仰讲解之前，本书先简单讨论信念与信仰的一般含义。

第一节　从信念到信仰：德性与生活的融合

就净土宗而言，"信"的内涵包括了信念、信心与信仰。《说文解字》解释"信"为："信，诚也。从人言。"① 在《说文解字注》中，又将信以诚解，指出为言语之信。中国古代的《墨经》对"信"下定义说："信，言合于意也。"由此可知，信可以与诚互解，诚是信的内在特征，信是诚的外在思想和行为表现。这都是要表明，"信"就是在言说者与倾听者之间建立一种真实无欺的交流状态，并通过这一交流而建立起一种相互信赖与信任关系。在现实社会中，人并非孤立存在的个体，而是处于一种关系体中。人在世间生存，必须要与他人进行交往，人类社会本质上是交往社会，人类伦理也多表现为交往伦理。人在交往过程中，最重要的沟通工具就是语言。人们通过语言来表达自己的内心世界、情感或愿望；通过语言来描述自己的经历和感受，从而使他人明白自己的内心、情感与愿望，理解自己所描述的人或物。而实现这种理解的基本前提，就是说话者所表达或描述的信息是发自内心的真实信息。因

---

① （汉）许慎撰，徐铉校定《说文解字》（电子版），http：//www.cidianwang.com/shuo-wenjiezi。

此，信以诚为前提。孔子曾言："人而无信，不知其可。"
（《论语·为政篇》）一个人如果不诚信，人们会因无法判断你
言语的真实性而拒绝与你建立信任关系。儒家将诚信或信作为
一种基本的德性，在《论语》中有 24 处讲到了信。孔子强调
要言而有信，要谨而信，要以忠和信作为主要的德性（"主忠
信"）。孔子甚至说："民无信不立。"（《论语·颜渊篇》）后
世儒家更是将信列为"五常"之一。

在词源学的意义上，"信"是言语双方须具备的基本德性。
在日常生活中，听者与说者的角色呈现为交互性的结构，"信"
作为德性要求，需满足普遍性的实践需求。"信"不仅表现为
相信，还表现为对说者之信心。人们的日常交往，是一种社会
性的知识文化信息的交流与传递，既关乎日常生活，也关乎生
命意义。此外，人的内心还需要相对抽象的、超越于生活层面
的终极关怀。这种关怀能够激发人的情感，砥砺人们的信念，
如果持续受这样的信念所鼓舞，就有可能转化为某种信仰。

一　信念：心灵内在的德行

信念是行为主体自己所认可的价值或观点。信念不仅涉及
人的行为习惯，还涉及人的主观态度、认知与情感。据心理学
研究证实，信念涉及情感与意志，并且影响个体的态度与行为
方式。信念的发生，会因年龄段的不同而有所不同。在人的早
年生活中，信念的形成往往与长期的行为习惯相关，通过行为
习惯在内心形成自己的情感认同，从而产生相应的信念。与此

相应，身处不同的宗教文化传统中，就会受到不同宗教文化生活的熏染，从而自然产生某种宗教信仰。如在佛教盛行的地区，佛化家庭出身的孩子因从小耳濡目染，容易在其年幼的心灵中产生对佛教的信念。同理，在基督教背景的家庭环境中，他们从小诵读《圣经》，听布道，参加教堂礼拜仪式，则易于产生基督教信念。在伊斯兰地区生长的儿童，受伊斯兰教氛围和家庭环境的影响，从小诵读《古兰经》，做礼拜，则产生伊斯兰教的信念。特定社会环境和宗教氛围并非必然会影响到儿童的宗教信念，但对他们潜移默化的影响可能会在成年后的某个阶段发生作用。如有的人因生活变故或突发事件，摈弃了旧有的观念，而产生某种新的信念。

信念与主体的认知相关。在成长过程中，人们通过学习，掌握了相应的知识，从而产生相应的信念，即相信知识所告知为真的东西。例如，科学知识所产生的科学信念，就属于这一类型。人生价值、人生意义以及人的终极价值追求，则不是自然科学知识所能全部提供的，也需要社会科学知识以及不同的宗教知识来提供滋养。例如，文化传统对人生信念的形成产生巨大作用。文化传统虽然看不见、摸不到，却在日常生活的方方面面发挥着作用。在一定的社会生活环境中，人们代代相传的传统文化信息，对人们的生存与发展起着某种积极的意义。任何一个民族的文化，都经过历史的演变，任何一种社会文化都包含积极的价值，它们是人类文化生活所必需的精神食粮，是人类的精神财富的重要组成部分。事实上，我们所拥有的一切思想文化，包括精神生活所需的理想、价值观念、道德观念和宗教观念等，都是通过文化的历史传递而进入现实生活中。历史好比一条河流，从源头奔涌而来，但其在漫漫的流动过程中，总会不断加入新的元素。传统中的每一项内容，都是由不同时代的人所创造所继承，这就要既保持源头文化的特色，又要有所创新和发展，不断形成传统，不断更新传统。人的社会化过程，也就是对寄存于这个社会中的传统及传统文化的吸收和同化的过程。传统从历史而来，并通过我们而走向未来，我们是传统传递和创新发展的中介者和通过者，也是传播者、弘扬者和创造者。我们从传统中获得文化，同时也获得信念。信念支撑着我们的人生，信念给了我们人生意义的解读。

大多数人活在世上，可能都会思考生活的意义、生命的意义，思考活着为了什么？人从哪里来，要到哪里去？等关乎生命与价值的问题。作为精神性动物的人，出于价值生活需求，如果不回答这些问题，心灵就会得不到安宁，精神就会处于空虚状态。在现实处境中，这些生活的意义和生命终极性关怀等问题，往往是由宗教给予回答。如果人们接受了这些宗教对于人生价值与意义的回答，实际上也就是认同了它们的价值目标和追求，从而产生相应的信念和信仰。普遍认为，关于人生的终极目标与意义等问题，理性的思考或推理往往并不能给予确定无疑的答案。而如佛教净土宗等宗教所给予的答案，往往更能够安顿人心，起到抚慰人心并给予人生希望的作用。因此，对宗教教义的认知以及心灵内在需求，也容易使人产生相应的宗教信念。

宗教信念（信仰）与迷信有着本质的区别。所谓迷信，是指盲目地相信，甚至迷惘地信服。对于迷信的对象，没有辨别能力，或没有分辨能力，不了解事物的本质和真相。迷信活动得以进行的前提是对事物的本质分辨不清，却有着盲目的信从和信服的心理状态。迷信者会沉醉或沉迷于所迷信的事物，达到深信不疑的地步。这种深信不疑不是真正的信念，当它的本质或真相被揭穿，人们会通感上当产生懊悔心理。宗教信念则并非如此。宗教信念的产生和形成，或者基于早年的生活实践，或者基于对自我终极关怀的体认。据此可知，宗教信念、信仰不是迷信。

宗教信念是人生信念的重要组成内容。除了宗教信念，人们可能还有道德信念、理想信念和事业信念等信念内容。在人的精神世界中，各种信念往往相互交错，如宗教信念中交融着其道德信念、理想信念等。对宗教信仰者而言，宗教信念对于他/她来说是人生重要信念之一。对个人而言，信念是一种强大的精神力量。信念包含着认知基础和情感上的高度认同，这就使得信念具有强大的驱动力。佛教将"信"作为最基本的善德之一，并认为"信"与"不信"是对立的两面。"信"能净化心与心之作用，是产生智慧的基础，"佛法大海，唯信能入"。"信"更是进入佛道的初步阶梯，正如《华严经》云："信为道元功德母。增长一切诸善法。"[①]"信"即信心、信愿，

---

① （唐）实叉难陀译《大方广佛华严经》，《大正藏》第 9 册，第 433 页上。

是成道功德的基础，是增长一切善法的根基。俱舍宗将"信"立为十大善地法之一，俱舍宗将"不信"列为十大烦恼地法之一，唯识宗则立"信"为善心所之一，将"不信"作为八大烦恼之一。由此可见，佛教各宗派都强调"信"作为信念的力量和价值。其他宗教也是如此，基督教将"信""爱""望"作为获得上帝救赎的三大主德和神性的德性，伊斯兰教把"信真主安拉""信先知""信前定""信天使"等六种信仰行为作为基本的信仰，并视为进入天国的前提，并依此确立社会道德准则和行为规范。在日常生活中，人们往往会形成各种各样的具体信念，这些信念间可能会产生冲突，从而需要有更具超越性的信念或超验的信念来协调统一这些日常生活的具体信念，从而确保心灵的平静和安定。宗教信念作为超越性信念，在人的心灵中起到一种心灵支柱的作用。它使人有了摆脱人生的痛苦与烦恼的依据，它用得生净土或证得涅槃等信念内容支撑着宗教徒安然走向生命的终点。正是基于"信"所具有的如此巨大之精神意义与作用，宗教伦理才多将"信"神圣化，将其作为人—神道德关系的基础和前提，并使之成为最基本的德目和最重要的戒律。如作为佛教五戒之一的"不妄语"，就是对"信"的一种表达。信与不信之所以具有这样的分野，根源在于信念一旦形成，就沉积为意识的内核，从而成为内心世界的精神支柱，使人具备实现目标的决心和勇气。可以说，人只有有信念，才能有精神支柱，人生状态也才会饱满而充实；没有信念，人生会就陷入空虚迷茫。信念对人的激励作用，在艰难困境中体现得尤其突出。

二　信仰：道德生活的外现

信仰是信念的集中体现。在佛教的"信"概念中，包含着信仰的层次。一般而言，任何宗教都是一种信仰。宗教既以信仰为前提，也以信仰为核心。净土宗把"信、愿、行"作为往生西方极乐世界的"三资粮"，也就是将其作为其宗教信念和道德修行中最主要的三个要件。在这三资粮中，"信"为第一前提。没有对西方极乐世界、对阿弥陀佛慈悲愿力的信念与信仰，就谈不上净土宗的修行念佛，更谈不上成为净土宗修行者。

人的信念有对具体事物的信念，如对某人承诺的信念以及对某人告知为真或假的判断的信念。信仰超越于具体信念之上，体现出对一般性知识、理论或关于人生终极性的目标的信念。信仰是信念的最高形式，是对某种宗教、主义的极度尊崇和信服，并把它奉为自己的行为准则的信念。刘易斯在谈到基督教的信仰时指出："上帝将某些关于真理的启示赐给了世上所有人。从《圣经》中我们知道，这种从上帝而来的光'照亮一切在世上的人'。因此，我们有理由期待从异教信仰的伟大导师和神话缔造者那里，发掘出他们想象世界中关于这一主题闪现的片段。这个主题正是我们所认为的宇宙性叙事的剧本，即那个关于道成肉身，受死以及重生的主题。"[1] 正是从

---

① C. S. Lewis, "Is Theory Poetry?," *Essay Collection and Other Short Piece*, ed. Lesiley Walmsley, London, Harper Collins, 2000, pp. 15 – 16.

这种宏大叙事的构想中，人们获得人生意义的理解和对于终极存在的理解。不论是基督教还是佛教或者别的宗教，人们往往从这种宏大叙述中汲取智慧，获得对于所有经验事物的理解，如"基督教信仰提供了一种解释所有事物的宏大叙事。它所给出的解释让所有并不完整且时时出现扭曲的次叙事，能够对那个超越、整全的叙事有所折射"。① 人本性就有一种寻求超越的本能，每个人的心中都有不同的目标，只不过有的层次高，有的层次低；有的模糊，有的清晰；有时稳定，有时不稳定。在具体目标之上，还有一个统摄一切的超越性的目标，这就是人生信仰所确立的目标。信仰作为人的精神支柱，与日常生活中的目标有所不同。如果对人生的终极目标看不清，摇摆不定，忽东忽西，就会失去作为人生信念和精神支柱的作用，生命就会在歧路中彷徨。有些人从生活的细节上看似非常精明，但从整体上却浑浑噩噩无所适从，这都是缺了理想信念和信仰之"钙"的缘故。

信仰作为信念的重要部分，具有信念的一般特征。同时，信仰又作为信念的最高表现形式，具有其自身的特征。具体来说，信仰需要具有系统性、理论性前提。实际上，任何信仰都是建立在对世界、对人生终极目标的系统阐释的基础之上。佛教关于世界结构、关于六道轮回以及人生"生、老、病、死"的系统阐述，净土宗关于西方极乐世界庄严美妙的描述，都是

① 〔英〕阿·麦格拉思：《意义的惊现——科学、信仰以及如何理解事物的意义》，孙为鲲译，上海三联书店，2014，第149页。

净土宗信仰产生的理论前提。相对来说，日常生活的信念前提是简单的、零散的和经验性的。信仰的理论基础显得较为复杂，日常生活的信念基础则相对简单。其次，信仰又具有自身的深刻性。信仰比一般的信念深刻，不仅是因为信仰建立在复杂而系统的理论基础上，还在于信仰本身就具有内在的深刻性。只有坚定的信念才会发展到信仰，只有对于人生理想、人生价值以及自我价值归宿这样深刻理念的信念也才能发展到信仰。有人以为权力、金钱都可以作为信仰的对象，因此信仰并不是什么深刻的东西。实际上，崇拜权力、金钱并不一定就是信仰，只是把权力与金钱看成是能够获得人生地位、人生目标的手段。信仰则与此不同，人们可以为信仰献出自己的一切。最后，信仰往往是根本性的。信仰的对象是人生的终极目标。信仰关乎人生的终极关怀，有了信仰人们才可能有归属感。如佛教徒历尽艰难困苦，忍饥挨饿，三步一拜朝圣拜山，风餐露宿在所不辞，这就是信仰的力量，是信仰对人生的意义与价值。

第二节　往生净土的入门与成就

佛教的"信"，既是信念，也是信仰。蕅益大师在《〈佛说阿弥陀佛经〉要解》中指出，"信、愿、行"的关系以及信的内容是"此经以信愿持名为修行之宗要。非信不足启愿，非愿不足导行，非持名妙行不足满所愿而证所信。经中先陈依

正以生信，此劝发愿以导行，次示持名以径登不退。信则信
自、信他、信因、信果、信事、信理。愿则厌离娑婆，欣求极
乐。行则执持名号，一心不乱"。① 蕅益大师讲到了净土宗信、
愿、行三者的关系，"信"为"愿"与"行"之先，没有
"信"，就不可能产生"愿"，更不可能产生"行"（念佛求生
净土之行）。意即信、愿、行三者是层层递进的关系。具体来
说，信的内容包括"信自、信他、信因、信果、信事、信理"
这六个方面。"信自"指的是对自己的信心和相信，即相信自
己具有佛性，有着成佛的内在根据。"信他"是对释迦牟尼以
及阿弥陀佛所言所行的信念，"信他"本质上就是对佛的信
仰。"信因"和"信果"指的是深信因缘果报，同时也是对自
己的"信愿念佛"和修行往生之因果的深信。"信事"是对阿
弥陀佛的愿力而成就的西方净土极乐世界的信念和信仰。"信
理"是对佛教教理、教义的信念与信仰。在六信中，"信自"
是净土宗修行的首要前提，"信自"为"信他"提供依托，也
是深信弥陀净土的真实存在，相信释迦牟尼佛的教导，至诚信
愿，持名念佛求生净土。这六个方面的"信"，表达了信念和
信仰之意，体现了佛教徒对佛教教义的基本信念，也体现了佛
教徒的信仰是以理性的理解为前提的，还表达了净土宗修行者
坚定不移往生净土的信念和对佛教的坚定信仰。《成唯识论》
中提到，佛教的信念与信仰至少要包括这样几个方面：一是对

---

① （明）蕅益智旭解《〈佛说阿弥陀经〉要解》，《大正藏》第37册，第364页中。

佛教教义所讲述的这个世界的结构、万般现象因缘会聚的释义之相信，以及对佛教因果轮回等理论的深信不疑；二是对佛、法、僧其般若解脱之实深信不疑；三是相信自己的精进修行能得善报，能修得善果。显见，佛教的信念与信仰，既是对佛的信念与信仰，也是对于修行而成佛的信念与信仰。基督教也强调信念与信仰，基督教的"信"，也包括信念与信仰两个方面，但主要是指对上帝的"信"，而且是以对非理性的神迹的信为前提。反观净土宗的"信"，则既是强调对佛的信仰与信念，同时也强调对主体自身修行的"信"，或者说是既深信阿弥陀佛的慈悲救助愿力，也深信自己的修持因果，突出了"信"的主体性作用。①

一　入门：佛法大海，唯信能入

佛教认为"信"是入佛道的要门，也是修行的前提条件。正所谓"佛法大海，信为能入，智为能度"。与汉语将信与诚互释一样，梵语的"信"为 sraddha，即心所（心之作用）之意，表示信从心生。佛教把信看成是入得佛教的门径。《菩萨本业经》中提到："若一切众生初入三宝海以信为本。住在佛家以戒为本。"② 意即唯有至诚的信心和信仰，才能真正体会佛教智慧。佛教三藏十二部经典，叙述八万四千法门，令众生随缘信受奉行。如果没有对佛的信念，佛教宝藏再丰富，人们

---

① 释大安集述《净土宗教程》，庐山东林寺印经处，2006，第 286 页。
② （后秦）竺佛念译《菩萨璎珞本业经》，《大正藏》第 24 册，第 1020 页中。

也只能在门外徘徊。能否契入佛法，获益的有无与浅深，在根本上都取决于修行者的信念。"信"作为佛教信仰的根本在于，在信者则为有，在不信者则为无；信与不信更是一道分水岭，信是起点，有信方能入得佛教思想宝库，无信则无门可入。

在早期佛教的《三十七道品》中，五根五力、法相宗的十一善法，也皆以信为先。五根中以"信根"为本元，强调只有有了"信"这一根本，才有精进、念、定、慧等其余四根。大乘圆教所讲的五十五个修证阶位，也以十信作为开始。在《华严经》中，文殊师利等十大菩萨，更是以信为首，具摄十住、十行、十回向、十地诸阶位。《华严经》称赞"信"之功德说："信为道元功德母。长养一切诸善根。断除疑网出爱流。开示涅槃无上道。"① 在佛教看来，"信"是一切善根的生长点和一切功德的起源，"信"还能开启涅槃之道。只有具备信念、信心和信仰，方才能真正了悟佛法。反之，没有信仰，就无从证得佛法智慧，也就无所谓修行，无法获得诸佛的愿力救度。"信"还能使人远离烦恼与浊染，使心中清净光明。经云："所谓信心修庄严时无有虚诳。为欲庄严一切善根。至心专念修行善法。破众生疑不求果报。施诸众生安隐快乐。护持禁戒不失忍心。勤修精进增长善法。修寂静定摄诸散乱。具无上智破无明闇。修集慈心等诸众生。修集悲心随众所

---

① （唐）实叉难陀译《大方广佛华严经》，《大正藏》第 10 册，第 72 页中。

作亲往营理。修集喜心施众法喜。修集舍心不观苦乐。舍财法已心无悔吝。所言柔软坏众恶心。利益于他具足甚深。修行同事劝发大乘。以是四摄调伏众生。"[1] 可见，佛教认为信念与信心是修行的起点，只有有了以法修行的信念，才能开始修学佛法。质言之，信心一法是修学佛的要门，无信则不得入其门。

二　成就：信为往生弥陀净土之本

佛教一切宗派的修行皆以信心、信念、信仰为先行，净土宗自然也不例外。净土宗的修行内涵是深信切愿，持名念佛，仰仗弥陀愿力往生西方极乐净土。如此一来，深信佛力救度就是对净土宗的最佳诠释。净土宗的阿弥陀佛信仰，首先就是建立在对佛教世界观、人生观以及对生命的正确理解的前提下。没有对佛教基本教义的信念，就不可能产生净土宗的信念与信仰。同时，与佛教其他宗派相比，净土宗的信念与信仰颇具特色。净土宗的"信"指深信释迦牟尼佛所言，深信有西方极乐世界，深信阿弥陀佛的愿力救助，以及深信一心念佛定能往生西方极乐净土。

净土诸经中反复申言，念佛往生净土之法门是极难信之法。如前所述，西方极乐净土是净土信仰的终极目标与最高价值。根据净土经典描述，西方净土是存在的，只要我们全身心

---

[1]　（唐）实叉难陀译《大方等大集经》，《大正藏》第13册，第30页下。

地信，一心向往并且能够去"信愿念佛"，就必定能实现往生净土这一终极目标。这里的首要前提，是要把往生净土这一不可思议之境地作为自己真切的信念和信仰。依佛经所言，净土法门之所以难信，还在于我们身处五浊恶世的娑婆世界，身心被染污，心中难以清净，难以生起信心。如果是由阿弥陀佛修行的功德愿力所化现的西方极乐净土，是尽善尽美的至善之地，也更易让人生起信心。因此，深信有极乐净土真实存在，是净土宗"信"的内容之一。

深信佛力救度是净土宗之"信"的核心内涵。净土宗的信，是深切的信念与信仰。如果没有对阿弥陀佛不可思议的愿力的信心与信仰，就不可能有净土的信念。按普通人的认知能力，不可能想象有如此庄严清净、尽善尽美的境地。而历代净土宗的祖师们深信净土法门且自行化他，躬力导信，在言与行两个方面引领信众，令净土宗修行者倍增信心。昙鸾大师阐扬了净土宗"他力本愿"的理念。他在继承古印度龙树菩萨、天亲菩萨等的净土教义的基础上，在《往生论注》中首次以龙树之难行道（其他修行法门）与易行道（念佛法门）的判教作为立论依据，开启了净土宗"凡是生彼净土及彼菩萨、人、天所起诸行，皆缘阿弥陀如来本愿力故。何以言之？若非佛力，四十八愿便是徒设"① 的他力果教理念，勉励大众要对阿弥陀佛的他力救助生起坚定信念。永明大师的"四料简"

---

① 陈扬炯、冯巧英评注《昙鸾集评注》，山西人民出版社，1992，第227页。

偈："无禅有净土，万修万人去，若得见弥陀，何愁不开悟"，① 有力增强了净土宗修行者的信心。善导大师将信分为二种："一者决定深信：自身现是罪恶生死凡夫，旷劫以来，常没常流转，无有出离之缘；二者决定深信：彼阿弥陀佛四十八愿，摄受众生；无疑无虑，乘彼愿力，定得往生"，② 这两种不同的信，前者是相信自己为罪恶生死凡夫，深陷于娑婆恶世，因无明烦惑所遮蔽，自我没有离苦之缘；后者是对西方极乐世界的信念与信仰，深信阿弥陀佛愿力能够平等接引凡夫俗子，修行者信愿念佛一定能往生净土极乐世界。修行者如何实现两种不同的信之间的转换？大安法师认为，如果没有对阿弥陀佛的深切信念和信仰，就不可能将自己从罪苦尘世中解脱出来。当我们对弥陀净土的存在有了真切的信念，听从释迦牟尼佛的教导与十方诸佛的认证，真信切愿，持名念佛，求生净土，就一定能够最终跳出五浊恶世，摆脱六道轮回，往生到西方极乐世界，最终成就佛果。③

第三节　净土宗信仰要义与至善追求

上文所述的智旭之"信自、信他、信因、信果、信事、信理"六信观，包含了对佛教教义的信和对佛教世界观、因

① （五代）延寿著，于德隆点校《永明延寿大师文集》，九州出版社，2014，第315页。
② （唐）善导集记《观无量寿佛经疏》，《大正藏》第37册，第271页上。
③ 释大安集述《净土宗教程》，庐山东林寺印经处，2006，第286～297页。

缘果报和净土宗修行理念的信。除此之外，净土宗的"信"还可以从信自心、信佛土这两个方面进行更进一步的阐述。

一　信自心：是心作佛，是心是佛

任何佛教徒都有一个根本信念，即相信自己的本性清净或自性的本具佛性。佛经说"是心作佛。是心是佛"①，众生的心之本体是佛性，内心清净，则内在佛性外显。佛教对众生皆有佛性的看法，类似于儒家对于人人具有善性的看法。儒家认为是非之心、恻隐之心、羞恶之心、辞让之心，人人生而有之。佛教则认为，人本来就具足佛性，只是因为贪、嗔、痴的迷惘而使得本身佛性遮蔽不显。儒家把人看成先天的善性，将人的先天本性视作为一个道德主体。佛教则认为人有佛性，佛性就是善性，人先天也是一个道德主体。人的佛性因无明烦恼而不清净，所以要想找回自己的佛性，就需要人作为一个道德主体不断去断恶修善。其相信"是心作佛，是心是佛"，也即是相信自己与阿弥陀佛在佛性上等无差别，相信自己可以通过勤修戒、定、慧提升自己的德性与修为；通过熄灭贪、嗔、痴，可以清净自己的身、口、意三业；深信切愿称念阿弥陀佛佛号，内在的佛性就会显露并与阿弥陀佛的愿力感应道交，从而顺利往生西方极乐世界，彻底出离烦恼与痛苦。

就本性而言，佛性没有大小以及量的差别。在佛教看来，

---

① （南朝宋）畺良耶舍：《说观无量寿佛经》，《大正藏》第12册，第343页上。

众生的佛性与佛的佛性等无差别，在佛性上一切有情众生绝对平等。这一众生平等的观念，对在阶级社会中深受压迫剥削的苦难众生来说，代表着人生的希望与曙光。这一平等说，还为凡夫众生尤其是底层的苦难大众，增强了往生净土的信心与信念。按佛教的说法，一切众生本来具足如来智慧佛德之藏，圆常安乐，自在清净，只是由于凡尘所染而不得自见其佛性，若能遇到善友开导，皈依佛、法、僧三宝，信仰佛法，勤修苦习，必能证得佛之境界。

从道德本体论的角度来说，"信自心"即是相信自己作为道德主体，本就具备修行解脱的能力和可能性，也是相信作为道德主体，自己可以通过深信切愿，持名念佛，严持戒律，广修一切善法，最终得阿弥陀佛慈悲接引，往生至善之境。修行解脱的第一要义是要有信心，要有自己努力修行的坚定信念。因此说，"信自"是净土宗所倡导的六信之首。如果没有信自，只靠"信他"，即只相信并依赖阿弥陀佛的救助力，则往生遥遥无期。其中的原因主要在于，如果没有自信，就不可能修行。净土修行往生需要依靠"自他二力"，即修行者自己修行功德力和阿弥陀佛的救助愿力。只有"信自"与"信他"紧密联系在一起，才能往生极乐净土。所谓"信他"，是指信仰释迦牟尼佛、阿弥陀佛及十方诸佛，意即相信佛已达到至善，是自觉、觉他、觉行圆满者，是真语者、实语者，并相信佛所教导的一切。"信自"与"信他"的结合，体现了道德主体对极乐净土世界的坚定信仰与信念，以及对自己修行往生净土的坚定信心。净土宗认为，"是心作佛，是心是佛"，心即是理法界，佛与净土皆具于心中，因此，人应相信自己的心能与阿弥陀佛佛相契合，从而感应道交得以顺利往生。

二　信净土：至善之界，成佛之地

在净土宗看来，除了"信自"之外，最重要的是要对佛土——西方净土极乐世界的信仰。佛国净土是佛教宇宙观中极为特殊的一重世界，佛教宣说十方世界充满了形形色色的佛国净土和佛，数量多如恒河之沙。极乐世界与其他佛国净界不同之处在于，它是阿弥陀佛发大菩提心，立四十八个救度众生的誓愿，通过累世勤苦修行积功累德，依其行愿力以及其所教化的诸众生的善根力化现而成。极乐净土是佛化之净土，专为烦恼众生而存在，众生一旦得以成功往生极乐净土，就永不再经受六道轮回之苦，永享清净解脱之乐。极乐世界与秽土世界截然不同，它是一个没有罪恶、没有烦恼的世界，没有生、老、病、死等生命的痛苦。净土世界是一个至善的、无恶的、圆满的世界，是与有漏三界截然不同的一重无漏世界。众生在三界六道中不断轮回，永无出头之日，饱受煎熬之苦。而要想离苦得乐，就只有不断修行，使自己的内心清净、智慧增长，同时依靠阿弥陀佛的愿力接引，才能往生到极乐净土，永断恶世轮回之苦。如同基督教希望与上帝同在，以及回到天堂一样，净土宗修行的目的也在于到达彼岸的理想世界——极乐世界，因此，对极乐净土的信仰是净土宗信仰的核心之一。

　　事实上，极乐净土的信仰需要建立在对佛教教义的理解和深信基础之上。这就已经超越了经验层次的感性信念，而是对超越经验世界之存在的信念。所有的净土修行都指向往生极乐继而成佛这一终极价值目标。在净土宗看来，当众生修行以念佛来观照自心，心便具佛之万德，清净无染。阿弥陀佛是至善的象征，而立志于修行往生西方极乐净土，就是相信自己的心能与阿弥陀佛感应道交，相信自己的心也可以臻于至善。西方极乐世界，实质上蕴含有众生与阿弥陀佛之间的道德义务。据《佛说无量寿经》中记载，阿弥陀佛于因地发四十八个宏愿，成就西方极乐世界，这一净土也就相应成为了至善的道德境界。极乐净土清净庄严，是纯善无恶的道德理想之地；极乐净土没有恶行，行善成为一种自然本性，"诸佛国土天人之类。自然作善不大为恶。易可开化"。① 净土世界也没有三恶趣。可见，对净土修行而言，极乐净土是一种道德理想的标志，也是"精神文明"世界的象征，更是没有罪恶而尽善与纯善的世界。释迦牟尼指出，极乐净土是没有地狱、恶鬼、畜生，也没有任何人间之虚伪与罪恶的至善境地，"所修佛国开廓广大超胜独妙。建立常然无衰无变。于不可思议兆载永劫。积植菩萨无量德行。不生欲觉瞋觉害觉。不起欲想瞋想害想。不著色声香味触之法。忍力成就不计众苦。少欲知足无染恚痴。三昧常寂智慧无碍。无有虚伪谄曲之心和颜软语先意承问。勇猛精

---

① （魏）康僧铠译《佛说无量寿经》，《大正藏》第 12 册，第 275 页下。

进志愿无惓。专求清白之法。以惠利群生。恭敬三宝奉事师长。以大庄严具足众行。令诸众生功德成就"。① 这一境地还表现为："修己洁体洗除心垢。言行忠信，表里相应。人能自度转相拯济。精明求愿积累善本。虽一世勤苦须臾之间。后生无量寿国快乐无极。长与道德合明。永拔生死根本。"② 佛教把极乐净土的道德境界与世间的染污与罪恶相比对，彰显出了净土作为道德理想的完善与圆满。其同时还指明，众生如能通过自己的修行，完善道德品质，积累福报资粮，信愿持名念佛，就能够往生极乐净土。极乐净土并非为佛者所专有，而是为所有有漏三界中的凡夫俗子摆脱无明之苦、生老病死之苦以及罪恶之苦预备的至善境地。这样尽善尽美的理想乐土、道德圣地，对一切众生平等开放，只要众生能够信、愿念佛，内心清净。具有无等正觉、慈悲普度的至善人格以及清净平等其他伦理品性的阿弥陀佛，是众生的最高道德榜样。众生不仅要坚信以阿弥陀佛为修行榜样和信愿念佛，还要兼行其他万行诸善，自利利他，从而得以往生到西方极乐世界，成就道德理想人格。净土宗在描画美好的道德境地的同时，也为这一道德境地设定了准入门槛。这些门槛，诉诸的是凡夫众生之个体的道德自觉与道德能力，强调的是个体作为道德主体的能动性。凡秽土世界的众生，都在六道共业中轮回，因其本性受到染污而不清净，所居住的国土也在成、住、坏、空中生灭不已、循环

① （魏）康僧铠译《佛说无量寿经》，《大正藏》第 12 册，第 269 页下。
② （魏）康僧铠译《佛说无量寿经》，《大正藏》第 12 册，第 275 页下。

不断。五浊恶世中的众生，更因智慧根浅陋，德性底下，因对佛、法、僧三宝无知而在不停造作恶业。与此相反，佛国净土的众生则福慧双足，深知修净去秽的佛法真理，实现了身心的彻底清净。佛教指出说，人人都有佛性，只是觉悟有早晚；但只要人们能够信佛所言，信佛所示，遵从佛的教导来修行，就能实现从愚痴到智慧的转换，实现内心净土。净土宗修行的目标虽在往生净土，但其修行却直指当下，对现实社会有着积极的道德建设意义。

根据《佛说阿弥陀经》、《佛说观无量寿佛经》和《佛说无量寿经》所载，西方净土极乐世界，不只是一个道德完善的世界，而且是一个有着高度的物质文明和优美的生态文明的胜地。极乐世界是"其佛国土自然七宝。金银琉璃珊瑚琥珀砗磲玛瑙合成为地。恢廓旷荡不可限极。悉相杂厕转相入间。光赫焜耀微妙奇丽。清净庄严超踰十方一切世界"。[①] 宫殿楼观，池流华树，宝树成荫，清风徐徐，香气郁郁，飞鸟和鸣，宛转歌喉，梵音吹赞。更有次序的七宝栏杆，流水淙淙，亭台阁榭，点缀其间。其中又有七宝池，池底布满金沙。池边阶道，亦以金银等合成。池中各色莲花，微妙香洁，池水清澄如琉璃，水温舒适，不冷不热，永无寒冬冰结。佛国气候适宜，无四季之分，"自然德风徐起微动。其风调和不寒不暑。温凉柔软不迟不疾"。[②] 净土中的水池是八功德池，池中之水是八

---

① （魏）康僧铠译《佛说无量寿经》，《大正藏》第 12 册，第 270 页上。
② （魏）康僧铠译《佛说无量寿经》，《大正藏》第 12 册，第 272 页上。

功德水。八功德即八种殊胜，即澄净、清冷、甘美、轻软、润泽、安和、除饥渴、长养诸根。这种清净庄严，既体现了物质的富足，代表着最高程度的"物质文明"，还有着内在的道德喻指，表明了修行所达到的最高境界，是善行的功德体现，代表着最高程度的"精神文明"。

很多净土经书用"依正庄严"来形容佛土。"依正庄严"即依报正报都已具足圆满。正报又名正果，指众生的身心，是依过去的业因而召感得来的果报正体。各个感得此身，正受其报，故名正报。依报又名依果，指世界国土，众生的身心各个随其果报依止于身外万物，故名依报。依报和正报可以简单理解为人自身和所处的环境。

佛经中介绍了形形色色的净土，释迦牟尼佛详细介绍各类净土的依正庄严，即介绍各类净土的环境和人的殊胜妙净，目的是让修行者生起仰慕之心，渴望往生净土，产生一定修行成道的信心。西方极乐净土是所有佛陀所讲的净土中描述最美好的净土，由阿弥陀佛四十八愿心流现、万德庄严，同时也是一切众生自性本具的，原因在于一切众生都本具佛性，只因妄想执着迷失心性，通过阿弥陀佛他力救助和自力修持，可以往生弥陀净土，恢复本有的清净自性。观察西方极乐世界依正庄严，可以提升净土法门修行者的信心和心性水平，观察依正庄严全体就是涅槃常、乐、我、净的展示，就是佛性，就是一真法界。

极乐净土依正庄严，净土诸经对西方极乐世界依正庄严赞赏有加，语言已无法概括其清净庄严美妙。自然环境方面，极乐净土以黄金为地，上面又有七重栏楯、罗网、行树，地涌七宝，即黄金、白银、琉璃、玻璃、砗磲、珍珠、玛瑙。大地宽广平正，清净庄严，气候温和，没有春夏秋冬，虚空中自然有各种香花和天乐，天花如雨飘下，香气自溢，天乐不鼓自鸣。万物都有香气，而且各自都发出无量的光明。国土中有许多七宝所成的宝池，池底布满金沙，黄金铺满阶道，内有八功德水充满其中，水质清澈甘甜，总分为十四支流。水在流动的时候，发出声音，演说佛法无量无边的法门。七宝池上面有千万层楼阁，高耸云霄，光明微妙，真正是香光庄严之净土。自身方面，极乐净土的众生都是清一色的男子汉大丈夫，没有女人，皆是莲花化身得无生法忍。一出生就具足三十二相、八十种随形好，个个相貌庄严，身高入法界。菩萨大道心身大满虚空。极乐世界的人，个个长得眉清目秀，鼻正口圆，个个都发无上菩提心，人人都是寿命无量，没有生老病死。人人都有六种神通，万事俱悉从心念而得成。极乐净土大众都发无上菩提之心，跟随阿弥陀佛讲经说法，佛法僧三宝，勇猛精进，没有一念疲倦之心，远离贪嗔痴，修行永不退转。从净土的依正庄严我们可以看到，伦理学所关心的基本道德关系在极乐净土已得到圆满的处理：即人与人之间和谐相处，弥陀净土是诸上善人会聚之地，所居民众已是不退转地已没有烦恼；人与自然和谐相处，极乐净土殊胜庄严，依正圆满；人与社会和谐相处，各种殊胜依报，心想事成；人与自身的关系和谐圆满，此土众生都是菩萨，心无挂碍，又每日随弥陀听经闻法，六时供养，彻底登于不退转地，自然也没有什么烦恼和痛苦。由此可见，阿弥陀佛的极乐净土是至善之境，成佛之土。极乐净土的环境代表了依报庄严，即社会至善；生活在极乐净土各大菩萨的正报庄严，代表了个体修行达到至善的状态。对佛教徒而言，弥陀净土成为他们毕生所追求的理想国度。极乐净土殊胜的依正果报激起他们对社会至善和个体至善的向往与追求。根据佛教人生本苦的教义，佛教徒乐于修行念佛法门，仰仗弥陀愿力，提高自身修为与道德水平，以处理弥陀与佛的道德关系为基础，并以此作为其道德修养最终目标，即往生西方极乐世界。

净土宗对西方极乐世界的信仰，代表着人类对于道德完善境界的向往。与娑婆秽土形成鲜明对比的极乐净土，代表了佛教追求的崇高理想和愿望。极乐净土是修行者的最终归宿和永恒驻地。从佛教世界观的角度来说，人有前世、现世和来世，根据业力在六道中不断轮回。因此，通过修行以期望来世往生佛陀净土，便具有可能性和现实性。修行者修行的过程，就是作为一个道德主体不断完善自己的道德，提升自己的道德水平和道德境界的过程。根据《佛说观无量寿佛经》记载，净土宗修行者除信愿持名念佛之外，还需要修"净业三福"如孝养父母、奉事师长和慈心不杀等诸善业，需要提高道德修养，并为顺利往生到西方净土世界积累功德。但首要的还是要相信西方极乐净土的真实存在，相信阿弥陀佛愿力的真实不虚。这对净土修行者来说，是十分必要的；对修行者的道德生活来说，更具有积极的实践意义。

综上所述，一切宗教都以信念、信仰为前提和基础，信念与信仰的目标是宗教徒心灵的向往之地。西方极乐净土既是净土宗修行者信念与信仰所系之处，也是至高的和完满的道德理想境地。这一境地因阿弥陀佛不可思议之愿力所形成，体现了阿弥陀佛大慈大悲救度一切苦难众生的无量功德。阿弥陀佛为解救深陷苦海六道轮回和生老病死中的无量众生，以不可思议之愿力而成就了西方极乐世界，就直接体现了众生与阿弥陀佛之间的道德义务关系。修行者通过对西方极乐净土的深信，对自己内在佛性的确信，从而在心中确立了阿弥陀佛的至善象征。在净土宗看来，一切众生只要信愿念佛，并止恶修善，不断提高自己的道德修养，就能凭借阿弥陀佛的愿力和自己的功德，往生到西方极乐世界，实现最完善的道德理想人格。这一理想虽在彼岸，但却对此岸有着强有力的劝化力量，对净化社会人心有着积极的激励与推动作用。

第五章 以愿为体的净土宗伦理关系

"愿",梵语 pranidhana,是净土宗修行三资粮之一,意为心中欲实现所期望的目的,特指内心之愿望,如志愿、心愿、意愿、念愿、誓愿等。这与英语的"will"一词含义相似,"will"也有意愿和意志之义。现代汉语所讲的愿力,主要表示意志力或意愿的力量。在佛教尤其是在净土宗的伦理思想中,"愿"概念有着特别重要的意义。如就极乐世界本身来说,由阿弥陀佛四十八愿愿力所化成。因此,净土宗的"愿"的概念既有一般意义的心理内涵,同时也有佛教的特殊含义。

第一节 佛愿与圆满至善

西方极乐世界是净土信仰的终极价值目标,也是净土信仰的核心所在。根据多部净土宗经典的描述,西方极乐世界是阿弥陀佛发大菩提心,立四十八个救度众生的誓愿,通过累世勤苦修行积累功德,依其行愿力及其所教化成熟诸众生的善根力,化现而成的净土。因此,阿弥陀佛的愿力在净土伦理思想中占有十分重要的意义。

一　弥陀本愿与至善

本愿是指佛在成佛之前所发的誓愿，即在未证得佛果以前的过去世，为救度凡夫众生所发菩提心的誓愿。用佛教的语言来说，就是在因位所发而在果位实现之愿，对于果位而言，因位所发之愿就是本愿。由因生果，所以因也被称为本。阿弥陀佛所发四十八愿都是在因地所发，因而也就可称之为本愿。

根据佛教教义，菩萨在修行成佛之前，会发以救度一切众生脱离生死轮回之苦的宏大誓愿。这种发愿，体现了佛的道德担当和作为至善道德主体的内在道德自觉和道德意志。佛的本愿，是佛在成佛之前（佛教称之为因地修菩萨道时），对将来成佛后所成就的至善境界的预先誓言。这种誓愿宏大而慈悲，无法在当下圆成，一般需要经过无量劫（即漫长的时间）才能完成，所以又被称为佛的本愿。

佛教的本愿有总愿与别愿之分。总愿适用于所有佛教宗派，或为所有佛教宗派所共有。总愿也就是"四弘誓愿"："众生无边誓愿度，烦恼无尽誓愿断，法门无量誓愿学，佛道无上誓愿成"。"度"即解救一切众生，"断"即斩断一切人间烦恼。简言之，就是上求菩提、下化众生。这是大乘佛教的根本精神，秉承了原始佛教直面生老病死等人生痛苦的核心问题，是大乘菩萨道的核心理念。别愿是不同的佛所发的具体誓愿，如药师佛十二愿，阿弥陀佛四十八愿，释迦牟尼佛五百大愿等。①

在佛教经典里，佛愿思想经历了一个发展和完善的过程。本愿思想由大乘佛教发展而来。大乘佛教思想以菩萨道为中心，以"六度"（即布施、持戒、忍住、精进、禅定、般若）为本。这一本愿思想的根本，在于救度有情众生。大乘菩萨要成佛救度众生，就要行菩萨道发誓愿，成就净土。菩萨救度众生，必须行波罗蜜（译为"度"），即征服内心私欲，以解脱一切痛苦，使之远离恐怖。在佛教思想史上，《小品般若经》由合六度思想而确立了六愿，《华严经》则提出了十愿。就本愿思想的发展而言，六愿的说法似对后世影响更大，从六愿发展而来的十二愿、十八愿、二十四愿以及四十八愿，都不是偶然的数目。但无论是总愿还是别愿，都体现了佛教强烈的伦理关怀和道德本色。

二 陀佛愿力与慈悲

阿弥陀佛的四十八愿是其在因地做法藏菩萨时所发之本愿。四十八愿充分体现了佛教伦理的慈悲精神，代表了佛教伦理的自利利他倾向。慈悲是佛教教义的核心概念之一，也是佛教伦理的最核心原则。龙树在《大智度论》中说："大慈大悲名为一切佛法之根本。"② 慈，意为真实的友情、纯粹爱的意

① 魏磊：《弥陀大愿慈力　至诚感动即摄——略述净土宗信愿行之二》，《法音》2001 年第 2 期。
② 〔古印度〕龙树菩萨造《大智度论》，鸠摩罗什译，《大正藏》第 25 册，第 257 页中。

志；悲，意为爱恋、同情、温柔、友情。"大慈与一切众生乐。大悲拔一切众生苦。大慈以喜乐因缘与众生。大悲以离苦因缘与众生。"① 慈、悲二者虽有所区别，但以"拔济众生，离苦得乐"为共同特质，根本宗旨都是救度众生，表达了佛教伦理关怀一切众生的宏大愿景。《佛说观无量寿佛经》说："诸佛心者大慈悲是。"② 佛教主张用慈悲心对待一切众生。在佛教教义里，慈悲是佛的伦理精神，也是修行的菩萨和僧俗信众的伦理精神和道德原则。特别是身处五浊恶世，修行者更应当学习并践行佛的慈悲精神。根据经典叙述，法藏菩萨在发四十八愿之前，请教世自在王佛："我发无上正觉之心。愿佛为我广宣经法。我当修行摄取佛国清净庄严无量妙土。令我于世速成正觉。拔诸生死勤苦之本。"③ 阿弥陀佛所立誓愿的根本目的，在于拔众生苦之本。佛教从原始佛教的四圣谛说开始，对于人生的悲苦有着深刻的描述。佛教的伦理精神不仅在于直面人生之苦，更在于救度众生生死之苦。佛教的"佛"不是神，而是修行成功的人。佛教认为修行达到一定的境界能够成为菩萨，进而能够成佛。每一境界的进步，都是慈悲度众精神的提升与发展。佛犹如是一个超级道德主体，其愿力也具有不可思议的力量。基于唯物论的立场，不可能有由人之愿力而成就的极乐世界；但基于宗教的立场，这样殊胜美妙的境地是真

---

① 〔古印度〕龙树菩萨造《大智度论》，鸠摩罗什译，《大正藏》第 25 册，第 256 页中。
② （南朝宋）畺良耶舍译《佛说观无量寿佛经》，《大正藏》第 12 册，第 343 页下。
③ （魏）康僧铠译《佛说无量寿经》，《大正藏》第 12 册，第 267 页中。

实存在的。佛教从现实出发，其修行首先在世间，在当下这个世界，强调心净而土净，实现人间净土。极乐世界虽然是彼岸世界，虽然为下一世而存在，但净土宗修行是在当下世界，对现实社会有着积极的道德促进意义与道德价值。

阿弥陀佛以慈悲心为基础，在因地行菩萨道（因地为法藏菩萨）时发了四十八个誓愿，又被称为弥陀"悲愿"。这些誓愿是为救度一切众生而发，具有救度众生之力量，因而又被称为"大悲愿力"。净土宗祖师对四十八愿有不同的分类，如吉藏就将之归纳为三类："愿净土有四十二愿，愿得眷属有三愿，愿得法身三愿"①。慧远将之归纳为"一摄法身愿。二摄净土愿。三摄众生愿"。②

根据慈悲的定义，阿弥陀佛四十八愿可以分为两大类，即"与乐之愿"和"拔苦之愿"。③

（1）与乐之愿

"与乐"是与众生出世间之乐和解脱之乐，体现了佛教对一切众生的平等慈爱之心。与乐之愿大致可分为四类：

第一类是愿众生得到阿弥陀佛利益之乐的与法身乐愿，如第十二光明遍照十方愿；第十三寿命同佛永久愿；第十七诸佛称名赞叹愿。第二类是愿众生发愿求生净土并在临终时被接引的与往生之乐愿，如第十八愿，被称为"四十八愿之王"，即

---

① （隋）吉藏疏《无量寿经义疏》，《大正藏》第 37 册，第 121 页中。
② （隋）慧远疏《无量寿经义疏》，《大正藏》第 37 册，第 103 页中。
③ 董群：《净土三经的伦理思想特色》，《东南大学学报》（哲学社会科学版）2005 年第 3 期。

十念皆得往生愿；第十九勤修皆得接引愿。第三类是愿众生享受极乐世界庄严殊妙之乐的与净土之乐愿，如第三十一净国照见十方愿；第三十二国土严饰超诸天人愿。第四类是愿十方众生享受其他不同种类之乐的与众生之乐愿，如第三悉皆金色愿；第四无有好丑愿；第五宿命智通愿；第六天眼智通愿；第七天耳智通愿；第八他心智通愿；第九神境智通愿；第十无有我想愿；第十一住正定聚愿；第十五人天长寿愿；第十六无诸不善愿；第二十系念定生愿；第二十一相愿；第二十七所须严净愿；第三十三触光柔软愿；第三十四闻名得忍愿；第三十八衣服随念愿；第三十九受乐无染愿。①

（2）拔苦之愿

佛教"四圣谛"说认为，众生在世为生、老、病、死等八苦所困。阿弥陀佛立愿拔除众生的种种痛苦，体现了佛教无限的悲悯之心，如第一佛国中无三恶道愿；第二不复更生恶道愿；第十不起贪计身见愿者；第十三无量寿愿；第十五寿命修短随意愿。拔苦之愿充分体现了佛教伦理离恶向善的价值取向和以道德为本的修行特色。②

这四十八愿具体表达了净土思想中慈悲观的内容，特别是与乐之愿，更体现出了慈爱的广泛性和普遍性，以及净土伦理思想的以阿弥陀佛的超验存在为基础的"宗教性"特色。这

---

① 释大安集述《净土宗教程》，庐山东林寺印经处，2006，第184~198页。
② 董群：《净土三经的伦理思想特色》，《东南大学学报》（哲学社会科学版）2005年第3期。

也是净土宗伦理与世俗伦理的根本差异之处，也是与原始佛教伦理的重要差异之一。四十八愿的慈悲观，特别强调了对众生给予永恒快乐光明的愿望。佛国净土不仅是一块道德至善的纯洁净土，而且是永恒快乐的世界，从而与众生在娑婆秽土遭受的无尽的苦痛形成直接对比。阿弥陀佛拔除众生生、老、病、死之苦和六道轮回之苦，给予众生永恒之乐，是对释迦牟尼佛慈悲救度众生精神的放大，也是对佛教大慈大悲精神的完美诠释。作为佛教的道德准则，慈悲观是佛教伦理的核心，强调了佛教徒应秉承消除众生痛苦、给予众生快乐的道德准则行事，旨在关怀一切有情众生。这就要求不仅要救助人生之苦，还要将这种爱心推及一切有情无情、有缘无缘的众生，展示佛教以出世的心态关心俗世众生的伦理情怀，表达佛教对人生命运的关爱和对生命价值的高度尊重。

佛教的慈悲精神主要通过实践来表现，要和平不要斗争，是佛教慈悲观的重要内容。暴力和战争所代表的非和平行为伴随着人类社会的全部发展史。从原始社会的氏族部落战争到当代社会的国家战争和地区冲突，人类一直在暴力与战争的苦难中前行。尽管如此，战争与暴力并不是人类生活的常态，和平与非暴力才是人类追求的正常生活状态。追求安定，实现人类社会的永久和平，一直是现代人类的深切愿景。在人类追求和平的道路上，宗教尤其是佛教是重要的力量源泉之一。佛教是热爱和平、追求和平并珍惜和平的世界性宗教，和平与非暴力是其根本宗旨之一。

释迦牟尼（佛陀）在深刻体悟人生的痛苦本质之后，创建了佛教。佛陀的本意在于去除人类的一切苦难。"四圣谛"是佛教核心理念之一。"四圣谛"中最核心的是"苦谛"说，而"苦谛"说正是佛教和平主义的理论前提。佛教的"苦谛"说不仅告诉人们世间的种种苦难，更在于鼓励人们去除身心的一切苦难。在佛教看来，战争是人类苦难的重要根源之一，去除人类的苦难，也就必然反对非正义的战争。佛教认为，发生在统治者间那些争权夺利的战争，都是不义之战，会给人民生活带来深重的灾难，因此，应当加以反对。根据佛教经典记载，在原始佛教时期，印度次大陆诸国之间战火不断，民众的生活备受困扰，佛陀也为此哀叹。原始佛教僧团曾直面世俗的国家强权，积极阻止不义战争，力求维护和平。由此可见，佛教在古印度立足之始，就体现出强烈的和平主义关怀特质。

佛陀认为，国家统治者不应发动非正义战争，即使为了和平，也不应当轻易诉诸武力。据《长阿含经·游行经》记载，佛陀曾使用佛法说服古印度摩揭陀国使者禹舍，成功阻止了摩揭陀国的阿阇世王准备讨伐邻国跋抵族的战争。佛陀提倡在出家者之间建立一个完全理想的管理组织，进而在其慈悲精神感化下，引领整个社会，劝善化俗，净化社会人心。就佛教僧团内部而言，对其成员的制裁与处罚，所依据的是成员间的自治性和约束性协定（戒律），而不是依靠权力。违反戒律者，需自觉、自发地接受制裁和处罚，如不愿接受可以自行脱离僧团。佛陀以"六合敬"思想治理僧团，即"身和同住、口和无净、意和同悦、戒和同修、见和同解、利和同均"，以身行、语言、思想、法制、经济和心念为民主平等的原则，树立了佛教的和平风范，这不仅是建立僧团的重要基础，也是人类追求世界和平的体现。据此可知，佛教不仅没有任何理论要诉诸权力对社会进行制裁处罚，相反还提倡佛教团体通过实践慈悲精神来感化世界，这也是佛教的一个显著特点。

佛教的理念属于彻底的和平主义的思想和实践。这种理念特别体现在其对待军事活动的态度之上。佛教主张修行者远离世俗的军事活动。根据原始佛教僧团的规定，出家修行者不可观看出征军队，如有特殊原因，只可在军营中住宿二、三夜。止宿军营期间，不可观看军队操练队列，等等。可见，原始佛教将和平奉为理想，认为世俗政治应遵循广施慈悲、不杀、不害、不恃强凌弱的宗旨。尽管作为一种宗教而言，佛教自身没有任何强制性权力来实施它的理想。但在印度历史上，佛教也曾有过辉煌时期。如印度孔雀王朝时期，以阿育王为中心，佛教被当作具有普遍意义的世界性宗教广泛对外传播。佛教的和平思想在阿育王时代转变为现实的强大力量，发挥过历史性的社会作用。阿育王以佛法促进古印度和平的事例，体现出了佛教伦理的和平主义宗旨与践行之道。

阿育王（约公元前 273～前 232 年在位）为了统一印度，派兵征服揭陵伽国，虽取得战争的胜利但也带来了悲惨的结果。数十万余人死伤或被遣送他乡，整个社会经历了一场生离死别的苦难。战争之所见使他深感战争的残忍和恐怖，痛悟战争的残酷性，并成为战胜者中绝无仅有的觉悟者。孔雀王朝的对外扩张征服战略以阿育王指挥的最后一场战争——揭陵伽战争为休止符，实现了由战争向和平的彻底转变。之后阿育王积极采纳佛陀所教诲的和平主义教义，对整个世界施以无限的仁慈之心，摒弃一切仇恨，向世界弘扬佛教的慈悲精神与和平主义思想，立志实施以实现"法"为目标的仁政。他的治国理念具体体现在他所颁布、铭刻的"法救"之中。

阿育王通过对佛法的信奉和实践理念来保持和维护孔雀帝国的统治。其所颁布的几乎所有法救都特别强调"法"。这里的"法"指的是佛法真理，或依据佛法而进行颁布的"法"。阿育王认为，不论何种国籍、宗教、民族，全人类都应遵循"理"与"法"。这种"理"与"法"也可以被理解为人类的行为规范。阿育王的"法"虽然与现代的法律观念有着很大的差别，但在他看来，这是人类生存的永恒法则，甚至被他称为"亘古以来的法则"。依据法救中的记载，为了在现实的国家治理中实现普遍意义的"法"，阿育王不仅在其疆域内努力实践，还力图在他所能及的世界范围内进行传播与普及。他向许多国家和地区派遣法的使节，使佛法的理念在世界范围内得以传播和实践。基于佛教慈悲布施的精神，他在其领土内为人及动物设立了许多医疗设施，并将范围扩大到南印度及希腊等国家和地区。在治国理念上，阿育王主张各国之间应基于"法"而享有共同的理念，并付诸实践。阿育王认为，应在世界范围内建立一个既包含各国又超越国家概念的人类共同体。

这个共同体蕴含着发展、扩大的可能性，即所有信奉"法"的国家，都可以加入到这个超越国家的共同体中，依靠各国的友好合作实现真正的人类平等、和睦相处。

阿育王推行佛教和平主义伦理的理念与实践，对人类和平之道的践行有着较强的启示意义。特别是对经历了两次世界大战之后的当代人来说，至今仍处于动荡不安的世界格局，追求和平业已成为普遍共识和核心价值。习近平主席强调人类是一个命运共同体，"命运共同体"也就意味着地球上不同民族国家的人民具有休戚与共的关联性。人类各个民族的人民要和睦友好相处，阿育王的理念体现出特别重大的意义。因此，要追寻阿育王的和平主义实践，也就不能不去探寻佛教和平主义伦理宗旨的理论基源。

佛教和平主义伦理宗旨源自佛教的根本精神——慈悲。慈悲是佛教最为重要的伦理原则和理想价值概念，同时也是佛教重要的修行方法论，蕴含着丰富的伦理道德内涵，鲜明地体现出佛教的人道主义精神。佛教以慈悲精神为出发点，致力于世界和平事业和社会福利事业，反对各种暴力和非人道的行为。

佛教认为慈悲根源于人心，慈悲不仅是佛教教义的核心概念，也是整个社会重要的价值观和伦理准则。佛教注重从道德的根本——心性激发人的慈悲精神，从而实现无我利他。方立天指出，"人的心性即是道德本性，又是道德本体，众生的内在道德本性与外在道德本体合而为一，为众生的伦理自觉、道德修养提供了坚实的基础"。慈悲精神在大乘佛教中得到了充分的发扬，被视为佛教的根本。"慈"为慈爱众生，做有利于众生之事，让其安乐；"悲"为悲悯众生，去除不利众生之事，拔除众生的痛苦，二者合称为慈悲。佛教常以"无缘大慈，同体大悲"来表述慈悲。佛教慈悲精神以"缘起说"和"无我说"为思想基础。"缘起说"旨在说明没有任何事物可以离开因缘而独立存在。每个人都与他者息息相关，人与人的密切相关性是慈悲的出发点。"无我说"指出世间所有事物皆是因缘和合而成，并无具有实体的"我"存在，由此产生自、他一体的观念，进而生起"同体大悲"之心。佛教将"痛苦、苦难"视作一切世间法的根本相，其所追求的根本志向就是引导人们脱离一切的苦难。佛教认为，慈从悲来，悲必为慈。"悲"原意为痛苦，由痛苦而生悲情。悲情即是一个人对于他人的痛苦能够有着深切的感受，类似于我们现在所说的移情。由于移情而产生悲情，自然地衍生出要将他人从痛苦中拯救出来并给予他人快乐的意愿与行为，即慈爱的行为。慈与悲相辅相成，产生"给予人们快乐，去除一切苦难"的道德践行作用。慈悲是成佛的根本，菩萨修行成佛，需要践行慈悲。即菩萨看到众生经历生老病死的痛苦、精神的痛苦以及今世后世的痛苦等诸多痛苦，需发大慈悲心，发愿把众生从各种痛苦中拯救出来，并立愿求无上的觉悟。大慈悲就是要在无限的生死时空中，从事如此无限伟大的拯救事业。大乘佛教菩萨的特征就是全力践行大慈大悲的原则，以普度众生为自己的崇高职责和伟大理想。

大乘佛教将慈悲分为三种，称为"三缘慈悲"，《大智度论》中提到："复次慈悲心有三种：众生缘、法缘、无缘。凡夫，人，众生缘；声闻、辟支佛及菩萨，初众生缘，后法缘；诸佛善修行毕竟空故，故名为无缘。"佛教认为世间一切事物都是因缘和合而成，存在就是一种缘在。"缘"就是这种关系性存在。"三缘慈悲"的划分依据是大乘佛教的空性思想。具体来说，以众生为对象，是凡夫的慈悲，被称为"众生缘慈悲"；"法缘慈悲"是声闻、辟支佛和菩萨的慈悲，指在佛教精神层面觉悟到所有生命的存在皆是因各种因缘而成，虽然万物森然，但"我"作为实体是不存在的，由此种智慧而生起的慈悲就是"法缘慈悲"；"无缘慈悲"是佛的慈悲，体悟到心无所缘，离一切差别，超越对立，毕竟空无。与上述三种慈悲紧密相关，慈悲还被层次化，分为小慈悲、中慈悲和大慈悲三个层次。大乘佛教以践行慈悲的不同主体为对象来进行区分，即佛为大慈悲，菩萨为中慈悲，普通人为小慈悲。之所以这样区分，是因为大慈悲能够给予一切有生命的存在者快乐，去除一切痛苦；小慈悲则是对众生的身心痛苦，表示怜悯同情，心里希望给予其快乐，实际上是一种心愿；中慈悲介于这两者之间，是菩萨的慈悲，虽不能像佛的慈悲那样广大无边，却也不像普通人那样渺小。大慈悲是佛的慈悲，是一种无差别的慈悲，主张平等地关怀一切人甚至一切生命存在体，鼓励人们努力做到平等地关怀一切人，去除一切苦难。

佛教主要通过布施和不杀生来实践慈悲精神。佛教认为贪、嗔、痴是一切烦恼的根源，也是人类冲突的来源。当一个人被贪、嗔、痴所蒙蔽时，就会生起"我有力，有求力"等思维，对他人或杀，或掠夺或缚，而慈悲心能消除这些执着，由慈悲而体悟到自他平等，进而杜绝杀生等错误的言行。[①] 基于战争的残酷性，佛教主张践行慈悲精神，尽量杜绝战争与杀戮。这里需要指出的是，佛教强调任何行为的动机应当出于对众生的慈悲，基于维护大多数人的利益，出于正当的理由。佛教认为，战争和其他暴力方式是不正当的行为。首先，战争意味着杀害生命，而杀生违背佛教的第一条戒律——不杀生。其次，杀生违背佛教慈悲精神和"八正道"之一的"正命"（即排除任何给他人造成苦难的谋生方式）。佛教以慈悲精神为出发点，以出世的心态关怀众生，将自利与利他有机统一，在群己关系上提倡一种无我奉献的利他情怀。

佛教的慈悲理念强调自觉对他人的痛苦生起悲悯之情，这种自觉有助于提升行为主体的道德自律性，同时为建构和谐的人际关系，以及维护社会的安定提供了普遍可行的伦理规范。这种慈悲精神有着明确的价值诉求，不仅使个体生命的保护维度得以拓展，也使人与人、人与自然之间的和谐共处成为可能。佛教的慈悲精神有利于维护世界和平与人类安全，有助于缓和当代社会矛盾，对保护野生动物、保持生态平衡等，有着积极的借鉴意义。

---

① 〔英〕彼得·哈维：《佛教伦理学导论：基础、价值与问题》，上海古籍出版社，2012，第103~108页。

　　佛教的慈悲精神更集中地体现在不杀生戒律上。佛教以戒律的形式要求佛教徒断恶修善，提升自身的道德修养，最终达到自觉、觉他、觉行圆满。佛教戒律既是道德准则，又是道德要求。在道德价值的意义上，戒律就是要求人们戒除道德上负价值的行为或言语。如果一个人的言语行为中彻底消除了道德价值意义上的负价值，那么可以定义他是一个身心清净、内心充满和平之人，也就成为一个有道德的人。佛教徒严守戒律，需要有较高的道德觉悟和坚定的道德品格，以及对佛教伦理的长期践履过程。"五戒"是佛教的根本戒律，是佛教徒需要共同遵守的根本戒律。除此之外，佛教还提出了作为世俗社会共同生活道德标准的"十善"。值得注意的是，佛教的"十善"是从消极方面进行了规定，它不是鼓励人们去做道德上的好事，而是力图戒除人世间的恶。就"五戒"与"十善"而言，前者虽然减少了许多要求，但却是迈向更高层次生命的宗教戒律，是对佛教徒进一步明确的修行律令。"五戒"作为佛教道德实践的标准与方法，从道德行为、道德语言、道德生活三方面对佛教徒的行为进行了规范。不杀生、不偷盗、不邪淫属于道德行为范畴，不妄语、不饮酒分别对应道德语言和道德生活。而无论是"十善"还是"五戒"的规定之中，最重要的戒为不杀生戒。

　　"不杀生"首先体现的是对一切存在的生命形态的尊重。佛教的"不杀生"，劝人慈悲的和平思想在当今仍有其存在的历史价值，被人们所重视。

　　佛教强调人应当敬畏生命，不应当伤害生命，对所有生命应常怀慈爱之心。佛教对其他生命的尊重，不仅仅在于不做伤害其他生命的事，还提倡在必要时为他者生命牺牲自己的生命。如《佛说本生经》所记载的王子舍身饲虎的故事体现了佛教提倡的众生平等精神，即一切生命皆平等，不论禽兽或人类，皆无高下之分。由此可见，佛教对生命的爱，已经超越了人类中心主义，站在对全体生命形态的热爱之上。对保护地球上的一切生命存在物，都具有一定的伦理意义与价值。

　　佛教以慈悲为根本精神，以不杀生为戒律要求，从而展现了其追求和维护人类和平的宗旨。古印度阿育王对佛教和平主义伦理精神的践行表明，佛教的和平主义思想曾对人类社会产生过积极的作用。佛教把不杀生当作第一戒律，表明了佛教对一切生命形态的敬畏和尊重。佛教主张一切生命形态平等，这对破除人类中心主义思想，促进生态环境保护有着一定的借鉴意义。佛教反对不义的战争，主张摒弃杀戮，希望人们生活在一个充满快乐的善美境界，这有助于消除不同文明形态、不同民族之间的歧视和对抗，有利于建立相互尊重的和平友好关系。同时，佛教的和平主义伦理宗旨有利于匡扶世风匡正人心、提升人类的道德实践水平，对促进人类文明的发展、实现人类社会的长治久安有积极意义。

　　净土宗伦理对人与社会群体的关系以及人与世界的关系也作出了新的解释。在佛教伦理领域，人与人之间的地位、身份等差别隐而不见，众生以其自有的佛性，以及同等经受生老病死和六道轮回之苦，而绝然平等无二。在人与世界的关系上，因他方净土的存在，人与世界由今生的生死转化为今生与往生的关系。生存目标也从当前的暂时世界转向永恒世界；从不净的秽土转向永恒的净土；从痛苦的存在转向光明快乐的存在。

净土宗强调要借助"自他二力"以求生净土。"自力"即修行者的修行功德，"他力"即阿弥陀佛的救度愿力。净土宗重视"他力"修行，并将之视为往生净土的重要因素。"他力"体现为阿弥陀佛的本愿力，强调依阿弥陀佛的本愿力而往生净土。阿弥陀佛四十八愿是使一切众生得以解脱的基本条件。阿弥陀佛的实存及其宏愿是净土伦理得以成立的基本前提之一。如同基督教伦理学以上帝存在作为基本前提之一，基督教认为人们靠自身的努力不能够得到救赎，只有自身努力与上帝的恩典的结合，才可能使得自己得到拯救。净土宗也认为，修行者仅靠自身的努力非常难以往生西方净土，只有将自身努力修行的功德力与阿弥陀佛的愿力合一，才可以顺利往生西方极乐世界。阿弥陀佛的愿力使众生的解救有了本体论的前提。

第二节　众生之愿与道德成就

阿弥陀佛的愿或愿力是西方极乐世界存在的本体前提，没有阿弥陀佛的愿力，就没有西方极乐世界。就净土宗修行者而言，如果没有自身的愿或往生愿力，仅有阿弥陀佛的愿，也不可能往生西方极乐世界。净土宗强调说，"入道要门，以信为首；修持急务，以愿居先"。"愿"作为净土宗信徒的三资粮之一，内在地含有"信"与"行"的因由，即因信而生愿，因愿而生行，直接连接着信与行。蕅益大师概括愿与信和行的关系为"盖无愿行不名真信。无行信不名真愿。无信愿不名真行。"[①] 他认为，信、愿、行是三而一、一而三的关系，并从三者关系的角度界定了何为真信、真愿和真行。娑婆秽土众生信念深切，决意往生，也就必然发愿，即下定决心和意愿。

一　弃恶向善的道德愿景：厌离行与欣慕行

在道德修养过程中，道德认识不能直接转化为道德行为，只有上升为道德情感，进而形成道德意志，并持之以恒地按照所认识、所信服的原则或理想，才能付诸自觉自愿的行为。知、情、意三者是人类心理的三个基本成分。在长期的生活经验的基础上，人们对宗教仪式、寺庙、僧众产生感性认知，继而产生对佛教的感性认知以及一定的情感认同，并在此基础上产生对佛教的信念和信仰。生活经验上的信仰可能是初步的，当理性成熟，有了理性思考，信仰就有了理性的前提。这种理性认知以生活经验为基础，也以理性认知为基础。一般认为，产生一定的信仰，不仅要有生活经验或理性认知的前提，还要有情感认同。有了情感认同，就会产生一定的愿望。净土宗"信、愿、行"的三资粮，既包含着一般的道德修行内容，也

---

① （明）蕅益智旭解《〈佛说阿弥陀经〉要解》，《大正藏》第 37 册，第 372 页上。

包含着净土宗本身的宗教修行内容，是二者的有机融合。

净土修行的"愿"，既是在信仰的基础上产生的，也是在情感的基础上产生的。净土修行中包括十分丰富的道德情感内容。净土修行的"愿"，本身就有情感因素。净土宗修行强调愿力，"愿力"有愿与力两重意思，"力"即意志力，为愿所界定。阿弥陀佛发愿而成的西方极乐世界，其目的是为了普度接引一切众生，接引的前提条件是修行者的深信切愿和念佛名号。切愿即修行者自身的愿力。为此，净土宗强调，修行者要往生到西方极乐世界，不仅要依靠阿弥陀佛他力（愿力）接引，还要依靠修行者自力。众生愿力以情感与意志为显发，在净土修行中起着关键作用。

天台智者大师在《净土十疑论》中提出"欲决定生西方者，具有二种行，定得生彼。一者厌离行，二者欣愿行"① 的说法。智者大师认为，修行净土法门和求生西方极乐世界，需要具备"厌离行"和"欣愿行"。厌离是因为众生从无始劫以来，因无明而在五浊恶世轮转受苦，五蕴炽盛，身心不净，应当发愿迫切厌离。欣愿是因为西方极乐净土为至善之境，殊妙庄严，微妙清净，没有生、老、病、死、怨憎会、爱别离和五蕴炽盛等痛苦，只有永恒的快乐，应当生起欣愿心，欢喜发愿往生。净土宗的愿（愿力）包括道德情感和意志。"厌离行"是对娑婆世界的厌恶，即产生离弃的心理情感，从而寻求解

---

① （宋）智者说《净土十疑论》，《大正藏》第 47 册，第 80 页下。

脱。"欣愿行"（欣慕行）即对西方极乐世界的欣慕，从而产生追求、向往之愿。这两个愿，一是离弃之愿，二是向往之愿，是两种不同的意向与情感。"行"是行动的意愿。净土宗强调，"信、愿、行"中的愿，不能只停留在心理意向上，而是要体现在行动上，即表现为一种意志力，即一种道德修行的内在动力和持之以恒的行动。众生往往"只缘身在庐山中，不识庐山真面目"，执着于欲界秽土。厌离行和欣慕行作为愿的一体两面，将净土与秽土两个世界鲜明对照起来，强化了人们对于娑婆秽土的离弃感和对于佛国净土极乐世界的欣慕感。在《佛说观无量寿佛经》中，韦提希夫人作为娑婆苦恼凡夫的代表，具足厌离心和欣慕心，决意心向净土，因而得以成就往生净业。韦提希夫人遭遇了其子阿阇世王杀父并囚禁自己的恶境逆缘，深感人心之恶毒，身陷囹圄悲苦无尽时，举身投地，号泣问佛："我宿何罪生此恶子。世尊复有何等因缘。与提婆达多共为眷属。唯愿世尊。为我广说无忧恼处。我当往生。不乐阎浮提浊恶世也。"[①] 韦提希夫人所遭受的世间剧苦，使她下定决心求生净土。她深切体会到娑婆秽土之恶，地狱饿鬼畜生满盈，发愿离恶近善。韦提希夫人深切的厌离心和欣慕心，打动世尊宣说念佛出世大法。阿弥陀佛住立空中放光加持，使韦提希夫人当即证得无生法忍。

厌离行是在对人生苦空觉悟的前提下，决心出离的意愿。

---

① （南朝宋）畺良耶舍译《佛说观无量寿佛经》，《大正藏》第 12 册，第 341 页中。

韦提希夫人由于其不幸遭遇而产生人生苦痛和虚幻之感。众生本来就处于无明中，种种颠倒，以苦为乐，起惑不休，轮转不休。人生从苦而来，生苦、病苦、老苦、死苦，以及爱别离苦、怨憎会苦、求不得苦和五蕴炽盛苦，无人可以幸免。生存本身就是苦，生存就是存在于痛苦之中。深受佛教思想影响的叔本华说，人生就是在痛苦和无聊中像钟摆一样摆来摆去，而无聊并非不是痛苦，只是痛苦的另一种名称而已。十方众生，永劫以来，辗转六道，八苦渗透，任何人无法得以幸免。人们认识到了有漏三界如此痛苦，也就能够立下出离之愿。

净土宗认为，凡夫众生所在的秽土是五恶五痛五烧的浊世。《佛说无量寿经》云："今我于此世间作佛。处于五恶五痛五烧之中。为最剧苦。教化群生令舍五恶。令去五痛。令离五烧。降化其意令持五善获其福德度世长寿泥洹之道。"[1] 因此，厌离行与欣慕行也就是对秽土之恶的深恶痛绝而对完善美好的净土的向往之愿。经中对五痛五烧作了详细描述。其一恶者为众生在秽土。从内在本性上看，人人都有作恶的倾向与可能，此为世间之苦。强者恃强伏弱，弱者如果转为强者，则转相克贼。相互残害杀戮，没有善恶观念。即使是世间的王法，也不肯畏惧。当寿命尽后，打入冥府地狱受加倍的极刑，自然更加痛苦。"殃恶未尽不得相离。展转其中无有出期。难得解脱痛不可言。"[2] 净土宗认为，这是一大恶一痛一烧。即其痛

---

① （魏）康僧铠译《佛说无量寿经》，《大正藏》第 12 册，第 275 页下。
② （魏）康僧铠译《佛说无量寿经》，《大正藏》第 12 册，第 276 页上。

如同大火焚烧人身一样。

其二为秽土众生缺乏道德良知，机伪欺诈。父子兄弟、家室夫妇相互欺骗反目，臣欺其君，子欺其父，佞谄不忠，巧言谀佞。这样无良而相互欺诈的目的是为了"欲自厚己。欲贪多有。尊卑上下心俱同然"。① 为了一己之私利而结怨为恶，妄作非法。从宗教角度说，这类众生泯灭了内在的善性，缺乏道德良知，不仅今世没有道德，可能前世就缺乏道德良知，这类行恶的众生临终必定堕恶道遭受到更大的难以解脱之苦痛。净土宗把这称为二大恶二痛二烧。

其三为邪恶之人无处不在。其邪恶程度虽然不及前面，仍然是一大恶。无论是贤明尊贵的长者豪富，还是贫穷下贱之愚夫愚妇，都有不善之人。此类人常怀邪恶之心，邪念淫佚烦满胸中，不顾王法禁令，"攻劫杀戮强夺不道。恶心在外不自修业。盗窃趣得欲击成事。"② 其内心之恶，天地人鬼无所不知，自然会恶有恶报。堕自然三途受苦，难得解脱，痛不可言。这是三大恶三痛三烧。

其四恶次于不顾王法禁令之恶，如骄慢妄语，两舌恶口，搬弄是非，谗害忠良；憎恨善人，轻慢师长；朋友无信，难得诚实；尊贵自大、横行威势；侵易于人，不能自知，为恶无耻。佛经认为这是秽土众生不念修善德所致，又说其"不畏

---

① （魏）康僧铠译《佛说无量寿经》，《大正藏》第 12 册，第 276 页上。
② （魏）康僧铠译《佛说无量寿经》，《大正藏》第 12 册，第 276 页中。

天地神明日明。不肯作善。难可降化"。① 今世所作之恶，必然会使福德丧尽而陷入无量苦恼。这是第四大恶四痛四烧。

第五恶懈惰，不作善，不修身治业，并且心胸歹毒。"家室眷属饥寒困苦。父母教诲。嗔目怒应。言令不和。"② 此类众生心里没有父母之恩，也不存师友之义，可以六亲不认。这种人心常念恶，口常言恶，身常行恶，致使六亲憎恶，愿令其死；为人不仁、不顺、不孝，不知生所从来，死所趋向，恶逆天地。此为五大恶五痛五烧。

依经所述，秽土不清净，充满各种各样的世间罪恶。而极乐净土却"彼佛国土无为自然。皆积众善无毛发之恶"。③ 通过秽净之间的对比，从而对秽土进行道德批判，能够为众生出离秽土色界提供有力的道德合理性。西方极乐世界是阿弥陀佛本愿的实现。从阿弥陀佛四十八愿可以看到，西方极乐世界是不可思议的幸福和圆满。从众生所在的秽土可以看到罪恶和痛苦，而阿弥陀佛的佛国净土可以看到光明美好。因此，对于前者产生厌离行，而对于后者产生欣慕行，则是显而易见的事情。

净土宗继承释迦牟尼佛"四圣谛"说的要旨，将现世判为"五浊恶世""末法"时期，认为此娑婆世界苦多乐少，恶多善少。通过"五恶五痛五烧"把秽土世界的罪恶描绘得淋漓尽致。这样的描绘有着现实道德恶的客观性，任何人在现实

---

① （魏）康僧铠译《佛说无量寿经》，《大正藏》第 12 册，第 276 页下。
② （魏）康僧铠译《佛说无量寿经》，《大正藏》第 12 册，第 277 页上。
③ （魏）康僧铠译《佛说无量寿经》，《大正藏》第 12 册，第 277 页下。

中遭受到这样恶劣的人或事，都是接受净土信仰的经验基础。现实中的任何一个道德主体，都不是一个尽善尽美的道德主体。如果人的道德良知没有泯灭，就会对其所做过的道德上的错事而心生忏悔，转而向往更纯粹、更善良的境地。净土宗对人间尘世进行了价值否定，将西方净土描绘成"无有众苦，但受诸乐"的至善境地。极乐净土为善人聚会之所，令众生自然生起向善离恶之心，从而将求生净土当作人生和价值的双重目标。在形形色色的佛国净土中，各大乘宗派侧重于不同的净土，如华严宗的华严净土，密宗的铜色山净土和天台宗灵山净土等。净土宗指出的西方极乐世界净土优胜于十方净土，具有往生易（凭佛愿力接引）、不退转和一生成佛的优势。劝导众生应信且欣愿往彼阿弥陀佛净土，所修一切功德皆应回向往生彼国。一苦一乐相互激荡，从西方净土世界之乐与善，看娑婆之苦与恶，激发众生的厌弃离异之愿。反之，从娑婆秽土的不清净、其所带来的无尽的痛苦来看佛国净土极乐世界的尽善之乐，亦能激发凡夫众生的欣喜向往之愿。不净与清净、苦与乐的鲜明对比，成为修行者的强大精神动力，使之不断努力修行净业，如彻悟大师所言"行不期起而自起"。

慈云大师将娑婆世界与西方极乐世界之间的苦乐情对比分析为十种："一者此土有不常值佛苦，彼土但受华开见佛、常得亲近之乐；二者此土有不闻说法之苦，彼土但受水鸟树林皆宣妙法之乐；三者此土有恶友牵缠苦，彼土但受诸上善人俱会一处之乐；四者此土有群魔恼乱苦，彼土但受诸佛护念、远离魔事之乐；五者此土有轮回不息苦，彼土但受横截生死、永脱轮回之乐；六者此土有难免三途苦，彼土但受恶道永离、名且不闻之乐；七者此土有尘缘障道苦，彼土有但受用自然、不俟经营之乐；八者此土有寿命短促苦，彼土有但受寿与佛同、更无限量之乐；九者此土有修行退失苦，彼土但受入正定聚、永无退转之乐；十者此土有佛道难成苦，彼土但受一生行满、所作成办之乐。"① 两土苦乐的鲜明对照，令人生起厌离娑婆、欣求极乐之愿心。慈云大师的这十个苦乐对照，从佛教的角度指明了娑婆世界与净土世界的鲜明区别。

净土宗主张的因秽土的罪恶与痛苦而生出厌离之愿，并不是要主张消极避世和从现实中逃离的精神。欣慕向往西方极乐世界，只是表达了出世的愿望，出世并不意味着离世。佛教反对自杀，佛教五戒的第一戒就是不杀生，它表明佛教对一切有情生物的生命的尊重。佛教向众生揭示了世间的痛苦与罪恶，同时反对任何人放弃自己的生命。至于如何在这个世界生存？佛教经典说，人就是要发愿修行往生佛国净土，不仅为自己而修行，更为了救度苦难众生而修行。观照极乐世界诸往生者，都发佛道无上誓愿成之愿。净土宗厌离行和欣慕行具摄两种回向：一种是成就自己往生的往相回向，一种是倒驾慈航回入生死园烦恼林中济度众生的还相回向，这两种回向体现了救度自己和救度众生的大慈悲之心。往生与回入娑婆救度众生，体现

---

① 释大安集述《净土宗教程》，庐山东林寺印经处，2006，第 313~314 页。

了净土宗的慈悲伦理精神。佛教强调，每个在世间之人都应意识到所处世界的恶和罪，都应发愿救度自己以摆脱苦难和痛苦。佛教强调道德上的自利，认为修行人要有良好的个人修养。如果人不能救度自己也就无从谈起救度他人，自利是利他的前提。但佛教也认为，仅仅做到自利、自觉还远远不够，更需要重视慈悲精神在修行中的作用。净土宗"回向为首，成就大悲心"的修行态度，强调要将慈悲心的培养作为修行的首要内容，甚至视为往生的一个必要条件。

从伦理学角度看，众生的"愿"或"愿力"，有着鲜明的伦理特色。发愿往生净土的厌离心和欣慕心，是两种对照的道德情感以及道德意志，即对道德上恶与痛苦的世界的厌弃感和意志力，对没有恶与痛苦的极乐世界的认同感和追求彼世的意志力。由信而发愿是一种向善弃恶的道德情感与意志，激励众生树立往生净土的道德理想，践行道德规范与佛教戒律，提升道德品质以净化自心。道德实践是净土修行的内在要求，没有道德修养、不履践道德规范和准则，就不可能实现往生净土的道德理想。遵守各种道德规范，努力提升道德境界，生则可净化身心实现人间净土，死则往生极乐世界享受解脱之乐。

二　追寻圆满的道德成就：深信发愿即无上菩提

菩提心是万善之本，发菩提心是入大乘佛道的要门。省庵大师《劝发菩提心文》说："尝闻入道要门，发心为首；修行急务，立愿居先。愿立则众生可度，心发则佛道堪成。苟不发广大心，立坚固愿，则纵经尘劫，依然还在轮回；虽有修行，总是徒劳辛苦，故华严经云：'忘失菩提心，修诸善法，是名魔业'。忘失尚尔，况未发乎？故知欲学如来乘，必先具发菩萨愿，不可缓也。"可见，净土宗提倡深信切愿，发菩提心，持名念佛求生净土的重要作用。"菩提"是梵文"Bodhi"的音译，意思是觉悟与智慧，指人犹如从睡梦中醒来，突然大彻大悟，顿悟到人世间的真理与智慧，达到超越或超凡脱俗的境界。菩提即觉悟智慧。"心"是一个特殊的中国语言概念，指的是人的内在精神或心灵。菩提心就是从内在精神意义上具有了佛的觉悟。换言之，当我们对秽土凡俗有了厌离心，就能从世俗的追求中超脱出来。有了厌离愿与欣慕愿，就能生起一种觉的智慧或佛的智慧，即菩提心。蕅益大师认为，深信发愿即无上菩提，修行者有了对自我的信心、对阿弥陀佛和西方净土的深信，自然就会生起对娑婆秽土的厌离心和对西方极乐世界的欣慕心，就会发愿厌离五浊恶世和求生西方极乐世界，从而产生无上菩提心。换言之，菩提即是对人生的彻悟，并体现在对尘世的厌离愿与对极乐世界的欣慕愿。净土宗的菩提心强调要将"信、愿"合一，发愿即是无上菩提。同时，净土宗还把发愿与人生觉悟联系起来，强调发愿就是人生觉悟并因此而获得佛的智慧。"发菩提心"并非是发现菩提心，而是在产生愿望或发愿的意义上产生菩提心。从菩提心即为人生觉悟来看，众生因为真信和愿力，就能从世俗意义上的道德主体转向宗教意义上的道德主体，在主体意义上实现了质的变化与飞跃。

菩提的觉意有佛的智慧。什么是佛的智慧？大乘佛教一般将四弘愿作为菩提心的代表。四弘愿也是从释迦牟尼的四圣谛而来。（一）就苦谛而言，娑婆众生为无边无量痛苦所逼，在生死苦难海中永无出头之时，佛发大慈悲心，发起度众生无边誓愿；（二）就集谛而言，一切众生心中充满无量烦恼，都为业感所报。苦为果，集为因，佛大慈悲生起决断心，发誓断无量众生无边痛苦烦恼；（三）就灭谛而言，既了断则灭生死之苦，得领悟观照西方极乐世界往生者，无量菩萨善知识云集，闻佛法而享受无量快乐，发起法门无量誓愿学之大愿；（四）就道谛而言，为修得涅槃境界得完全解脱，一生圆成正道得不退转，发佛道无上誓愿成之愿。总之，菩萨四弘誓愿的本质内涵为"上求佛道，下化众生，智悲并运，六度齐修"。菩提心是成就佛道之本，求往生西方净土者，亦必须发菩提心。四弘愿的前两者对应的是出离秽土众生之苦，后两者对应的是欣慕极乐世界之乐。佛教净土既出世又入世，而且以入世救度为前提，强调没有入世救度也就没有出世，出世在于入世。就本质而言，菩提心也是慈悲心。因此，四弘愿表现了净土宗对于现实世界众生的生存与道德的强烈关怀。

净土宗经典告诉人们，发菩提心与众生誓愿往生是一而二、二而一的事。如在《佛说无量寿经》中，说到三辈往生时："发菩提心。一向专念无量寿佛。修诸功德愿生彼国。"①

———

① （魏）康僧铠译《佛说无量寿经》卷下，《大正藏》第12册，第272页中。

以及"其有众生。欲于今世见无量寿佛。应发无上菩提之心。修行功德。愿生彼国",① 此为上辈往生。佛还告诉阿难说："其中辈者。十方世界诸天人民。其有至心愿往生彼国。虽不能行作沙门大修功德。当发无上菩提之心。一向专念无量寿佛。多少修善。"② 这是讲中辈往生。而对于下辈往生，佛告诫阿难说："当发无上菩提之心。一向专意乃至十念。念无量寿佛愿生其国。若闻深法欢喜信乐不生疑惑。乃至一念念于彼佛。以至诚心愿生其国。"③ 所谓"三辈"，是指具有不同修行觉悟的人，愿往生佛国净土之人皆应发无上菩提心。既然发愿往生，就是发无上菩提之心，即只有这种觉悟和智慧，才能产生修行往生之愿。

《佛说观无量寿佛经》解释菩提心为"三心"："若有众生愿生彼国者。发三种心即便往生。何等为三。一者至诚心。二者深心。三者回向发愿心。具三心者必生彼国。"④ 三心在佛经的其他地方就是"菩提心"。菩提强调的是众生皈依佛门，向往净土的智与觉，三心中的二心强调心理层面的信念，或发愿是否真诚和出自内心。这就是对净土之愿的深层探讨，菩提心也从佛的立场上指出了厌离心和欣慕心的佛教意义，"三心"强调信念和愿望的心理道德意义。

净土宗把"心"与"愿"这两个概念内在地联系起来，

① （魏）康僧铠译《佛说无量寿经》卷下，《大正藏》第 12 册，第 272 页中。
② （魏）康僧铠译《佛说无量寿经》卷下，《大正藏》第 12 册，第 272 页中。
③ （魏）康僧铠译《佛说无量寿经》卷下，《大正藏》第 12 册，第 272 页下。
④ （南朝宋）畺良耶舍译《佛说观无量寿经》，《大正藏》第 12 册，第 344 页下。

表明了愿从心出，从心说愿，说明了愿的起处与本源。真正的愿就是自己心灵的声音，要求有至诚之心。"至诚心"是众生对佛的信念、信仰，以及自我修行的诚心。印光法师指出，念佛之人要以真切的信愿来念，"其诀唯何，曰诚，曰恭敬。此语举世咸知，此道举世咸知。印光由罪业深重，企消除罪业，以报佛恩。每寻求古德之修持懿范。由是而知诚与恭敬，实为超凡入圣了生脱列之极妙秘诀"。① 印光法师以自身的信仰体验，指出了诚心的重要性。他认为，真心诚意，恭敬待佛，诚修善业，绝无半点虚情假意，方才可回向往生极乐净土。善导大师对此也说道：至者真。诚者实。欲明一切众生身口意业所修解行。必须真实心中作。不得外现贤善精进之相。内怀虚假。贪嗔邪伪。奸诈百端。恶性难侵。事同蛇蝎。虽起三业。名为杂毒之善。亦名虚假之行。不名真实业也……欲回此杂毒之行求生彼佛净土者。此必不可也。"② 这一言行也同样强调诚者为真，只有真心诚意地修善业，才可真正往生净土。印光法师说："吾常曰，欲得佛法实益，须向恭敬中求。有一分恭敬，即消一分罪业，增一分福慧。有十分恭敬，即消十分罪业，增十分福慧。若毫无恭敬，虽诵经念佛，亦非毫无利益。而亵渎之罪，当先受之，堕落三途，经若干劫。"③ 无至诚心

---

① 释印光著述《复永嘉某居士书（五）》，《印光法师文钞》上册，宗教文化出版社，2008，第 51~52 页。
② （唐）善导集记《观无量寿佛经疏》，《大正藏》第 37 册，第 270 页中~271 页上。
③ 释印光著述《诚吾乡初发心学佛者书》，《印光法师文钞》上册，宗教文化出版社，2008，第 183 页。

求往生，则菩提心不圆满，自然无法与阿弥陀佛感应道交得往生。

净土修行三资粮，无论是信、愿还是行，都应真诚出自内心。净土祖师认为，虚假之心只会增加自己的罪业，而真诚恭敬则能增加自己的福慧。是增加自身之罪业，还是福慧，都要从行为动机来评判。动机不诚必定增加罪业，动机诚则必然增加福慧，并要把后果与动机联系起来，强调动机对于后果的意义与价值。净土宗强调意念纯正对于修行后果的重要性。这就如同康德对于"善良意志"的强调，康德说："在世界之中，一般地甚至在世界之外，唯一除了一个善良意志（guter wille）以外，根本不能设想任何东西有可能无限制地被视为善的。"[1]康德提出，人们只有从意志是否善良才可解释行为具有怎样的道德价值。凡是从善良意志而来的行为都是善，否则就不是善。如果以不诚或欺骗的意志而发生的行为，只能是恶或罪。宗教修行本身是因信念而起的行为，如果不是真心诚意，而是虚假意愿而发生的行为，就不仅是自欺，而且是对佛的大不敬。端正对于信仰的心态，是修行的前提。

净土宗不仅重视正心诚意，还强调要有"深心"。所谓深心，就是对于自己的信念坚定不移，有很深的心理和情感认同。佛教"业"的概念包含身、口、意三业，此三业在道德上又分为善、恶和无记三种性质。在三业中，尤重意业，也就是心理

---

① 〔德〕康德：《道德形而上学奠基》，杨云飞译，人民出版社，2013，第11页。

或意识活动。佛教认为"心"即心理和意识在众生生死流转中起决定作用，正如净土宗祖师彻悟大师所言："心能造业，心能转业。业由心造，业随心转。心不能转业，即为业缚。业不随心转，即能缚心。心何以能转业？心与道合，心与佛合，即能转业。业何以能缚心？心依常分，任运作受，即为业缚。"①彻悟禅师强调心的能动作用，也强调只有发挥心的能动作用，才能不为业所缚，如果发挥了心的能动作用，非但不为业所缚，还能够"转业"，即转变业的道德性质，并且证得无上菩提。

回向发愿心即是自利利他之心。昙鸾大师在阐述世亲菩萨《往生论》中的"菩萨巧方便回向"时说："案王舍城所说《无量寿经》，三辈生中，虽行有优劣，莫不皆发无上菩提之心，此无上菩提心，即是愿作佛心。愿作佛心，即是度众生心。度众生心，即摄取众生生净佛国土心。是故愿生彼安乐净土者，要发无上菩提心也。若人不发无上菩提心，但闻彼国土受乐无间，为乐故愿生，亦当不得往生也。"②昙鸾认为，无上菩提心实则就是回向发愿心，菩提心也即是佛的觉悟。一般而言，发愿就是自己内心中所发出或发生的愿望，发愿并不一定有善行。而回向发愿所指的却要以善业为依托。善导大师对回向发愿心的阐释较详，他在《观无量寿佛经疏》中将回向分为两类："言回向发愿心者，过去及以今生，身口意业所修世出世善根，及随喜他一切凡圣身口意业所修世出世善根，以

---

① （清）彻悟大师：《彻悟大师文集》，九州出版社，2013，第 28 页。
② （北魏）昙鸾注解《无量寿经优婆提舍愿生偈注》，《大正藏》第 40 册，第 842 页上。

此自他所修善根，悉皆真实深信心中，回向愿生彼国，故名回向发愿心也。……又言回向者，生彼国已，还起大悲，回入生死，教化众生，亦名回向也。"① 在这里，与真实心的自利真实和利他真实相对应，回向亦分为上述的自利回向（往生回向）和利他同向（还入回向）。回向发愿以善业或功德为基础或前提，体现了净土宗的伦理特色。《佛说观无量寿经》提出了"回向发愿"，指明了净土发愿或佛教发愿与一般发愿的不同。佛教发愿是回向之愿，即总是以善业为前提和基础。回向发愿不论是自利还是利他，都指向往生解脱，都具有出世精神和出世追求。净土宗修行能够把入世的道德修行与出世的宗教信仰追求有机结合起来，这都在回向发愿的要素中都得到了体现。

净土宗的回向发愿，体现了佛教伦理自利利他的根本精神，关涉到佛教对人我关系的认识。佛教将众生的道德完善当作修行的主要目标，回向修行功德实际上就是对众生道德完善的期许。佛教认为，修行是一种道德责任，也是对众生的道德完善程度的促进。这也就是将众生看成道德上相互提携帮助的对象，体现了佛教的慈悲伦理。作为大乘宗派，净土宗奉行"自利利他"，认为先自利才有能力利他，在自己尚未得度前，无力来度脱他人，即自他两不利。净土宗的回向偏重于自利，即把个人往生解脱放在首位，把对众生的拔苦予乐放在其次。其认为只有自己得到了解脱（成功往生极乐世界），才有能力

---

① （唐）善导集记《观无量寿佛经疏》，《大正藏》第 37 册，第 272 页中～第 273 页中。

救度众生。道绰在《安乐集（卷下）》中专门谈到这个问题，他引用经论来表明自己的观点说："菩萨生净土，具大神通，辩才无碍，教化众生时，尚不能令众生生善灭恶，增道进位，称菩萨意。若即在秽土拔济者，阙无此益。如似逼鸡入水，岂能不湿也。"[①] 道绰主张先发愿往生净土，取大悲船，乘无碍辩才，后入生死海，济运众生。净土宗这种先往生到了极乐世界得证无生法忍，然后再入娑婆世界救度三界苦难众生的道德责任意识，对当代社会道德建设也有着一定的积极意义。

净土宗的"愿"或"愿力"概念，涉及净土宗的核心理念或终极价值目标——西方极乐世界。极乐世界作为理想境地，是对一切众生的伦理道德关怀，涉及净土信仰得以成立和往生目标得以实现的关键环节。作为往生西方净土的三资粮之一，"愿"处于承前启后的枢纽作用。"愿"的内涵丰富，包括有厌离行与欣慕行的道德情感与道德意志，以及菩提心和无上菩提心的道德责任意识和担当。净土宗强调发愿需要具备至诚心和深心，同时指明了回向发愿本身就是菩提心。"回向发愿"的菩提心则内含佛教自利利他的根本精神，并表明自利与利他互不对立，内含着济世的道德情怀，是道德境界的一种体现。

阿弥陀佛构建极乐净土与众生信愿念佛求生净土的关系，实际上体现的是佛与众生的道德义务关系。作为拯救者，佛是

---

① （南北朝）昙鸾、道绰：《昙鸾大师　道绰大师文集》，张景岗点校，九州出版社，2014，第165页。

慈悲并且可依赖的。作为道德主体，众生不是被动为佛所救，而是通过修行力图从心灵上完善自己，涤除自己心灵上的污秽，使内心得以清净。众生的愿或愿力要求以善德为前提，从而使得众生的修行过程就表现为道德的实践过程和道德品质的升华过程。修行目标虽在极乐世界，但修行意义却体现在当下。净土宗认为，只要有了道德修行，并能诚心念佛，就能得阿弥陀佛不可思议之愿力接引而往生。

第六章　以行为用的净土宗伦理实践

作为净土宗修行"三资粮"（资本）之一的"行"，是将佛教信仰与信念及其所产生的意愿化为行动的过程，即将"信"与"愿"落实到具体的修行活动中。净土宗修行可分为正行与助行两类，其中以"持名念佛"为正行，以"广行诸善"为助行，后者包括一切世间和出世间善行。在《佛说观无量寿佛经》中，用"净业三福"描述净业助行。善导大师首先提出"正行、杂行"的分判。正行又分为"正定之业"与"助行"，"正定之业"即一心专念弥陀佛名号，"助行"即读诵、观想、礼拜、赞叹；其余佛教善行则被定义为"杂行"。① 永明大师提倡"万善同归"，即修一切善法回向往生极乐世界。印光大师除了划分正行与助行之外，还划分了专修和杂修，即是以念佛为正行，以一切戒定慧为助行；以一心专念阿弥陀佛名号求生净土为"专修"，以万善齐修、回向净土为

① （唐）善导、法照、少康著，张景岗编校《唐代净土祖师全集》，九州出版社，2013，第86~87页。

"圆修"。① 印光法师认为，专修和圆修适用于不同根基（不同的觉悟水平）之人，中下根人应当专修念佛正行，上根人才可以圆修万行，回向净土。② 关于正行和助行的关系，印光法师将其形象地比喻为"内功与外功"的关系："修行人外功内功皆当修。汝一向多方帮助各善举，乃外功。一心念佛，乃内功。外功为助行，内功为正行。正助合行，利益甚大。"③ 他强调说，净土宗的修行即为"正助合行"。何谓正助合行？即"真信切愿、持念阿弥陀佛名号"和"诸恶莫作、众善奉行"。

净土宗的修行观，指的就是净土正行与助行的合一。净土宗的修行观与伦理学的道德实践观既有区别又有内在重叠。净土宗的修行由两个部分组成，即以宗教意义为主的修行活动和以伦理道德意义为主的修行活动。宗教意义为主的修行活动包括有念佛、诵经和礼佛等；伦理道德意义为主的修行活动有净业三福、慈善救济和公益活动等。在净土宗的修行活动中，持名念佛是最重要的修行活动，其他的修行活动次之。净业三福被称为净业助行，念诵阿弥陀佛名号被称为正行。净业三福是一种伦理学意义上的道德实践，如孝敬父母也是净土净业助行的重要道德实践之一。对净土修行观的完整理解，就需要看到这两个部分的统一。净土宗以依靠阿弥陀佛救助力即"他力果觉"，作为区别其他宗派的特征，并强调从自身行为的规律

---

① 释印光著述《复永嘉某居士昆季书》，《印光法师文钞》，宗教文化出版社，2009，第43页。
② 释印光著述《复永嘉某居士书二》，《印光法师文钞》，宗教文化出版社，2009，第70页。
③ 释印光著述《复方圣照居士书》，《印光法师文钞》，宗教文化出版社，2009，第579页。

中演绎出修行实践的标准，阐明了修行论立足于人本身，以自力作为佛教修行和道德修养的根本。作为净土宗修行伦理的道德修养实践部分，"行"既有"福、慧双修"的个体道德实践，也有"庄严净土，利乐有情"的社会伦理期许。总之，"行"作为净土宗的修行观，由宗教意义上的持名念佛为主，以行为者践行净业助行提升自我的道德修养为辅，形成了相对缜密的道德实践体系。

第一节 净业正行：持名念佛

持名念佛是净土宗最主要的修行行为。在"信、愿、行"三资粮中，"行"把对佛教净土的信仰、信念和意愿具体落实到净土宗的行为实践之中。净土宗的修行与其他诸宗修行的不同之处在于，净土宗把称念阿弥陀佛名号作为最主要的修行活动，把净业助行即对自身的道德品性的修正作为辅助修行方式。

一 持名念佛与宗教道德实践

持名念佛是净土宗在佛教意义上最主要的修行活动，也是在"信、愿"前提下的实践活动。无论是从宗教实践行为还是从伦理道德实践行为来看，"行"都是以相应的认知和意愿为前提的。

净土宗的修行活动有一般佛教修行论的特征，同时又有很强的自身特色。无论是从宗教意义还是从伦理学意义上来看，佛教的修行都是以一定的认知为前提。佛教的根本特点是重视智慧，这种智慧涵盖佛法和人生两个层面。如果对佛法无知无明，就不会有佛教修行。宗教认知和道德认识是宗教修行和道德修养的前提，是宗教修行和道德修养走向自觉的关键。佛教重视认知，形成了丰富的佛教认知和道德认识论。净土宗在继承佛教关于人生和伦理的思想传统的基础上，发展出了自身的宗教修行道德认识论。佛教把"破除无明"放在极重要的位置，"因缘果报论"和"佛性论"是佛教智慧共有的一般信念，为净土宗的道德修养思想提供了哲学基础。"因缘果报论"则阐释了生命何以在三界六道中轮回流转，在生死苦海中升降浮沉，并提出唯有断绝生死轮回，摆脱业力的缠缚，生命才能彻底出离苦海；"佛性论"昭示了众生能够解脱成佛的内在性依据，使修行成佛实现解脱成为可能。净土宗在承认一切众生皆有佛性的前提下，强调自力修行对于往生极乐净土的基础性作用，还强调阿弥陀佛愿力救度对往生西方、超越轮回的导向作用。这种强调自力与他力结合以往生净土并实现最终成佛的根本观点，构成了净土宗与其他大乘佛教宗派的根本区别。其他佛教宗派强调修行靠自力，而净土宗强调依靠自、他二力的结合。

从靠自力解脱到靠自、他二力解脱的转变，使净土宗在修行观上更为侧重"信愿念佛"。这一修行机制，就是通过直接的人—佛关系与阿弥陀佛感应道交，蒙佛力接引往生西方极乐世界。这点初看，或类似于路德新教的"因信称义"，即强调每个人都依靠自己对主的信仰而得救。但实际上，两者却具有本质上的不同。首先，阿弥陀佛与众生的关系并非是至上神与仆民的隶属关系，而是基于众生佛性与佛的平等无二的救助关系；其次，净土宗得以往生的前提仍然以自力为主，没有行为者自身坚定的信、愿、行，仅凭弥陀救助力将无法得以往生。净土修行强调持名念佛，使其在宗教修行和道德修养上偏重于人与佛的伦理关系，并以此来划分诸善万行的层次结构以及具体的道德修养方式。

人是有灵性的生命，人的灵性就在于人能够明了自己的行为动机与意图。作为以探寻智慧为目的的宗教，佛教修行的前提也强调知的重要性，也就是说佛教总是要诉诸理性，而不是强调非理性。如缘起论就是从世界本体论的意义上告诉众生，世间万事万物都是因缘和合而成。佛教通过对人生痛苦与烦恼的因果分析，让众生了悟痛苦与烦恼的根源，同时向众生指明趣向摆脱之路。佛教承认有超越于和高于世俗的领域与境界，并认为终极解脱境界又不能等同于世智，所以才有真、俗二谛之分。佛教指明，要依戒、定、慧三学而修行，戒是"戒止恶行"，定是"定心一处"，慧是"破妄证真"。持戒清净则身心轻安，心安则可得定，得定则可如实观照，念念分明而生智慧。佛教认为，戒、定、慧三法，可以对治"贪、嗔、痴"三毒，断除无明烦恼，最终成就佛果。因此，佛教的道德认识为般若智慧。"若有智慧，则有此岸登彼岸。若无智慧，则永劫在生死苦海中，莫之能出。"① 般若，是梵文 Prajāpāramitā 的音译，般若智慧被称为真实慧、佛慧。般若分世俗般若和胜义般若，也叫世俗谛和胜义谛。世俗谛就是语言和思维所能到达的境界，因果轮回、生死无常等属于世俗谛；胜义谛是超越语言和思维的境界，是见性后证悟自性的境界。此处的"证"和"悟"是两个概念，"悟"是初步觉悟，"证"是大彻大悟和明心见性的真悟。真悟不等于解脱，悟而不解脱的原因是烦恼习气未断。由此可见，在净土修行伦理看来，光有伦理意义上的道德认识还不够，还必须从世俗伦理的认识上升到对佛性的认知，实现从世俗伦理到佛教至高境界的提升。净土宗认为，这两种般若都需要体现在修行中。实际上，对于任何大乘佛教宗派来说，世俗般若都是最基本、最必要的修行，但仅有世俗般若远不足以解决心灵之苦，还必须有胜义般若，即超越语言与思维和证得佛性的智慧。

佛教强调要解行并重，要求对佛教义理做到通达无碍，通过宗教修行验证教理的真实不虚。圆满的解，即是圆融通达佛教教理，但佛教的真义，却并不只存在于文字义理中，更重要的是净心修身，灭除我相，勤修戒、定、慧，熄灭贪、嗔、痴。佛教认识论要始终服务于解脱论，即使有知解，也必须还要努力实修体证。从佛教修行观看，"解行并重"就是要勤修"戒定慧"，远离"贪、嗔、痴"。唯有解行并重，

① 印光法师：《复荣柏云居士书》，《印光法师文钞》上卷，宗教文化出版社，2009，第670页。

才能将道德认识、道德实践与佛教信念和终极成佛实现至善结合起来，才能提升道德修养和修行境界。主张禅净双修的莲池大师说："参禅人虽念念探究本心，而不妨发愿，愿命终时往生极乐。所以者何？参禅虽得个悟出，尚未能如诸佛住常寂光，又未能如阿罗汉不受后有，则尽此报身，必有生出。与其生人世而亲名师，孰若生莲花而亲近弥陀之为胜乎？然则念佛不惟不碍参禅，实有益于参禅也。"① 禅是佛教修行的重要方法之一，佛教中的"禅"，有禅那、四禅天、坐禅等修行方法。禅那（dhyana）即为冥想，有定、静虑、思维修等意。所谓"四禅天"，即为禅的四重境界，为初禅离生喜乐，二禅定生喜乐，三禅为离喜妙乐，四禅舍念清净。"坐禅"，顾名思义，即用坐的姿态来修行，或者说，禅定。参禅即为进行禅的修行活动，参禅所得即为悟，"悟"即为"觉"。佛教的"悟"，即自我中心的脱落，自私烦恼和执着的解除。大乘的"悟"还有自觉、觉他之意。按莲池大师所说，除了禅修之外，加上念佛，即念阿弥陀佛名号，对于禅定修行来说是有益而无害的。在中国佛教史上禅宗出现相对较晚，但禅宗与净土宗两个佛教宗派之间互通有无，修禅可以念佛，念佛求生也可以禅修。把往生的终极追求与佛教道德实践相结合，提升佛教修行的境界，目的就在于证悟般若实智，断除生死轮回。

---

① （明）莲池大师：《莲池大师文集》，九州出版社，2013，第399页。

二　持名念佛的要义

如何理解"持名念佛"？持名念佛即是一心专念诵阿弥陀佛的名号。阿弥陀佛是梵语 Amitābha 的音译，还有阿弥多佛、阿弥唎都、阿弭亸佛、阿弭趶佛、阿弥多婆、阿弥陀婆等多个音译。通常被意译为无量佛、无量寿佛、无量光佛、阿甘露王如来、无量清净佛、无极尊等。一般简称为阿弥陀佛、阿弥陀或弥陀。阿弥陀意为"无量"；阿弥陀佛（amita buddha）意为无量佛。何为"无量"？无量即为无限量，如同数学中的"无穷大"，无限量即包括一切，有限量就不可能涵盖一切，无量即圆满。《佛说观无量寿佛经》说："见无量寿佛者。即见十方无量诸佛。"① 在梵语 amita 后面，附加 ābha 即为 amitābha，意为无量光，光明象征着自由、幸福与快乐，佛的光明即为智慧之光，照遍十方世界。佛经描述佛在讲法前放无量光，寓意智慧之光无限遍照。在梵语 amita 后面，附加 āyus 即为 amitāyus，意为无量寿，大乘佛教经文上说，佛常住涅槃，佛的常住和无量寿是诸佛共通的，阿弥陀佛寿命无量无边。佛教传入中国后，初被翻译为无量寿、无量光。净土宗五经中有两部重要的经文都名为"无量寿经"，即《佛说无量寿经》和《佛说观无量寿佛经》。印顺法师认为，对世间众生来说，把佛称为光明佛，慧光普照，不如称为无量寿佛更为契

---

① （南朝宋）畺良耶舍译《佛说观无量寿佛经》，《大正藏》第 12 册，第 343 页下。

机，因为永恒之生命是世间众生之共望。

一般将阿弥陀佛名号称作"南无（namo）阿弥陀佛"。《佛说观无量寿佛经》云："智者复教合掌叉手。称南无阿弥陀佛。称佛名故。除五十亿劫生死之罪。"[1] 梵语 "Namoamitābhāya buddhāya""Namomitayus buddhāya"，音为南无阿弥陀佛耶，意指归命无量光佛、无量寿佛。何为"南无"？善导大师在《观无量寿佛经疏》中解释道："无量寿者。乃是此地汉音。言南无阿弥陀佛者。又是西国正音。又南者是归。无者是命。阿者是无。弥者是量。陀者是寿。佛者是觉。故言归命无量寿觉。此乃梵汉相对其义如此。"[2] 善导大师又云："言南无者即是归命。亦是发愿回向之义。言阿弥陀佛者即是其行。以斯义故必得往生。"[3] 因此，南无阿弥陀佛又可称之为"归命无量寿觉"，即归依无量光佛（无量寿佛）之意。归命者，即是信仰阿弥陀佛，并一心仰仗阿弥陀佛救助而得归命西方极乐世界的一切有情众生。

念诵"阿弥陀佛"或"南无阿弥陀佛"，被认为是净土修行者的念佛方式，称为四字洪名或六字洪名。《佛说无量寿经》把往生西方极乐净土的众生区分为三类：上辈往生、中辈往生和下辈往生。如前文所述，三辈往生的"辈"不是世俗所指称的世代之意，而是对往生者的分类，即区分为上、

---

① （南朝宋）畺良耶舍译《佛说观无量寿佛经》，《大正藏》第 12 册，第 345 页下。
② （唐）善导集记《观无量寿佛经疏》，《大正藏》第 37 册，第 246 页中、下。
③ （唐）善导集记《观无量寿佛经疏》，《大正藏》第 37 册，第 250 页上、中。

中、下三类人。个体道德修养的层次决定了往生净土品位的高低，上辈往生者专指舍家弃欲而作沙门的修行者，即出家人，这样的众生因"发菩提心。一向专念无量寿佛。修诸功德愿生彼国。此等众生临寿终时。无量寿佛与诸大众。现其人前。即随彼佛往生其国"。① 我们可以看到，专念阿弥陀佛名号是一个重要的修行要素。按伦理学观点看，上辈往生者都是德行高尚，以菩提心为道德信念，在道德实践过程中广行诸善，契合阿弥陀佛的圆满觉性，即与阿弥陀佛感应道交，从而得以上辈往生的出家人。中辈往生者在修行过程中，"当发无上菩提之心。一向专念无量寿佛。多少修善。奉持斋戒。起立塔像。饭食沙门。悬缯然灯。散华烧香。以此回向愿生彼国。其人临终。无量寿佛。化现其身。光明相好具如真佛。与诸大众现其人前。即随化佛往生其国"。② 其宗教的修行功德和个体的道德实践水平较前者为次。这类修行者仍然是以称念阿弥陀佛名号为重要的修行德目，尽量行善并按宗教仪轨勉力修行，持戒念佛并发愿去往生极乐净土，命终之时得阿弥陀佛接引而实现往生净土。下辈往生者专指"十方世界诸天人民"，即所有尚未摆脱生死轮回的烦恼有情众生，"其有至心欲生彼国。假使不能作诸功德。当发无上菩提之心。一向专意乃至十念。念无量寿佛愿生其国。若闻深法欢喜信乐不生疑惑。乃至一念念于彼佛。以至诚心愿生其国。此人临终。梦见彼佛亦得往生。功

---

① （魏）康僧铠译《佛说无量寿经》，《大正藏》第 12 册，第 272 页中。
② （魏）康僧铠译《佛说无量寿经》，《大正藏》第 12 册，第 272 页中、下。

德智慧次如中辈者也"。① 这类修行者即使不能像出家人那样专职修行，但只要能够深信佛法，一心专念，以至诚心发愿去往生到西方极乐世界，临命终时仍然可以往生西方净土。《佛说阿弥陀经》中提到，念阿弥陀佛名号者只要善根未尽，一心称念名号一日至七日，即可往生净土："若有善男子善女人。闻说阿弥陀佛。执持名号。若一日。若二日。若三日。若四日。若五日。若六日。若七日。一心不乱。其人临命终时。阿弥陀佛与诸圣众。现在其前。是人终时心不颠倒。即得往生阿弥陀佛极乐国土。"② 即使是作恶多端之人，在临终时意识到了自己的罪恶并且愿意持名念佛，仍可往生西方净土。更有甚者犯了五逆十恶，将来会因其恶业而堕入恶道者，临终时如果能幡然醒悟，喜闻佛教善知识的劝导而皈依持名念佛，仍然可以往生西方净土。佛经云："善友告言。汝若不能念彼佛者。应称归命无量寿佛。如是至心令声不绝。具足十念称南无阿弥陀佛。称佛名故。于念念中。除八十亿劫生死之罪。命终之时见金莲花犹如日轮住其人前。如一念顷即得往生极乐世界。"③ 阿弥陀佛四字名号或六字名号有着无边的威神之力。正如《佛说无量寿经》所云："十方恒沙诸佛如来。皆共赞叹无量寿佛威神功德不可思议。诸有众生闻其名号。信心欢喜乃至一念。至心回向愿生彼国。即得往生住不退转。"④ 阿弥陀

① （魏）康僧铠译《佛说无量寿经》，《大正藏》第 12 册，第 272 页下。
② （后秦）鸠摩罗什译《佛说阿弥陀经》，《大正藏》第 12 册，第 347 页中。
③ （南朝宋）畺良耶舍译《佛说观无量寿佛经》，《大正藏》第 12 册，第 346 页上。
④ （魏）康僧铠译《佛说无量寿经》，《大正藏》第 12 册，第 272 页中。

佛名号本身具有无限的能量，含摄阿弥陀佛因地之万行，果地之万般功德，所以佛经描述说称念佛名功德效验无量，威神功德不可思议。以信愿为前提持名念佛，能除无量生死之罪，念佛者得十方恒沙诸佛护持。这一方面诠释了佛教提出的"一切众生皆有佛性、皆可以成佛"的佛性论，另一方面也体现了佛教超越所有生命形式的终极平等。

如上所述，众生持名念佛得生西方极乐净土，是对众生本有佛性的最好诠释。阿弥陀佛名号内含有无量觉性与无量光明两重佛果功德，一心念诵南无阿弥陀佛六字名号，意味着把自己生命的归处托付给阿弥陀佛，从而建立起个体与阿弥陀佛之间的归命依托关系。之所以能够建立这样的人佛关系，在于人之本性与佛之本性的内在相通，从根本说上二者皆善。按佛教的说法，烦恼众生本来具有和阿弥陀佛一样的无量光与无量寿之本性，只因秽土尘世的污染和无明烦恼的遮蔽而迷失了本有的佛性，因而并不能认为众生没有佛性，众生的佛性只是因为贪、嗔、痴而暂时被蒙蔽，通过修行戒、定、慧，断除烦恼，佛性会恢复觉照。在净土宗看来，阿弥陀佛是佛性即无量光明与无量寿的化身或代表，当众生因信愿而持名念佛时，则表明众生愿以阿弥陀佛的佛性来去除对自己佛性的遮蔽，而将阿弥陀佛的光明透进自己的本性之中。对此，大安法师说："阿弥陀佛将果地无量光寿功德蕴摄在南无阿弥陀佛名号中，经由音声光明之媒介，投入吾辈凡夫众生的心内，俾令光寿果觉引发吾人本具的光寿性德。是心作佛，是心是佛。信愿持名，往生净土，圆成佛果。可见六字洪名与吾人法身慧命具有深层次的耦合。"① 换言之，阿弥陀佛的佛性与众生的佛性本来就是一个性，两者在本质上是同一的。而在信愿前提下的持名念佛，则是为了实现这两者的同一。"吾人信愿持名时，阿弥陀佛的悲智愿力即在心性中显示，念佛人全摄功德为自功德，香光庄严。由信愿持名故，业力凡夫必定往生净土。"② 不论死后世界是否真实存在，不论往生论是否真实成立，佛教理论都是自洽的。佛教"多重本体论"、"世界结构论"及"因缘果报论"，都可以为净土宗的"往生论"作出理论论证。净土宗自身所需要的，只是能够证明阿弥陀佛之佛性与众生之性是内在贯通或是本质上的同一。

大乘各宗派都认为众生的佛性自性本具。如华严宗的法藏说："一显一体者。谓自性清净圆明体。然此即是如来藏中法性之体。从本已来性自满足。处染不垢。修治不净。故云自性清净。"③ 众生之性本来就清净圆明，此为如来藏法性之本体。法藏又说："一离佛心外无所化众生。况所说教。是故唯是佛心所现。此义云何。谓诸众生无别自体揽如来藏以成众生。然此如来藏即是佛智证为自体。是故众生举体总在佛智心中。"④ 佛智性、如来藏、清净圆明体，这些说法所指的都是佛性。圆明指的是佛性之光普照万物。法藏认为，众生自性与如来藏都

① 释大安集述《净土宗教程》（修订本），庐山东林寺印经处，2011，第321页。
② 释大安集述《净土宗教程》（修订本），庐山东林寺印经处，2011，第321页。
③ （唐）法藏述《修华严奥旨妄尽还源观》，《大正藏》第45册，第637页中。
④ （唐）法藏述《华严经探玄记》，《大正藏》第35册，第118页下。

是佛性，清净圆明，处尘而不染。清净不染所指的即是佛性始终是善而不是恶。法藏强调，如果不承认众生有佛性，何以说法教化众生，何以圆满佛教"上求佛道，下化众生"之菩提心，何以体现诸佛出世救度众生的本怀？确认众生与诸佛一样具有佛性，是佛教教义的根本。然而，众生的佛性随缘而染，法藏说："虽复随缘成于染净。而恒不失自性清净。只由不失自性清净故。能随缘成染净也。"① 众生的佛性由于因缘不同，或表现为染，或表现为净，不论其是否清净或染污，其自性清净永恒不变。众生的佛性，无论其表象如何，都不会因为表象而失去本有的清净自性。因此，教导众生除却内心的杂染，从而恢复本有的清净为佛教修行的前提基础。

　　净土宗的核心理念，强调了阿弥陀佛平等救助一切众生的愿力，接引所有信愿念佛的众生往生西方极乐净土的慈悲精神，体现了持名念佛的不可思议。从理论上看，这论证了佛教所提出的众生皆有善根德性，都可以通过修行成佛，达到至善。任何众生，只要信愿念佛求生净土，阿弥陀佛就会给予平等救度。如果一个临终将死之人，意识到自己一生的罪恶，带着悔改之心持名念佛的话，一般会认为其已具备了去恶从善的真切意愿，因为持名念佛表明了他的至诚之意。其次，佛教的生命观认为，一个人并非只有一次生命，众生的生命一直在以不同的形式处于不停的轮转中。所有三界中的有漏众生，都不

---

① （唐）法藏述《华严一乘教义分齐章》，《大正藏》第45册，第499页上、中。

可避免地在六道中轮回，如果今世作恶，来世将在恶道中轮回；今生行善，则在善道中轮回。死亡仅仅意味着生命形态的转变；或是往生佛国净土摆脱六道轮回，如往生极乐世界；或是堕入恶道继续受苦，如转生到地狱、恶鬼、畜生等恶道。死亡，只不过是生命的一个中转点。以净土宗的观点，如果恶人幡然醒悟，都应当给予善意的对待。任何众生，只要怀着至诚信愿，一心专念阿弥陀佛，无论他今生作为如何，专职修行与否，临命终时一定会得到阿弥陀佛愿力的接引而往生西方极乐净土。

　　净土宗经典中提到，若念佛者一心称念阿弥陀佛名号一日至七日，即得阿弥陀佛接引往生净土，即"七日念佛往生说"。需要阐明的是，这并不意味着净土宗在鼓励人们一辈子作恶，而仅仅在临终时皈依念佛。相反，净土宗是以世间最极端的例子来说明人人具足佛性，念佛可以往生净土。一方面说明如果至诚信愿念佛，人人可以往生净土。七日内一心专念可得往生，表明信、愿、行三门，即道德信念、道德意志与道德行为的极致合一。另一方面则强调了众生虽然有清净佛性，但因秽土因缘所染，往生因缘也会有所差异。但这却并不意味着净土宗把那些觉悟晚、念佛晚的人排除在往生之外。根据净土诸经所描述的不同的往生因缘，净土宗形成了"三辈九品往生说"。尽管净土宗认可众生一律平等往生西方极乐净土，但同时也承认因修行功德的不同，往生极乐净土所受到礼遇也不同。往生者的修行功德和道德品质与其往生极乐净土的品位正相关，即如果修行者戒律清净，定慧具足，则意味着其品德高尚、德性具足，其修行功德必定更圆满，其往生等级将会更高。由此可见，净土宗从价值取向上仍然鼓励今世修行，积德行善。

三　持名念佛的方式

以"信""愿"为前提，持名念佛求生西方极乐世界，不仅是净土宗重要的宗教修行活动，同时也是净土宗重要的道德实践活动。一心专念阿弥陀佛名号，行净业三福，最终必定得到阿弥陀佛的接引而往生西方极乐世界。这体现了修行者"自力"修行与阿弥陀佛"他力"接引的两相结合。其中的"自力"表现在对阿弥陀佛愿力以及佛力上，也表现在坚定信心和去恶从善的坚定信念与行动上。阿弥陀佛作为无量光明佛，其光明不仅代表佛的智慧，而且代表佛的无量慈悲与善德。念佛名号不仅仅是向往西方净土，同时也是心灵净土的建构的过程。念佛名号本身具有作为道德修行的道德内涵，净土宗的修行过程即是行为者追求至善的道德实践过程。

净土宗强调的"至诚专念佛号"，以一颗正心诚意的道德之心来念佛，这是对众生在世间净业修行的内在要求。阿弥陀佛慈悲无量，愿力接引一切信愿念佛众生往生西方极乐世界，这是佛之诚；而众生信、愿、念佛求生净土，则是众生之至诚。至诚即是敬，即对所信赖之对象抱着一种恭敬与虔敬的心态去追求、去向往。以恭敬与虔敬之心来念佛，也就要排除一切杂念，杜绝一切利欲诱惑，全身心专注于念佛。因此，念佛本身也就是一种至诚的修行。排除杂念就是要求专心，与夹杂相反。觉明妙行菩萨说："大凡修净土人最忌是夹杂。何谓夹杂？即是又讽经，又持咒，又做会，双好说些没要紧的禅，又要谈些吉凶祸福，见神见鬼的话，却是夹杂也。既夹杂，则心不专一，心不专一，则佛往生难矣。"[1] 净土宗二祖善导大师也强调，念佛名号要专心专念，无外杂缘则为正念。而所谓杂缘、杂念，即为佛教所谓的贪、嗔、痴等烦恼。排除杂念敬心诚意地称念佛号，首先要使自己的内心清净，去除贪欲妄念，做到诚心正意。对于到底应当排除哪些杂念杂缘，净土宗八祖莲池大师列出了七个方面。其中就有道德方面的要求，如不得好色、好味、好言等，不得起贪爱心，不得于恶色恶味而起嗔恼之心；对于恶言讥讽我者，咒骂我者，以及其他种种拂逆我者，都不起嗔恼之心；要求自己不得争名争势，而应执卑守愚等。换言之，做到这些，才可能做到一心正念。由此可见，修行者念佛名号的过程，实际上也就是修行者对自己内心的道德修炼过程。

持名念佛除了必须正心诚意之外，对于如何念佛，净土宗还提出了更多要求。实际上，中国大乘佛教秉持"导归净土"的修行理念，念佛是大乘各宗派修行的常用法门，禅宗和净土宗更是把念佛作为重要的修行方法。念佛并不仅仅是口中念念

---

[1]　释大安集述《净土宗教程》（修订本），庐山东林寺印经处，2011，第332页。

有词，而是在念诵的同时，要与内在的心理活动如内在直观想象等联系起来，即是把念佛与内在的心理观想联系起来，口念的同时专注于内心，并通过内在观照而产生一种神圣感受和对佛的崇敬心情。众所周知，顿悟成佛是禅宗最主要的修行理念。禅宗认为，一切众生皆有佛性，因而一切众生皆莫不是佛。而成佛即是体悟出来的真理，顿悟即是突然觉悟。这突然的觉悟如何得以发生？《注维摩诘经》说："佛理常在其心。念之便至矣。"① 又说："一念无不知者始乎大悟时也。以向诸行终得此事故以名焉。以直心为行初。义极一念知一切法。不亦是得佛之处乎。"② 顿悟可以理解为是在念佛过程中所产生的内在觉悟。念佛能够使自己悟出自己的佛性，不仅是因为众生有佛心，而且在于念佛过程中的心理直观，使外在之声音与内在之冥想相结合，产生成佛的顿悟感。六祖慧能也强调反观观照自性，由无念而见自性清净，即得顿悟出离烦恼，即见性成佛。③ 神秀认为，众生随缘因染使得自己的清净心被遮蔽，如果没有佛法智慧，就不得成佛，因此应当时时拂拭，排除杂染，断灭一切贪嗔痴，从而使内心清净无碍。人们念佛的同时需要运用内在思维来观心，即直观内省，以观照、觉察清净心的存在，应净心排除杂念。神秀说："夫念佛者。当须正念为正。不

---

① （东晋）僧肇选《注维摩诘经》，《大正藏》第 38 册，第 389 页上。
② （东晋）僧肇选《注维摩诘经》，《大正藏》第 38 册，第 365 页上。
③ 六祖慧能提出"无念"的概念。"无念为宗，无相为体，无住为本"是《坛经》之纲领。"念"为念头之念，即心头思维活动之念。我们所说的"念佛"的"念"，一般指持名念佛。六祖的"无念"，指"于一切境上不染，名为无念"（《坛经》），即不起虚妄之念。

了义即为邪。正念必得往生净国。"① 正念，也就是净心："诸佛如来有入道大方便。一念净心顿超佛地。"②

无论是净土宗还是其他佛教宗派，对念佛时的观想等内在思维活动都进行了大量描述与讨论。净土宗经典《佛说观无量寿佛经》详细描述了十六种观想念佛的方法。佛教所说的"观"有两层含义，第一层是上文所说的本性之观，也就是佛教所说的"止观"，即先涤除一切杂念或嗔欲妄想，或说先使内心寂灭，从而使内心呈现出清净的本性。方立天先生说："止和观都是梵语的意译。止是静息动心。远离邪念，止灭烦恼，使心安住于一境。观是发起正智，观想事物的真性，也即使心灵直下契入所观的对象，与之冥合为一。"③ 观想事物的真性，或抽象地观，是佛教"止观"的重要内涵之一。④ 第二层是想象中的直观。如同我们看虚构的小说，我们所读的文字，都具有某种形象称号表达的意味，都会在我们阅读时，在我们的思维里把作者所虚构的人物、事件随着情节的展开而活跃起来。佛教的"观想念佛"，也具有这样一种感性直观的意义。

---

① 失述者：《观心论》，《大正藏》第 85 册，第 1273 页上。
② 失述者：《大乘无心方便门》，《大正藏》第 85 册，第 1273 页下。
③ 方立天：《中国佛教哲学要义》（下卷），宗教文化出版社，2014，第 760 页。
④ 如天台宗的智颛提出了"一心三观"说。所谓"一心三观"，即"从假入空，名二谛观；从空入假，名平等观；二观为方便道，得入中道，双照二谛，心心寂灭，自然流入娑婆若海，名中道第一义观。"（《摩诃止观》卷第三，《大正藏》第 46 册，第 24 页）这里强调的是从有漏三界之因缘和合事物之假性从而观得普遍空性，而超越空假即得中道，即为获得佛教的最高智慧。这里的观，强调了抽象之"观"，实际上是一种理性运思。

　　净土宗在多种念佛方法中特别强调了观想念佛。方立天先生指出："中国佛教的念佛法门原有三种：一是口称佛名的持名念佛；二是观想佛的相好和功德的观想念佛；三是观照佛的佛身非有空有中道实想的实相念佛。到了北魏昙鸾，便同时提倡上述三种法门。后又经过道绰和善导两位净土祖师的宣扬，尤其是善导，在阐扬净土经典中影响最大的《佛说观无量寿佛经》的十六观门时，突出地倡导称名一门。"①　方先生指出了中国佛教史上念佛法门的演变过程，谈到善导法师在阐扬《佛说观无量寿佛经》一书时强调持名念佛，从而使得称名念成为主流。的确，在净土五经中，作为净土重要经典的《佛说观无量寿佛经》，其本身是以十六观为线索而构成的一部经典。因此，净土宗持名念佛的修行实践，实际上是把观想的心理活动注入其中。如《观无量寿佛经义疏》说："谛观于日欲没之处令心坚住专想不移。心境相应凝然不动即定体也。"②"既见日已闭目开目皆令明了，想成相起念念相续任运不忘"这里两处"念"字，从眼下的日落之景中观看日落，由此想到日落处之西方，由观到想，此为第一观，即"日观"。第二观名为"水想"，即调动自己的形象思维来观想。从澄清的水联想到冰，由冰再联想到琉璃，再从琉璃联想到琉璃地上的金刚七宝金幢建筑，一一宝珠，一一光明，由此进一步想象到楼阁千万，百宝合成，八种清风，无量乐器，等等。水想就是通

---

　　① 方立天：《中国佛教哲学要义》（下卷），宗教文化出版社，2014，第901～902页。
　　② （宋）元照述《观无量寿佛经义疏》，《大正藏》第37册，第291页下。

过水展开联想，想象西方极乐世界的庄严美景。第三观为"地想"，在第二观基础上，再想象极乐国地，但只是粗见西方极乐世界。第四观名为"观宝树"，为想象极乐世界的树。这些宝树，有着七宝华叶，一一华叶都充满了各种各样的璀璨光华，在宝树相间之中，有着无数的妙华宫殿。第五观则是想象极乐世界各种各样殊胜美妙的池水，因此，也称之为"水想"。这些金色莲池，有六十亿宝莲华，摩尼水注流其间，其中有着微妙音乐，演说苦、空、无常、无我诸波罗蜜，等等。第六观则是对西方极乐世界的总观想，如宝树、宝地、宝池、宝楼，乐伎、乐器，悬处虚空，如天宝幢，不鼓自鸣。第七观是华座观，观想极乐世界阿弥陀佛的七宝莲华台座，是对西方极乐世界更为辉煌庄严、无穷美妙的具体观想。第八观为想象观，观想极乐盛境一一遍现。宝莲遍布，阿弥陀佛在宝莲华台上，观世音菩萨、大势至菩萨各在莲台，圣像庄严美妙，光明普照，一一树下宝莲皆遍如此。第九观为佛身观。《佛说观无量寿佛经》说："无量寿佛有八万四千相。一一相中。各有八万四千随形好。一一好中复有八万四千光明。一一光明遍照十方世界。"[1] 此观从观想阿弥陀佛色相进而观佛心慈悲无量，法身功德遍布十方。以观佛身而见佛心，而所谓佛心，即是大慈悲心。第十观为观世音菩萨观，即观想观世音菩萨殊胜法相。观世音菩萨发愿寻声救苦，有求必应，被当作是慈悲的化

---

① （南朝宋）畺良耶舍译《佛说观无量寿佛经》，《大正藏》第12册，第343页中。

身，是几千年来最受中国民间推崇的菩萨。第十一观为大势至菩萨观。大势至菩萨与观世音菩萨并列，是阿弥陀佛的左右胁侍。大势至菩萨在因地修行时，因一心专念阿弥陀佛而证得念佛三昧，从而得生净土。《楞严经·大势至菩萨念佛圆通章》里详细描述了大势至菩萨因地如何"都摄六根，净念相继"念佛，如何证得念佛三昧。大势至菩萨是众生念佛之榜样，《大势至菩萨念佛圆通章》也被列为净土宗五经之一。此观类似于上一观，主要观想大势至菩萨庄严殊妙之法相，令修行者坚固往生西方极乐净土之念。第十二观为普观，即观想行者自己已在极乐世界的莲花座上。观想行者"见此事时当起想作心自见生于西方极乐世界。于莲华中结跏趺坐。作莲华合想。作莲华开想。莲华开时。有五百色光来照身想。眼目开想。见佛菩萨满虚空中。水鸟树林及与诸佛。所出音声皆演妙法。与十二部经合。若出定时忆持不失。见此事已。名见无量寿佛极乐世界"。[①] 修行者观想此时自己已身在极乐世界，与佛菩萨为伴，以净土为境。第十三观为杂想观。即不能作以上第十至第十二观的众生，只要观想佛像，也可得无量福。第十四观至第十六观，则是观想修行功德不同的众生往生西方极乐世界的不同的往生相。

　　《佛说观无量寿佛经》中的这十六观想，首先从直接的感性直观开始，进而进入到内在心灵的直观，即调动众生的感性

---

① （南朝宋）畺良耶舍译《佛说观无量寿佛经》，《大正藏》第 12 册，第 344 页中。

思维，在想象中进行直观。这里所观的对象主要是西方极乐世界，其次是众生在什么样修行功德下往生西方极乐世界。在前十三观中，有八观是关于西方极乐世界的观想，有三观是关于佛的观想，西方极乐世界无比美妙，阿弥陀佛及观音菩萨、大势至菩萨依正庄严，光明绝伦。西方极乐世界没有罪恶，没有痛苦，只有清净庄严，无限殊胜妙乐。并且，往生到极乐净土的众生已然摆脱了在六道中轮回的命运，永生于极乐世界的至善之境。这样一种观想，实际上描述了一种与现实苦难人生和苦难世界完全不同的理想境界。佛教认为，这都是在念佛时调动你的主观想象即可亲自观想到的美妙世界。阿弥陀佛和西方极乐世界的追求与向往，实质上就是对真、善、美的追求与向往。对这样一个美妙世界的追求，哪怕是在死后才可以得往生，对于身处俗世的人们之道德实践来说，也具有十分重要的积极意义。对至善之境的追求，强调只有心净才会呈现出来，即首先自己的内心是一片净土，才可往生佛国净土。它鼓励众生以毕生的努力来实现道德上的善，实现内心清净，最终实现往生极乐净土。极乐净土虽不在此生、不在此界，但可以在来世实现。在一片庄严光明的净土中实现的梦想，对现实人生无疑起到了重要的道德激励作用。

第二节　净业助行：从家庭到至善的追求

净土宗认为，净心是往生西方极乐净土的前提。净心有多种方式，如持名念佛、禅修静虑、行善净心，等等。这也就意味着，仅仅修持名念佛并不能被视作圆满修行。因此，净土宗的"行"包括了两个方面，即净业正行和净业助行。净业正行即念佛，净土宗把持名念佛看作最主要的修行，同时也强调了净业助行的重要性。所谓净业助行，即修行者自身宗教道德修养的完善与实践，是通过宗教道德修行与世俗道德实践活动来提升修行者的道德品质和从而积累修行功德的活动。在《佛说观无量寿佛经》的十六观中，后三观详细描述了三辈九品往生的情形。三辈九品往生的划分依据是修行者不同的道德修养与修行境界。我们前面提到，修行者的道德品质与修行者的宗教修行境界及往生品位存在正相关关系，道德修养越高往生品位也就越高。从净土宗修行的终极目标来看，净业助行是为了提升修行者往生西方极乐净土的品位。从现实意义来看，净业三福指向修行者的当下心念，关乎行为主体的道德行为和道德境界的提升。一般来说，与宗教修行者不同，非宗教人士的道德行为或道德实践的目标可能与超出个人的社会理想相关联，其最直接的目标也是为了提升自己的德性与道德境界。值得关注的是，净土宗的修行过程是宗教修行与世俗道德培养并重的过程，有时甚至无法将二者分离开来。宗教修行体现为称念佛名、忏悔礼拜等；道德培养则是净业助行，体现为修净业三福。净土宗修行以持名念佛为根本基础，以净业助行为重要补充。透过净业三福，既可以看到净土宗修行者与非佛教信仰者之间在道德修行与道德实践上的差别，同时也可以看到二者的共通之处。

《佛说观无量寿佛经》中提出了"净业三福说",并将"三福"作为修行求生净土的条件。所谓"三福"指的是"一者孝养父母。奉事师长。慈心不杀。修十善业。二者受持三归。具足众戒。不犯威仪。三者发菩提心。深信因果。读诵大乘。劝进行者。如此三事名为净业。"① 又云:"此三种业乃是过去未来现在。三世诸佛净业正因。"② 因此,一切凡夫若想修行往生极乐净土,首先应当修三福。净业三福还存有别称,即第一福的世间福,第二福的戒福,第三福的大乘福(行福)。

佛教认为,净业三福是三世诸佛构成净业的正因。阿弥陀佛的西方极乐世界,也是以净业的正因而构成的。既然净业三福是西方净土构成之正因,对发愿往生西方极乐世界净土的众生来说,修习净业三福就成为理所当然之事。就净土修行而言,净土宗虽把"信愿持名念佛"和阿弥陀佛的慈悲救助作为往生的基本保障,但仍旧看重净业三福的修习。这里的原因有二,一是西方极乐安乐世界作为佛国净土之一,非净心者不得往生,而净业三福是众生修行净化自心的根本,使得修行者往生西方净土有了自我前提;二是九品往生论表明,精勤修行净业三福有助于提升往生的品位。需要说明的是,《佛说观无量寿佛经》中提出的"三福"概念与"三辈九品往生说"中关于修行的前后秩序正好相反。三福中的第一福为世间善德之

—————————

① (南朝宋)畺良耶舍译《佛说观无量寿佛经》,《大正藏》第12册,第341页下。
② (南朝宋)畺良耶舍译《佛说观无量寿佛经》,《大正藏》第12册,第341页下。

福，后两福为出家人或为出世修行的善德之福。而在九品往生说中，上辈三品往生都是出家人的修行功德所致，而三福中所说的孝养父母，可得中辈下品往生功德。很明显，佛经中提出的"三福"概念是从众生最容易下手的地方讲起，而"三辈九品往生说"则是对佛教所提出的修行要求践行后果的功德不同来排序，自然应当把在佛教意义上的上品功德排在前面。净土宗修行的目的是为了往生佛国净土，那么，净业三福与往生的关系是什么？或者说，如果不修净业三福，是不是就不可能往生佛国净土？只修一福是否也可以往生净土？对此，善导大师指出："于此三福之中，或有一人，单行世福（人天福），回向亦得往生；或有一人，单行戒福（二乘福），回向亦得往生；或有一人单行行福（大乘福），回向亦得往生；或有人等，三福俱不行者，即名十恶邪见阐提之人。"[1] 善导大师之言，几成净土宗之定论。善导大师说，众生中的任何一人，只要单修三福中的任何一善福，都会有善功德，将此善功德回向往生阿弥陀佛的佛国净土，就都会得到往生。[2]

一　家庭伦理与净业第一福

净业第一福"孝养父母，奉事师长，慈心不杀，修十善业"是对世间所有修行者，包括在家佛教信众和出家僧人共

---

[1] （唐）善导、法照、少康著，张景岗编校《唐代净土祖师全集》，九州出版社，2013，第 52 页。

[2] 魏磊：《净业三福融圣道　了他即自享佛果——略述净土宗信愿行之四》，《法音》2001 年第 4 期。

同的道德要求，涉及面广，故在此做更多的讨论。

　　净业第一福又被称为世间福、人天福，是净业三福中的第一世间善德。它包括四个方面的内容：孝养父母、奉事师长、慈心不杀和修十善业。可以说，第一福尽括了佛教对三界中有漏众生的世俗伦理的基本要求。"孝养父母，奉事师长"是对世间众生的道德要求，契合传统伦理对人的一般要求。而"慈心不杀，修十善业"则是佛教伦理的道德要求。净业第一福作为最基本的道德要求，针对出家僧众和在家修行者两类人群，是佛教将世间法和出世间法结合并举的体现，也是佛教提倡福慧圆融的重要表征。

　　第一，孝养父母。在涉及世俗伦理的诸多方面中，净土宗伦理思想提出的第一个要求就是孝亲。这里需要说明的是，尽管孝亲被放在净业三福中的首位，却并不意味着净土宗把孝德置于佛教伦理的首位。佛教所强调的是出家修行断除烦恼，将出家修行所具有的宗教道德价值看作高于世俗道德的价值。佛教认为世俗道德价值是实现佛教宗教道德价值的前提，因此其较为重视世俗道德价值。在中国传统伦理中，孝亲是一切道德的基础，即"百善孝为先"。孝亲是中国传统伦理的一贯观点，尤其是儒家伦理的核心理念。儒家伦理更是以"仁"为核心的伦理思想，而"仁"的思想，则主要以孝悌为本。孔子弟子有子说："孝弟也者，其为仁之本与"，而"君子务本，本立而道生"（《论语·学而》）。即要做到仁，也就必须首先做到孝，只有做到了孝，才可真正行仁道。那么，如何理解出家与行孝道之间的关系？从儒家伦理来看，如果出家而不在家侍奉父母，就是不孝。僧人出家，断离红尘俗世，不养子嗣，不拜祖宗，不事王侯，被认为是违反自然人伦和世俗伦理。因此，佛教传入中国后，一个最大的矛盾即体现为出家修行与传统伦理的冲突，其中最大的冲突就是出家人如何尽孝的问题。

面对在社会中占主导地位的儒家伦理话语体系，佛教不得不作出自己的回应。北宋契嵩法师所著《孝论》，被认为是中国佛教阐发孝道的最重要专著。在这部书中，契嵩提出："夫孝诸教皆尊之。而佛教殊尊也。"① 他认为佛教比任何宗教与学说都看重孝道。佛教提出，"孝"是做人的根本，而做人则是成佛的根本。太虚法师曾说："仰止唯佛陀，完就在人格。人圆即佛成，是名真现实。"② 佛教提倡皈依三宝修学佛法，首先以五戒十善为基本的道德标准，以"上求佛道，下化众生"为修行宗旨，以成佛救度一切众生，实现报答父母恩、众生恩、国家恩以及三宝恩为修行的最终目的。根据佛教因缘果报论及六道因果轮回的教义，佛教徒将一切众生看作是自己过去、现在和未来的父母亲人，把孝顺父母的含义扩展并惠及一切众生身上。他们将孝敬父母当作世间福田之一，认为行孝道就是种福田，即修行积累福报。佛经里有许多孝顺父母的典故，如被称为"佛门第一孝经"的《地藏菩萨本愿经》记载，

---

① （宋）契嵩：《孝论·序》，《大正藏》第52册，第660页上。
② 太虚法师：《即人成佛的真现实论》，《太虚大师文集》第十四编，宗教文化出版社，2004，第346页。

婆罗门女发大誓愿救度堕入恶道的母亲，使其得生天道，最终学佛彻底出离轮回苦海。这个佛经故事即是佛教孝亲思想的最直接体现。佛教认为，父母赐予子女生命，有了生命才有修行的可能性，因此，为人子女需以报答父母养育之恩为第一要务。佛教推崇父母的恩德，认为父母对子女的养育之恩类似于诸佛菩萨救度众生之恩，因此常以"堂上两尊佛"来比喻双亲。佛教孝亲也可以相应地分为三个层次：第一层的孝是孝养父母身，保障父母衣食住行的物资之需，照顾父母令他们身体健康、衣食丰足，不必为生存而烦恼，此被称为小孝；第二层的孝是刻苦勤奋取得功名利禄，令父母引以为豪，让父母颜面有光，此被称为中孝；第三层的孝是劝导父母修学佛法，让他们生起菩提心和出离心，学会利济他人，信愿念佛往生佛国净土，永断烦恼不再有生死轮回，此为大孝。第三层的孝是佛教宗教道德价值观的体现。在这三个层次的孝亲行为中，孝养父母是基本。作为修行者如果不孝父母，会被其他信众驳斥为颠倒根本，学佛无益。这里需要说明的是，佛教徒将孝亲分为小、中、大三层，并不意味着鼓励人们可以选择性尽孝，如只尽第一层孝或者第三层孝。而是说，根据修行者的道德境界和道德实践水平的差异性，孝亲的完善程度也有所差别。实际上，这三个层次的孝呈现逐步递进、逐渐升华的关系。由此可见，出家修行是为了践行大孝，彻底救助父母众生出离苦海。实际上，佛教一直倡导信众践行孝养父母之德。根据《坛经》记载，六祖慧能大师在离家往黄梅五祖弘忍大师处学佛前，先妥当安置母亲，令其衣食无忧，得到母亲的许可方才前往。当今中国佛教僧团也明文规定，凡欲出家修行者，首先必须得到父母亲人的许可，言下之意即需先确保父母亲人生活无忧。在佛教徒看来，如果一个学佛人不圆满行孝道，其人格必定也不健全；如果一个人对父母都做不到孝顺恭敬，那其所做的一切行为是不如法的，是伪善的。

以孝养父母身为基础，逐渐做到孝养父母心，最后令父母修行念佛往生佛国净土，彻底断除烦恼与痛苦，是佛教徒理想的孝亲之道。唐代宗密在《佛说盂兰盆经疏》中，强调孝道为万事之根本。他说，孝"始于混沌。塞乎天地。通人神。贯贵贱。儒释皆宗之。其唯孝道矣"。① 宗密把孝道看成宇宙之精神，是儒家与佛教都作为根本原则的东西，其明确提出佛教并不排斥中国传统的孝道。实际上，佛教从印度传入中国之前，佛经中就已记载有关孝亲的内容，如《善生经》中蕴含了丰富的世俗家庭伦理思想，叙述了父母与子女、师长与弟子、丈夫与妻子、个人与亲友、主人与仆人、出家人与信众之间的相处之道，具有浓郁的伦理特色。由此可见，佛教并不是不重视孝道，而是将孝道扩展到世俗孝与出世间孝两个层面，其内容已超出世俗伦理所能承载的范围。佛教强调，出家修行是为了明心见性、断除烦恼，之后再救度苦难众生，即先自觉再觉他并最终实现圆满的觉行，因此，佛教更看重出家修行所

---

① （唐）宗密：《佛说盂兰盆经疏》上，《大正藏》第39册，第505页上。

具有的宗教道德价值。在中国传统社会中，父母亡故需身着丧服守孝三年，而古印度却没有这样的风俗，因此原始佛教中没有明确规定孝亲形式。出家意味着断离红尘生活，加入集体的僧团生活，出家人不可能离开寺庙在自己亲人的墓前结庐三年。从佛教教义看，父母之亡故不过是在六道中轮回中的一个过渡，同时也是对人生痛苦和苦难的一种解脱。因此，对于父母亡故并没有那么重的义务。在整个社会都强调守孝三年之风俗的情形下，佛教必须面对如此道德压力，如不能很好地回答世俗的挑战，会被冠以不孝之名。为此，契嵩提出三年心丧的概念。他说："三年必心丧。静居修我法。赞父母之冥。"① 认为出家僧人也可以做到像世俗人那样服丧，只是形式不同罢了，即做到在心里悼念自己的亲人，用心服丧，静居修持，超度亡灵。这实际上是在尽第三层孝，帮助父母往生佛国净土，断除轮回之苦。换言之，如果只有在家服丧的形式，而没有对亲人发自内心的虔诚悼念，此种孝亲只有形式而无实质。

抛开出家僧众的孝亲问题，佛教对在家信众孝亲伦理的重视也是无可挑剔的。我们可以通过两个问题对此做进一步理解：一是佛教为什么要提出孝养父母？二是怎样才能做到孝养父母？佛经记载："吾从世尊。闻如是语。苾刍当知。世有二种补特伽罗。恩深难报。云何为二。所谓父母。"② 释迦牟尼佛认为，子女于父母有着难以报答的恩情。《增一阿含经》也

---

① （宋）契嵩：《孝论·终孝章》，《大正藏》第 52 册，第 662 页中。
② （唐）玄奘译《本事经》，《大正藏》第 17 册，第 682 页下。

提到"世尊告诸比丘。教二人作善不可得报恩。云何为二。所谓父母也。若复。比丘。有人以父着左肩上。以母着右肩上。至千万岁。衣被。饭食。床蓐卧具。病瘦医药。即于肩上放于屎溺。犹不能得报恩"。① 父母对子女恩情之深，子女尽形寿也难以为报：即便子女把父母担于双肩之上，供养其一切，任其所为千万年，也无法报答父母点滴的养育之恩。

　　怎样做到孝养父母，报答父母养育恩？释迦牟尼佛教导说："比丘当知。父母恩重。抱之。育之。随时将护。不失时节。得见日月。以此方便。知此恩难报。是故。诸比丘。当供养父母。常当孝顺。不失时节。如是。诸比丘。当作是学。"② 供养父母应当按照季节的变化，适时关照父母的起居生活，和颜悦色，常勤服侍。释迦牟尼佛在世时，一比丘乌答摩纳通过乞讨财物来供养父母，他把这一行为告诉了世尊。释迦牟尼佛答道："佛言。摩纳。不限汝也。一切如法乞财。又以正理供养父母。正理使乐。正理供给。获无量福。何以故。当知是人梵天即在其家。若正理供养父母。是阿阇梨即在其家。若能正理供养父母。正理得乐。一切皆遥敬其家。若能正理供养父母。正理使乐。正理供给。当知大天即在其家。若能正理供养父母。正理与乐供给。当知一切诸天即在其家。何以故。梵天王由正理供养父母故。得生梵世。若欲供养阿阇梨者。供养父母。即是阿阇梨。若欲礼拜。先应礼拜父母。若欲事火。先当

---

① （东晋）僧伽提婆译《增一阿含经》，《大正藏》第 2 册，第 601 页上。
② （东晋）僧伽提婆译《增一阿含经》，《大正藏》第 2 册，第 601 页上。

供养父母。若欲事天。先当供养父母。即是供养诸天。"① "梵天"是梵文 Brahmā 的意译，大梵天王是宇宙万物的创造主，"阿阇梨"为梵语 ācārya 的音译，其意译为"规范师"，即比丘中的德性较高者，或可称之为"高僧"，对弟子的行为具有规范性的表率作用和教导作用。经文指出，如果我们能够合乎情理地供养父母，其功德如同供养在家中之神，如果我们得体、得法地孝敬父母，会得到诸天诸神的盛赞。

我们前面提及世俗人家孝敬父母只是把父母供养和孝敬好，而佛教对父母尽孝不仅在于供养与孝敬，其意更为深远。在世界观的总体意义上，佛教将孝道提升到令父母远离有漏三界、远离六道轮回之苦的高度。劝勉父母念佛往生西方极乐世界，出离生死轮回之苦，是出世间的大孝。佛教这种超越意义的孝，确实是儒家只重现世行孝不能比拟的。佛教把今生父母看成是生身父母，由于佛教有着三世六道轮回说，所有众生不仅有着今生父母，而且有着前世父母以及六道中的多重父母。因此，佛教报答父母的恩德，不仅仅是对今生父母报恩，还要对累世的父母报恩。佛教之慈悲心在某种意义上可以说就是孝心的扩大，孝心就是以慈悲心为原动因。地藏菩萨之所以能够有成佛之德，就在于对其母的孝心。佛经说地藏菩萨在过去无量劫前，转生为婆罗门女，因母亲不信佛，在生作恶而行邪道，死后堕入地狱受到苦刑惩罚。作为孝女，婆罗门女深知母

---

① 失译人名：《别译杂阿含经》卷第五，《大正藏》第 2 册，第 404 页上。

亲必然果报惨烈。当她想到母亲在地狱之苦就心痛不已，痛哭流泪，下定决心要把母亲从地狱中救出。她开始行善积德，广修福德，同时诚心念佛。以念佛之力在定境中下到地狱，向鬼王探问母亲状况。鬼王告诉她，因她的布施功德和念佛功德，她的母亲已经不再受地狱之苦而投生善道。这使她深受鼓舞并在佛前立下大愿："地狱不空，誓不成佛。"发誓要把一切众生从地狱中超度出去，并且要度尽六道中的一切众生，自己方得修成佛果。这一故事说明，在佛教中孝心是大慈悲的原动力。

佛教的孝亲思想有别于儒家的孝亲。"孝"是儒家伦理思想的重要范畴，主要指子女对父母的奉养、服从和恭敬行为。孝道历来受中国人，特别是儒家所重视。孔子强调孝的重要性，认为孝是仁的根本。孝不是简单地赡养父母，实质上包含多层意义。《孝经》是儒家孝道观的代表著作，它把"孝"的地位与作用推到极致。"夫孝，始于事亲，中于事君，终于立身"，把孝提高到"百行之首"的地位，提倡行孝道者"治天下"。它把孝分为三个阶段，由赡养父母开始，到侍奉君主，再止于立身立德。侍奉君主的原因在于，中国古代提倡"三纲五常"，把三纲定为立德之纲与主要德目。后来随着理学的发展，孝被极端化强调，甚至提倡愚孝、愚忠，把孝置于天理的位置。

随着佛教的传入，佛教的孝道观与儒家孝道观产生了由碰撞、调和到融合的过程。佛教在传播过程中积极融入中国国情，阐扬宣传佛教的孝道观。比如在净土宗祖师智旭的思想体系中，崇尚"孝"，将孝推崇到极高的位置。他认为儒佛皆以孝为重，将孝分为两类：世间孝和出世间孝。同时将世间孝分为能尊亲、不辱其亲和能养其亲三种，并分别加以阐释。能尊亲能行此孝，指不但自己能够成贤成圣，而且还能使双亲入道，这是世间的大孝；不辱亲，即身体发肤受之父母不可损伤；能养亲即赡养父母，这是最基本的孝。

佛教认为世间孝虽然能使双亲获得物质乃至精神上的满足，但没法使父母出轮回苦。因此世间孝是基础，为出世间的孝做准备。出世孝才是大孝。智旭把出世孝解读成两种，一是两层含义，一是直明孝道第；二是以慈成孝。直明孝道第即将孝分级，即小孝、中孝和大孝，这在之前已论述过。他认为孝道就是尽心供养，劝说父母令其修善，让他们远离劝诸恶，最后令他们得证菩提道果。智旭认为，出世间孝也有小孝、中孝、大孝之分，并将出世间孝与世间孝作比较：尽心供养，同于世间孝之第三能养亲，令父母得欢喜，世间孝养多事杀生，重结怨业；出世间孝养清净无过，此为二者相异之处。其次，修善舍恶，同于世间第一大孝——能尊亲，令父母得以生善、灭恶。最后，若自修善行，亦名为孝，即同世间之第二孝——不辱其亲。但儒家的不辱亲，只是针对今生。佛教戒律的功能，济度累劫，此处儒佛又是不同的。

佛教讲出世间的孝归类为三种：生缘慈、法缘慈、无缘慈。生缘慈就是视一切众生为父母，平等对待自己的仇人和亲人，因父母对自己恩情最重，所以先给他们去苦予乐。法缘慈就是观察世间一切事物都是因缘和合而生，世间一切众生都是四大合成，勘破我执，生起慈悲心随分随力帮助众生。无缘慈就是明了众生、佛与心三无差别，不再有分别心，将拔苦与乐的慈悲扩展到一切有情众生，皆起怜悯爱护之心。蕅益法师说："常以孝慈，忆所生父母。当知不修慈力，莫成孝道。"①儒家的《孝经》也有"无故而伤一昆虫，非孝也。无故而损一草木，非孝也"。②佛教说孝是为了教导信众行孝成就大慈悲，继而成佛普度众生。而儒家将孝的重点放在父母身上，由仁者爱人思想以血缘关系为纽带，推己及人的同时强调爱有差等。由此可见，佛教的孝涵盖面广，包括整个有情无情的众生，在六道轮回思想的铺垫下，把一切众生当作过去世、现在世和未来世的父母亲属，以佛教拔苦于乐慈悲精神成就孝道。这可以看作是对儒家孝道精神的升华。

由上可知，儒家的孝道为世间孝，而佛教的孝为出世间孝。二者的共同点在于都以孝为至道之宗，区别点在于二者的侧重点不同。具体说来，佛教认为，出家修行是大孝，但须不忘为慈母发愿超度。出家人强调出俗世之家，出三界之家，看似无君无父。但出家人同样在尽世间孝道，不废世间忠孝，但同时成就出世忠孝。佛教的孝思想也表现在佛教的不杀生戒。佛教认为神识不灭，在成佛之前不停地轮回转世，因此一切有情，大到人老虎大象，小到虫鱼鸟兽等，过去世或许都为亲

---

① （明）蕅益大师：《蕅益大师全集》，福建莆田广化寺影印本，第410页。
② （明）蕅益大师：《蕅益大师全集》，福建莆田广化寺影印本，第410页。

属，因此不能杀或者吃它们，所以佛教制定戒杀戒律，进行素食。可见佛教以戒为孝，倡导孝顺父母、师僧、三宝。净土宗祖师蕅益认为，"如果劝亲人念佛，或为双亲念佛，求生净土，永脱轮回就是为大孝"。① 从某种程度上说，在佛教语境里，慈即是孝，而孝即是一切佛法之宗要。要孝顺父母需要孝顺三宝，欲孝顺三宝须修孝慈、报父母恩，把父母当作两尊佛。三宝即是父母，父母即是三宝，这与儒家把孝的重点放在父母身上有内在的共通之处，在此儒家的孝和佛教的孝互为你我，儒佛在孝慈层面上达到了会通。

一般说来，佛教作为外来宗教，因其强调舍俗出家、僧侣不着俗世之礼等，常被儒家和支持者极力诋毁，但最终在儒佛孝道观上取得二者统一，即以佛孝涵盖儒孝、以出世间孝统摄世间孝。佛教孝道思想有三个特点：第一，佛教孝道以"报恩"为基础，行孝就是为了报恩，此为佛教孝道观的基本思想之一。第二，佛教的孝道义理深刻，涵盖面广。我们不仅要照顾现世的生活，也要兼顾来世的解脱。要尽佛教徒应尽的义务，孝养父母，以顺为先，行六波罗蜜践行菩萨道。第三，融合出世间孝和入世间孝。佛经和戒律有诸多内容关乎孝道，戒律规定了"孝名为戒"。因此，佛教提倡"圆融无碍"的孝道。

第二是奉事师长。孝养父母为佛教世间法的第一要求，奉

---

① （明）蕅益大师：《蕅益大师全集》，福建莆田广化寺影印本，第238～239页。

事师长则为第二要求。何为"奉事"？奉就是恭敬地用手捧着，引申义即为"尊重"。"事"字除了作为名词专指自然界和人类社会的一切现象和活动之外，古意还有侍奉之意。此处用后一义。奉与事两字并用，就是既尊重也侍服师长。奉事师长首先就是尊重师长。尊师重教是中国社会的优良传统，素有"师道尊严"之说，教师之尊严不可侵犯。师长是传播道德智慧之人，在佛门师长被称为善知识，是引导众生进入菩提正道之人。师长为学道之人指明方向，帮助学人出离生死恶道。因此，师长是众生行进于菩提正道上的恩人。在佛教经文中，也多次强调要尊重师长："于一切处尊重师长。"① 应"常念师恩，恒思报答"。② 佛教推崇尊敬师长，甚至认为敬师可以不惜性命："若行者欲从他求智慧应舍身命。舍者为智慧故。勤心精进恭敬于师不惜身命。"③ 将师长等同于父母："爱重于教师。亦如爱父母。"④ 认为师长恩重如父母，父母赐予生命，而师长教予善知识，令自身增长法身慧命，因此，应当尊师爱师如同父母。佛教如何看待不敬师行为？"世间人及佛弟子。轻易其师恶意向师并道德人者。其罪云何。佛言。阿难。夫为人者当爱乐人德。欣乐人善不可嫉之。恶意向师道德人者。是恶意向佛无异也。宁持万石弩还自射身。为痛不。阿难言。甚痛甚痛世尊。佛言。人持恶意向道德人与其师者。痛剧弩射身

---

① （西晋）法护等：《佛说如来不思议秘密大乘经》，《大正藏》第 11 册，第 741 页下。
② （隋）阇那崛多译《大方等大集经》，《大正藏》第 13 册，第 896 页下。
③ 〔古印度〕龙树造《十住毗婆沙论》，鸠摩罗什译，《大正藏》第 26 册，第 115 页下。
④ （隋）阇那崛多译《诸法最上王经》，《大正藏》第 17 册，第 866 页中。

也。为人弟子不可轻慢其师恶意向道德之人。道德之人当视之如佛。不可嫉谤。人有戒德者。感动诸天龙鬼神。莫不敬尊。宁身投火中利刀割肉。慎勿得嫉谤是善之人其罪不小。慎之慎之。"① 这段经文表明了释迦牟尼对于那些不尊敬师长的人的态度，同时也提出应当像恭敬佛一样恭敬师长。《善生经》提到奉事师长需要做到五个方面："弟子敬奉师长复有五事。云何为五。一者给侍所须。二者礼敬供养。三者尊重戴仰。四者师有教敕敬顺无违。五者从师闻法善持不忘。"② 经文突出了要以恭敬心奉事师长。无论是从世间还是从出世间来看，佛教都将师道伦理放置于很高的位置。

第三是慈心不杀。慈心即爱心，佛教认为，慈心即是佛心，以慈心为佛之根本，慈就是佛性和如来。对于慈之本义，佛经说："慈者能为一切众生而作父母。父母即慈慈即如来。"③ 这是从形象意义上说，慈就是像父母那样对待自己的子女，慈也就是无私的爱。应当像父母对待自己的子女那样慈爱众生，即行无缘大慈。另一方面，慈又与悲悯相连。"普忧贤友。哀加众生。常行慈心。所适者安。"④ 这与佛教把生老病死以及烦恼痛苦看成是人生的根本有关。也就是说，对于众生之痛苦，有慈心者莫不感通。慈也就是关心所关心对象的疾苦，为其排忧解难，像地藏菩萨那样，地狱不空，誓不成佛。

---

① （后汉）安世高译《佛说阿难问事佛吉凶经》，《大正藏》第14册，第755页中。
② （后秦）佛陀耶舍、竺佛念译《善生经》，《大正藏》第1册，第71页下。
③ （北凉）昙无谶译《大般涅槃经》，《大正藏》第12册，第456页中。
④ （吴）法救撰，维祇难等译《法句经》，《大正藏》第4册，第561页中。

其要把所有处于苦难中的众生都解救出来，可以看成是从积极意义上的大慈心。在佛教看来，有漏三界的一切现象都是因缘和合而生，都有其因果。然而，佛之慈爱众生是不问因缘的，即"无缘大慈"。按佛经所说："普慈一切，不依因缘。"① 在这个意义上，如果众生中有人对某位出家人或世间俗人不善，或有过恶事，从慈心出发，仍要在他需要的时候、在他痛苦的时候帮助他。

慈心不杀实际上是对于佛教所说的慈心的最低要求，也可看作是对慈心的消极意义规定。佛经云："云何菩萨不杀众生。于一切众生慈悲爱念。惭愧愍伤永舍刀杖。"② "愍"意为怜恤、哀怜以及抚爱之意。此意为对于众生怀有一种慈悲怜爱之心，所以永不会伤及众生。也就是说，不杀众生是出于慈心。又有经文云："昼夜念慈，心无尅伐。不害众生。是行无仇。"③ 经文亦云："仁无乱志。慈最可行。愍伤众生。此福无量。"④ 慈心是爱护一切众生，也是出于自己的如来佛性。对行为者自身来说，慈心爱护一切众生和不敢伤害任何生命，是积累功德和成就善性之事。慈心不杀，实际上就是要求佛教徒需持不杀生戒。

第四是修十善业。前文已从价值意义上讨论了十善十恶。佛教对于善的最低要求就是不作恶。所谓十善，即是不杀生、

---

① （北凉）昙无谶译《优婆塞戒经》，《大正藏》第 24 册，第 1050 页中。
② 失译人名：《佛说甚深大回向经》，《大正藏》第 17 册，第 867 页下。
③ （吴）法救撰，维祇难等译《法句经》，《大正藏》第 4 册，第 561 页下。
④ （吴）维祇难等译《法句经》，《大正藏》第 4 册，第 561 页下。

不偷盗、不邪淫、不妄语、不绮语、不恶口、不两舌、不悭贪、不嗔恚、不邪见。这十个方面去掉前面的"不"字，就是恶。而做到十个"不"，也就是善，止恶即为善。"十善业"涉及身、口、意三业，不杀生、不偷盗、不邪淫涉及身体行为，不妄语、不绮语、不恶口、不两舌涉及言语行为，不悭贪、不嗔恚、不邪见则涉及内在的心理意识。显见，佛教对于善恶行为的观点是全面的，其不仅仅从身体行为，也从言语行为、内在心理意识层面来观察善恶。佛教不仅要求在家信众去履行十善业，也要求一切出家僧众履行。佛教对僧众提出了以十善恶为戒律的要求。佛经云："何等名为戒。如是自视身所行。皆知身所行善口所言善心所念善。是名曰为戒。云何身所行口所言心所念。不犯身事。不杀不盗不淫。是名为身行善。云何口所言善。不恶口不两舌不妄言不绮语。是为口所言善。云何意所念善。不嫉不恚不邪见。是名为意所念善。"① 世间的善行与恶行就在于用这十个方面来进行判断，要得解脱也就要行十善之道。佛经云："因十善故世间则有善行恶行善有恶有乃至解脱。是故众生应当至心分别体解十善之道。"② 有漏三界众生所在的世间之所以不净，就在于有善亦有恶，如果无恶，即为净土。世间之恶，由众生之恶行产生。佛经云："十法是圣出离道。谓远离杀生。远离偷盗。远离邪染。远离妄

① （西晋）法护等译《佛说道神足无极变化经》，《大正藏》第 17 册，第 803 页下～804 页上。
② （北凉）昙无谶译《优婆塞戒经》，《大正藏》第 24 册，第 1066 页下。

言。远离绮语。远离两舌。远离恶口。远离贪欲。远离瞋恚。能具正见。"① 换言之，只有行十善圣道，才会有善知识，才会有佛智慧。

二 宗教伦理与净业第二福

净业第二福又被称为戒福，指的是"受持三归，具足众戒，不犯威仪"。第二福与第一福有所不同。第一福主要涉及的是世俗伦理道德方面的内容，因而为更多俗众进行道德修养或修行提供有益借鉴。净业第二福是对佛教信众的修行要求，其中所含宗教成分较多。佛教认为，戒福要高于世间福德。它包括三个方面的基本内容：三皈依、具足众戒和不犯威仪。三皈依即皈依佛、法、僧三宝。《成实论》解释三宝说："何故名佛。成何功德故应礼耶。答曰。佛名自然人以一切种智知一切法自相差别。离一切不善集一切善。常求利益一切众生。故名为佛。教化所说是名为法。行此法者名之为僧。"② 在佛教中，佛、法、僧被认为是道德的体现，佛具足圆满的智慧，集一切善离一切恶；法是佛的言教；僧是佛的言教之履行者。佛教将佛、法、僧喻为"三宝"。皈依有归依、归投之意。既然佛、法、僧为道德的体现，皈依佛、法、僧也就是对道德的皈依。皈依实际上有两类，一类为出家成为僧众，另一类则不出家，在家遵法修行。实际上，三皈依是出家和居家修行的根

---

① 法护等译《佛说大乘菩萨藏正法经》，《大正藏》第 11 册，第 811 页中。
② 〔古印度〕诃梨跋摩造《成实论》，鸠摩罗什译，《大正藏》第 32 册，第 239 页中。

本，而接受三皈依被佛教视为人生的重大事件，是从世间人到出世间人的转折。当一个俗人要出家，他只有接受了三皈依，才可证明他已经出家。从仪式上说，三皈依一般是在寺庙里，在佛像前，由法师亲自授证。出家人应当至诚宣告誓言，从即日起，乃至命终时止，所有有生时日里，都以法为师，以僧为师，不得归依邪魔外道，不得归依外道徒众。在家修行的居士也要皈依三宝，将佛、法、僧确立为心之所向和依靠之处。不论怎么说，皈依之前的修行是按世间法即佛教之外的法规和道德要求来约束自己的行为，而在皈依之后，则是按照佛法即佛教的教义、教规以及戒律来修行。净土宗认为，三皈依是净业修行的前提，无论出家人还是在家居士，修行净业都应以三皈依信念为前提，以三宝为依归。三皈依为宗教信念，而宗教信念是宗教修行的特色所在，如果没有根本性的宗教信念，也就无宗教修行可言。

具足众戒。戒律是佛教法规与道德规范的总汇，规定着僧众当行和不当行之业。佛教徒之所以遵守出家僧众所应当持守的各种戒律，就是为了防非止恶。"断身口意恶。能制一切不善之法。故名为戒。"[①] 佛教戒律多具有道德意义。守戒律是佛教修行的基本要求，遵守戒律本质上就是一种道德修行。佛教强调勤修"戒、定、慧"，认为持戒能生定，由定能生慧，"戒、定、慧"具足，则"贪、嗔、痴"自然断灭，也就彻底

---

① 〔古印度〕天亲菩萨造《发菩提心经论》上卷，鸠摩罗什译，《大正藏》第32册，第512页上。

断除烦恼，不再受轮回之苦。在佛教戒律中，有五戒、八戒、比丘戒、比丘尼戒、菩萨戒等多层次多种类型的戒律。出家僧众依其身份不同而需遵守不同戒律。就居士而言，需遵守五戒，偶尔根据因缘守持八戒。其他出家僧众所遵守的多种戒律，也均以五戒为基础。如果不遵守五戒，也就谈不上遵守其他要求更高的戒律。五戒即不杀戒、不淫戒、不盗戒、不妄语戒、不饮酒戒。佛教界人士认为："五戒法是三世诸佛之父，依五戒而出生十方三世一切诸佛。世间法中，个人品德、家庭幸福、社会安宁、国家治乱等，概以五戒法为准绳。"[①] 杀戒是对一切生命的尊重，也是对所有众生的生命权的尊重，更是一个社会维持正常秩序的最基本前提，还是道德修行的最基本要求。淫戒的前提在于区分性行为中的淫与不淫，而这一区分的前提又有着一定的标准，即以两性关系的社会制度即婚姻家庭制度为标准。人们把婚姻内的性行为看成是正当合理的，而把婚姻外的看成是不正当不合理的，故称之为"邪淫"。有佛经为证："自于妻室而知止足。未曾兴心慕乐他妻。心不思想不干他室。奉清白行不为秽浊。"[②] 换句话说，婚姻内外的关系如果分明，即为不淫。如果某种社会的婚姻制度允许一夫多妻，那么，婚姻内的多人性关系就不是淫；如果婚姻制度只允许一夫一妻，而只要发生多人关系，就必定是在婚外，也就是淫。"淫戒"实际上起着维护社会婚姻制度的作用。"不邪淫"

---

① 释大安集述《净土宗教程》，庐山东林寺印经处，2006，第347页。

② （西晋）竺法护译《渐备一切智德经》，《大正藏》第10册，第465页下至466页上。

是对在家信众而言，而对出家信众，淫戒指的是"不淫"，即彻底断除各种形式的两性关系。佛教对于什么是淫，有着更多、更严格的规定，如佛经云："有七淫。一者见衣被色。二者闻珠环声。三者闻妇人语声。四者心意念谈女人。五者眼视。六者念夫妇礼。七者意思想犯。是七淫不得道。"① 所谓不淫，即心想意行都要戒除女色。由此可见，佛教的戒律实际上提出了比世俗道德更高的要求。第三，盗戒。偷盗行为的发生以存在私有财产为前提。如果没有私有财产制度，没有你的我的之分，没有财产的私人占有，也就没有偷盗。这一戒律起着维护以私有制为基础的社会制度的作用。历史地看，自人类进入文明社会以来，私有制是人类社会的基本制度之一。对于不偷盗的道德要求，也是进入文明社会以来的最基本道德要求。五戒之所以把饮酒作为要戒除的一类行为，缘由是因为饮酒会产生放逸行为，从而使得自己违反其他戒律。对在家信众来说，佛教的不饮酒更多是指不酗酒，日常生活中因应酬所需适量喝酒不算犯戒，而出家信众则完全不允许喝酒，沾酒即为犯戒，除非特殊情况如治病所需。

不犯威仪即是看重威仪。佛教既注重内心修养，同时也注重外在行为与外在仪态的修持。所谓威仪，即为行、住、坐、卧时都要有端庄与庄严的姿态。站立要直立而平视，腰不弯曲，行走要直走，如风一样迅速无声，坐下来要如钟一般稳重

---

① （后汉）安世高译《佛说骂意经》，《大正藏》第17册，第531页中。

端庄，就是睡觉也要有要讲究的姿态，如吉祥式的右胁而卧。不犯威仪还特指对待佛与佛法的态度。这一层面的不犯威仪，指的就是在寺庙里应当保持严肃庄重，不应大声喧哗戏笑；佛像面前应当恭敬，整衣礼拜。就中国传统社会而言，我国是以文明礼仪著称于世的古国，儒家文献《周礼》记描述了周代的多种礼仪制度，所谓"礼仪三百，威仪三千"。注重礼仪是中国传统社会道德文明的特征。无论是礼仪还是威仪，实际上都是行为者内在道德心态的反映。佛教要人们注重威仪，是为了保持一种恭敬与虔敬的心态，以对待自己的身、口、意之行为。"身业"要安静端庄，"口业"要善意清净，"意业"要远离邪思，一心正念。事实上，行为的外在仪态是对人的内心道德世界的反映。因此，佛教修行要求人们注重仪态，实际就是要人们注意自身的道德修行。意即没有恭敬的心态，没有虔敬之心，也就不会有相应的仪态。

三　追求至善与净业第三福

净业第三福又名大乘福、行福，指的是"发菩提心，深信因果，读诵大乘，劝进行者"四种净行。

第一是发菩提心。发菩提心已如前章所述，此处侧重从修行的意义进行简述。"菩提"一词，为梵文"Bodhi"的音译，意为觉或觉醒，引申为智慧之意，即为获得智慧与觉悟，犹如从黑暗中见到光明，心中产生顿悟而有见真理之光，从而达到超凡脱俗的境界等。如同人在睡梦中忽而醒来，豁然开悟而明了。菩提又可说是大彻大悟，证得光明自性，达到涅槃境界。佛就是觉的意思，菩提心就是佛心，也就是成佛之心。《大智度论》说："菩萨初发心缘无上道。我当作佛是名菩提心。"①佛教的觉悟不仅仅是说自己悟得自性，更重要的是觉悟后要利益众生，即像地藏菩萨那样，地狱不空，誓不成佛。佛教的菩提心是慈悲之心，救苦救难之心。佛教修行需要有一种广大的慈爱之心，这在道德境界上来讲，已经是一种能够包含和救度世间万般苦难的广大而澄明境界。无论是念佛还是行善积德的净业修行，都有一个回向要求，也就是把自己的修行功德与众生分享，愿一切众生，无论是否有恩怨，是否有缘，同生净土，这也是修行者世间菩提心的体现。

第二是深信因果。从佛教的根本观点看世界，有漏三界一切现象和众生的生命活动，都是因缘和合而成，有因缘就有因果。世间的善恶现象也不例外。任何凡夫俗子虽然可从眼见的现象与事实来判断因果，但因世俗业力所遮蔽，不可能见到前世因和后世果。众生之因果至少可从前世、现世和来世三世来看。今世之恶运为前世之恶报，三世因果既有前因定业，由命转运之被动消极之义；也有积极主动创造来世之意，即因果论中所包括的业由心造的主动积极之意，则是一般凡夫俗子不易理解与了悟。深信因果也就是要深信命由心转之理，发菩提心，立身修业，深信因果即能做到自律、慎独，在佛觉境界和

① 〔古印度〕龙树菩萨造《大智度论》，鸠摩罗什译，《大正藏》第 25 册，第 362 页下。

道德境界上提升自我，积累善功德，改善命运，创造往生净土的资粮、摆脱六道轮回尤其是堕恶道的恶运，获得人性尊严。

第三是读诵大乘。作为大乘宗派之一，净土宗修行将读诵大乘经典视作必修功课。从净土宗的角度看，净土"五经一论"是首先必读的经典，即《佛说阿弥陀经》《佛说无量寿经》《佛说观无量寿佛经》《大势至菩萨念佛圆通章》《往生论》。其次则是《法华经》《华严经》《楞严经》《金刚经》《涅槃经》《圆觉经》等佛教重要经典。从出家僧人修行的角度看，读诵经文能得到自己与佛对话、交流的思想的境界，久而久之，受到佛法和佛理的熏陶，提高自己的修行境界。印光法师云："受持读诵，为佛门始终正行。即禅宗专务参究者，亦复如是受持……彼未得其门者，遂随语生解，从兹一辈参禅者，牵多藐视经教。此辈虽自名禅人，实属法门罪人。"① 也就是说，出家僧人修行，必以守持读诵经文为修行正业。并且，读经需对经文有正确的理解，而不应当生吞活吃，囫囵吞枣，食经不化。读经救解，从经文中吸取佛理佛智，必然常得西方净土境界的熏陶，从而增进智慧。

第四是劝进行者。所谓劝进行者，指的是自己已经悟得佛法智慧，决心往生去西方净土，但因为佛的慈悲在于劝导一切众生来往生净土，所以自愿将修学佛法智慧的方法告诉其他众生，劝其修行往生净土。从道德意义层面上说，如果仅仅自己

---

① 印光法师著，张景岗点校《复永嘉某居士书三》，《印光法师文钞》，九州出版社，2009，第47页。

念佛而得往生净土佛国，是没有菩提心的一种表现，因此更应当规劝一切众生摆脱此等苦难。印光法师说："善人念佛求生西方，决定临终即得往生。以其心与佛合，故感佛慈接引也。若虽常念佛，心不依道，或于父母、兄弟、妻室、儿女、朋友、乡党不能尽分，则心与佛背，便难往生。以自心发生障碍，佛亦无由垂慈接引也。又须劝父母、兄弟、姊妹、妻室、儿女、乡党、亲友同皆常念南无阿弥陀佛，及南无观世音菩萨，以此事利益甚大，忍令生我之人，及我之眷属，并与亲友，不蒙此益乎……劝人念佛求生西方，即是成就凡夫作佛，功德最大。以此功德回向往生，必满所愿。"① 净土修行者要有一个普度众生的博大胸襟，劝周围有缘人念佛往生西方极乐世界。只有能够做到这一点，修行者才真正具备了佛心或往生的道德境界。因此，净土宗的行，不仅仅要有自己的修行，而且要有普度众生的修行。不仅是解脱自我，也解脱他者。如地藏菩萨发愿度脱一切地狱众生，是大乘佛法追求"自觉、觉他、觉行圆满"的道德精神的体现。净土宗信仰的真切，及其与现实生活中的道德实践相关联，充分说明了净土伦理思想对现实的积极意义。

第三节　正助合行的修行实践

任何理论的终极意义都在于回归并指导实践，宗教道德也

---

①　印光法师：《一函遍复》，《印光法师文钞》，宗教文化出版社，2009，第 2 页。

是如此，需归于实践，方能彰显其高于世俗道德价值的独特之处。因此，本节将着重介绍净土宗在现实生活中的道德实践活动。我们前面提到，净土宗以真信切愿，持佛名号为正行；以广修众善，回向往生为助行。因此净土宗的修行也可分为以宗教意义为主的修行活动和以伦理道德意义为主的修行活动两类。宗教意义为主的修行活动有持名念佛、诵经礼佛等；伦理道德意义为主的修行活动有净业三福、慈善救济等。净土宗的修行观与伦理学的道德实践观既有区别又内在重叠。那么，在现实生活中净土宗修行者如何进行道德实践活动？它与世俗道德实践活动的联系如何？本节将从宗教道德实践与世俗道德实践两个层面来阐述净土宗的道德实践行为。

一　宗教道德实践

佛教有类型多样的宗教道德实践活动，如持名念佛、诵经礼忏、参禅念咒，等等。作为修行以期往生西方极乐世界为宗旨的净土宗而言，宗教道德实践的第一要务就是一心专念阿弥陀佛名号。我们前面提到，净土宗的念佛方式有多种：有持名念佛、观想念佛、观像念佛和实相念佛等，但主要以持名念佛为主流念佛形式。净土宗强调，以至诚心称念佛名，必然得阿弥陀佛愿力接引而往生极乐净土："若有众生。闻其光明威神功德。日夜称说至心不断。随意所愿得生其国。"[①] 净土宗的

---

① （魏）康僧铠译《佛说无量寿经》，《大正藏》第 12 册，第 270 页中。

念佛方式灵活多变，时时刻刻都能念佛，行、住、坐、卧及做无须专注之事时都可念佛，可以大声念，也可以小声念，甚至默念，关键在于用至诚恳切之心来念，做到心、口、耳三合一，即心中明白在念佛，口中在称念佛名，耳中听到念佛声。修行念佛，既能积累福报，得阿弥陀佛接引从而往生于西方净土，又能消除业障，得到现世利益，如灭罪除障、平安吉祥、天人礼敬等。① 净土宗的念佛方式有专修和杂修两种，专修即专念阿弥陀佛佛号，专看净土诸经；杂修则定义宽泛，指以念佛为主，广阅诸经，修行回向往生极乐净土，或者修习其他法门，将修行功德回向往生极乐净土。善导大师最先提出专修念佛法门，提出"五正行"：一是读诵正行，一心读诵《佛说阿弥陀佛经》、《佛说无量寿经》和《佛说观无量寿佛经》这三部主要描述西方极乐净土的经典；二是观想正行，即观想极乐世界的庄严殊胜境地；三是礼拜正行，即专礼阿弥陀佛；四是称名正行，即一心专称阿弥陀佛名号；五是赞供正行，即赞叹供养阿弥陀佛。② 无论专修还是杂修，目的都是提高修行者的道德修养，往生至善的西方极乐净土。

　　净土宗践行念佛法门的形式多样，有个人独修，也有团体共修。修行地点有寺庙，念佛堂，或者也可以家庭为道场。个人独修相对灵活简单，一般指个人随时随地，随缘称念阿弥陀

---

① 释大安：《净土宗教程》，庐山东林寺印经处，2006，第 325 ~ 327 页。
② （唐）善导、法照、少康著，张景岗编校《唐代净土祖师全集》，九州出版社，2013，第 86 页。

佛名号，随力随分而行诸善事，回向往生西方极乐净土，在此我们不做过多讨论。团体共修指将佛教信众集中起来一同进行修行活动，通常是在寺庙举行，由出家法师带领信众诵经、念佛、礼佛以及领诵回向。对于净土宗而言，团体共修即众多净土宗修行者一起修行，一心专念阿弥陀佛圣号、念诵净土宗相关经典以及广修众善，回向往生极乐净土。佛教认为，众人共修所得的功德等于每个人所修功德之总和，也就是说，如果一万人同时参加，每个人在共修期间所造的善业都将增长一万倍。因此，许多净土宗修行者在条件允许的情况下选择去寺庙参加团体念佛共修，积累福报资粮，以期与阿弥陀佛感应道交，预知时至而往生西方极乐净土。这其中最有名的是中国净土宗祖庭——庐山东林寺的念佛共修活动。我们前面介绍过，东晋太元十一年，慧远于庐山偕同刘遗民等123人结白莲社，立誓愿往生极乐净土，行持念佛三昧，慧远被认为是首倡团体念佛法门的第一人。庐山东林寺在白莲社基础上形成，迄今已有一千六百多年历史，其自成立起即成为中国佛教净土宗的发祥地和南方佛教的中心之一。东林寺因其独特的历史地位，一直都是净土宗的道场，以修行念佛法门为主。寺庙布局参照了净土诸经对西方净土依报庄严的描述，亭台楼阁颇具人间净土之风采。鉴于此，本书以庐山东林寺为例简要介绍净土宗的宗教道德修行实践活动。

庐山东林寺团体共修念佛形式主要有闭关念佛、昼夜念佛和精进佛七三种。第一是闭关念佛。闭关念佛是净土宗践行念佛以尅期取证的方法。尅期取证意为限定日期用功修行，以期证得佛果。闭关念佛是一种极致的念佛方法，要求集中注意力心无旁骛地持续念佛。这也是一种短时间内强化念佛的修行行为，具有快速净化人心、提升道德修养的作用。东林寺在正常念佛修行的基础上，设置了 10 天、25 天、49 天、100 天的闭关念佛实修活动。同时为出家人提供 3 年长期闭关的独立关房，即 3 年不出门，在关房里念佛修行。在闭关期间，每天需要念佛 10 万声。在不同类型的闭关念佛项目中，最受信众欢迎的是 10 天闭关念佛活动，也称为"百万佛号闭关"活动，即 10 天每天念 10 万声佛号。每年不定期举行多次，方便来自全国各地的净土宗修行者，克服种种尘缘羁绊，一同修行。闭关期间，要求信众按寺院的仪轨修行念佛，观无常苦空，清净身、口、意，以信愿之心专念阿弥陀佛名号，积攒往生西方极乐净土的福报资粮。

第二是昼夜念佛。《佛说无量寿经》记载，在娑婆世界念佛修行功德巍巍，胜过在他方国土修行："斋戒清净一日一夜。胜在无量寿国为善百岁。所以者何。彼佛国土无为自然。皆积众善无毛发之恶。于此修善十日十夜。胜于他方诸佛国中为善千岁。"[①] 为了给净土宗修行者提供更多的念佛机缘，东林寺于每月 12 日组织一日一夜精进念佛共修活动，即 24 小时不间断经行念佛。昼夜念佛期间，要求严持八关斋戒，不睡、

---

① （魏）康僧铠译《佛说无量寿经》，《大正藏》第 12 册，第 277 页下。

不坐、不卧、止语，只念"南无阿弥陀佛"，不念其他名号、经咒。信众通过持八关斋戒和止语，将身心寄托在称念佛名之上，可以起到净化身心的作用。在净土宗看来，唯有精进念佛，广行诸善，才能和阿弥陀佛感应道交，往生有望。在此，净土宗修行者把对阿弥陀佛慈悲救助力的信心化作精进念佛的动力，实现了宗教道德中他律与自律的合一。

第三是精进佛七。即七日内精进念佛。精进念佛集中在念佛堂举行，一般从早到晚不间断念佛。精进佛七的特点在于参加人数多，一般有千人左右。要求参与者严格守持戒律，以六合敬为依，都摄六根，精进念佛。修行者通过连续七日的绕佛念佛，减少我执我慢，欣乐净土，积累往生极乐净土的福报资粮。从世俗观点看，众多修行者聚集在一起修行，需要克服生活、言语以及作息习惯上的差异，才能相安无事，各自安住。修行者通过精进念佛，严持戒律，用宗教道德来约束自己的言行，以六和敬为依托，互相礼让，共同修行，践行宗教道德与世俗道德的融合，对宗教团体修行起到了道德上的规范与约束作用。

作为净土宗道场，除了规定的早晚课诵之外，庐山东林寺还以不同类型的持名念佛活动作为主要的修行内容，颇具净土宗传统特色——专修专念。庐山东林寺的念佛活动，属于典型的净土宗修行内容，但并不是净土宗修行的唯一内容，在此单独列出，只是为了说明念佛是净土宗独具特色的修行活动。实际上，除了净土宗之外，其他宗派也念佛求生极乐净土：或者修行其他法门的同时兼念佛号求生净土，或者通过修行其他法门，将修行功德回向往生极乐净土。如禅宗参禅打坐，禅净双修回向往生净土；天台宗研究教理，以《妙法莲华经》为依据，回向往生极乐净土；密宗持咒修法，功德回向往生佛国净土，等等。这里我们可以看到，其他诸宗虽然修行内容、修行方式多种多样，但都将修行功德回向往生极乐净土，体现了中国各佛教宗派的共通点——"导归净土"，即将所有修行功德回向愿往生极乐净土。正如《普贤行愿品》所云："愿我临欲命终时，尽除一切诸障碍，面见彼佛阿弥陀，即得往生安乐刹。我既往生彼国已，现前成就此大愿，一切圆满尽无余，利乐一切众生界。"[1] 除念佛持咒之外，佛教还有多种多样的宗教道德实践方式，如忏悔礼佛、诵经超度、佛诞法会等，但这些方式不属于典型的净土宗修行内容，在此不一一做赘述。

二　世俗道德实践

净土宗的修行内容主要包括以宗教意义为主的修行活动和以伦理道德意义为主的修行活动。其中，以伦理道德意义为主的道德实践活动形式多样，如修净业三福、慈善救助、印送善书等。以宗教伦理道德意义为主的道德实践与以世俗道德为主的实践有不少交叉重叠的地方，如孝亲尊师、生态保护、慈善救助等。鉴于此，本书在从宗教意义为主的修行活动解读净土

---

[1] （唐）实叉难陀译《大方广佛华严经》，《大正藏》第 10 册，第 293 页上。

宗道德实践的同时，也试图进一步从世俗伦理道德意义的视角来解读净土宗的道德实践。实际上，净土宗有着内容丰富、形式多样的世俗道德实践活动，在此列出比较有代表性的活动，并逐一进行介绍。关于净业三福，前文已有详细阐述，在此不再做过多论述。

慈善救济是佛教最具代表性的世俗道德实践活动。慈善救济的内容包括赈灾救济、治病救人、关怀残幼等。慈善救济是大乘佛教自觉觉他、自利利他菩萨道精神的集中体现，也是佛教"慈为与乐，悲为拔苦"的慈悲观的践行。大乘菩萨修行"六度"，即布施、持戒、忍辱、精进、禅定、智慧，其中以布施为第一。布施是佛教慈善救济活动的理念来源。佛教十分重视布施的功德，布施形式有法布施、财布施和无畏布施三种。财布施是施以财物令人摆脱生活之困苦；法布施是教导佛法令其修行，彻底解除生死轮回之苦；无畏布施是当他人身处急难、困苦时，运用自己的内外财、知识、智慧和言语等，抚慰人心，令其安稳，远离恐惧。佛教秉持大乘佛教慈悲救世的菩萨道精神，从古至今，一直在进行着各种各样的慈善救助活动。从救灾赈灾到助学公益，从居家关怀到临终关怀，从爱护残幼到关怀安老，佛教无时无刻不在彰显其普度众生、平等济世的慈悲理念。

作为大乘佛教八大宗派之一，净土宗一直重视并努力推行各种类型的慈善救济活动。净土宗十三祖印光法师大力弘扬佛教慈善救济，提倡净土宗修行者力行佛教三种布施，以圆成往生净土的福慧资粮："一财施，即以钱财，及衣、食、住，给济贫穷苦困苦者。二法施，其人不知善恶邪正，及三世因果，六道轮回，并了生脱死切要法门，方便善巧为宣说。或以佛、菩萨、祖师、善知识，所说契理契机之书。印送流通。俾见闻者生正信心，渐次深入，以至了生脱死，超凡入圣者，皆名法施。三无畏施，一切众生好生恶死，普劝同人，戒杀护生。并人有怖畏，或弭其祸，或启其衷，是小无畏施。一切众生，终难免死，死而复生，生而复死，永劫长怀此之怖畏。令彼信愿念佛，求生西方，渐次进修，至成佛道，是名大无畏施。此三种施，财施只在现生，后世直尽未来。凡欲利人以期圆自己福慧者。宜随己力而实行之。则人民幸甚，国家幸甚。"① 在净土宗看来，施与财物救济贫苦、安抚人心劝恶向善和引导念佛求生净土是相对圆满的慈善行为。而成功得以往生极乐净土是最圆满的救济，可以使众生彻底超越轮回，不再承受世间的任何苦难。

此外，净土宗还有各种形式的世俗道德实践活动，如印送善书、修桥补路、慈幼爱老，等等。净土宗秉持印送善书可以劝善化俗，扬善救民，宣扬因果报应，提倡伦理道德，挽救世道人心。他们将免费印送善书当作弘扬佛法的方便法门之一，让更多的众生能够听闻净土法门，念佛求生净土。如苏州报国寺的弘化社，前身是成立于1930年的上海觉园净业社，由印

---

① 释印光著述《〈江苏水灾义赈会驻扬办赈经历报告书〉序》，《印光法师文钞》（下），宗教文化出版社，2009，第926页。

光法师倡立，是一个专门刻印流通佛教书籍的机构。通过信众捐助，弘化社一直在刻印各类书籍，并通过邮寄、寺庙结缘等方式，向社会免费流通各种经书、善书及佛学论著等。其从成立至今，一直默默担当着弘扬佛法、净化社会人心的道德教化之责。除此之外，净土宗还提倡修行者参与公共设施建设，如捐助财力物力，修桥补路利益大众，提倡培养勤俭节约的传统美德，珍惜福报，爱惜粮食，为念佛求生极乐净土积攒福慧资粮，等等。简言之，净土宗奉行佛教根本宗旨："诸恶莫做，众善奉行"，提倡修行者积极参加各种世俗道德实践活动，通过广行诸善，净化身、口、意三业，培养高尚的道德品质，为往生极乐净土积累福报资粮。

　　一般来说，净土宗多以佛教慈善组织的形式参与世俗道德实践活动，在赈灾、助学、公益、教育、医疗救助、临终关怀等方面传达着超越人道主义的宗教伦理关怀。以净土宗祖庭庐山东林寺为例，其成立"东林寺慈善护生会"，以"倡导世间善行，行小善以积大德"为慈善宗旨，以济贫恤孤、关怀弱势群体为行动宗旨，广行诸善，广济众生。其将慈善活动细化为慈心善行、护佑生灵、素食家园、法宝结缘和生命物语几个方面，内容涵盖面较大。在慈心善行方面，该组织积极参与社会公益活动，救助贫困，关心弱势群体，如专门捐助云南、贵州等边远山区的贫困学生，不定期给孩子们购买衣物、书籍等物资，鼓励他们努力学习做有德行的社会栋梁之材。东林慈善护生会还设立"素绚书屋"项目，给十多所当地小学建立阅览室，赠送各类书籍和书桌等，培养孩子们的阅读兴趣，传播知识与文化理念。该组织积极参与各种类型的赈灾活动，如2014年8月云南鲁甸发生地震，东林慈护会第一时间购买赈灾物资，派救护队赶赴灾区参与救灾活动；参与救援江西德安县洪灾；捐助尼泊尔地震灾民等。凡有灾难发生，东林慈善护生会必定会以不同形式给予救助和关怀。除此之外，东林慈善护生会还设有温暖安养专项救助，专门救助孤苦老人，通过慰问养老院，了解孤寡老人们的疾苦与需求，给他们提供物质和心理上的关心和帮助，提供临终助念活动，帮助孤寡老人安详体面地辞世，等等。护生会积极推广并践行环境保护理念，维护生态家园，如实行营盘圩乡"千年鸟道"专项救助活动和鄱阳湖候鸟护生活动；定期组织信众举行慈心放生活动；推广素食，提倡健康饮食等，以激励大众增长慈悲心。在法宝结缘方面，东林慈护会印刷慈护系列善书，如《饮食与健康》、《万善先资》和《护生画集》等，推广慈护理念；印刷、刻录各种经书、佛像及讲经光盘，弘扬净土法门。在"生命物语"方面，东林慈护会办理慈护杂志，发布各种护生文章、图片及视频，倡导慈善从身边小事做起，行小善以积大德。

　　总之，净土宗弘扬慈悲理念，广行诸善，积极参与世俗道德实践，用各种各样的道德活动净化着社会人心，劝化着世俗社会。净土宗的世俗道德实践，形象地体现了大乘佛教六度万行的菩萨道精神，为建设和谐社会提供了可贵的道德理念，同时也为转型期的社会价值观塑造提供了有益参考。

结　语

　　"信""愿""行"是净土宗修行"三资粮",是实践净土法门的三个关键环节。净土宗修行具有宗教和道德的双重意义。如众所知,佛教修行的宗旨在于成佛。两千多年来,往生净土并最终成佛这一终极目标,一直在鼓舞和激励着无数的净土修行者。

　　净土宗强调"是心作佛,是心是佛",阐发了人人皆有佛性的佛性论观念。在人性问题上,净土宗提出了众生平等和众生都能成佛的本体论依据。意即人人具有佛性是成佛的内在根据,是否成佛则取决于众生的自我道德实践。一诚长老指出,佛教的根本教义体现为两点:一是因缘观,"诸法因缘生,我说此因缘,因缘尽故灭,我作如是说";二是道德观,"诸恶莫作,诸善奉行,自净其意,是名佛教"。因缘观是佛教对世界本体的认识,是对万物生成与兴衰破灭的根本解释,指导着人们对这个世界特别是自我和生命本体存在的认识。佛教认为,任何人都无法回避生、老、病、死、怨憎会、爱别离和五蕴炽盛之苦,生死问题是人们需要直面的根本问题,如何理解生,如何理解死,也就成为佛教探讨的最高问题。缘起论认为，生、老、病、死、忧、悲、恼苦都有因可循。众生的构成不外乎色、受、想、行、识五蕴，由五蕴和合而成，因而没有真实自我，即"诸法无我"。然而，人们执着于身体的我，执着于思维的心，认为这些都是"我"存在的真实展现，由此产生"我"的观念，形成了"我执"。"我执"是烦恼之源，万恶之本。万物都在生灭的流转中，相无自性。在存在方式上的生灭无自性，是一切现象存在的真实状况。

　　从哲学层面看，空性说是思考佛教伦理的根本理论之一。佛教认为万物本性是空，即自性空，如龙树所说："众因缘生法。我说即是空。"① 他认为世间万象是因缘和合而成，因缘所生的事物即是空，没有绝对自性。《般若波罗蜜多心经》云："色不异空，空不异色。色即是空，空即是色。"② 既然万物皆空，无我无自性，是否一切皆虚无？正如六祖慧能在回应神秀偈语"身是菩提树，心如明镜台。时时勤拂拭，莫使惹尘埃"时所说："菩提本无树，明镜亦非台。本来无一物，何处惹尘埃"。佛教本体论从无我空性意义上看世界，是从根本上回答众生在三界内生死流转之因，让众生看破红尘，而不执着于尘世的功名利禄。佛教缘起说旨在追究万物本性之空，告诉人们人类悲苦的内在原因，从而获得解脱之思③，是使众生

---

① 〔古印度〕龙树菩萨造《中论》，《大正藏》第 30 册，第 33 页中。
② （唐）玄奘译《般若波罗蜜多心经》，《大正藏》第 8 册，第 848 页下。
③ 方立天先生指出，佛教的修持理论的前提即为实相理论，所谓实相即为万物的实相，而实相即为空。对于这一实相理论，佛教有一个发展过程。早期小乘佛教以"苦、集、灭、道"四谛为实相，大乘则以真俗为实相，天台则在空与有之上另立中道为实相。方立天：《中国佛教哲学要义》（下），宗教文化出版社，2014，第 561~570 页。

认识到生、老、病、死、忧、悲、苦、恼等的缘起转化，并最终通过消除自心烦恼而实现清净涅槃，实现自觉自利。换言之，佛教强调不破不立，破字当头，立在其中。这个"立"，也就是佛教道德主体之立。

佛教要破除自我的执着，首先须从佛教的世界观来认识这个世界。众生在三界中轮回，循环往复无有止息，承受着无从摆脱的苦难。在三界之外，却有佛国净土。佛国净土由诸佛圆满至善的功德力与愿力化现而成，在那里众生得以摆脱生死之苦，超越轮回，得到永恒的快乐。佛教将有情三界看成是苦空无常之世，从而向众生指明了一个超越这个苦难世界的真实的殊妙世界。依因缘说看，佛教认为人生的一切现象，包括生、老、病、死等也是因缘和合而成。然而，众生却陷于其中不能解脱，并且还要在六道中轮回受苦，根本原因就在于众生的无明愚痴。因此，要使得众生摆脱现世以及轮回之苦，首先就必须摆脱愚痴，学习佛法知识。其次，佛教重视道德主体的内在能动作用，即心的作用。佛教强调心性本净，只因客尘所染而不净，任何道德主体都能够通过勤修戒、定、慧和熄灭贪、嗔、痴，来恢复清净自心。在佛教看来，只有摆脱贪欲妄念，才能修得正道。因此，佛教的本体论和世界观都是佛教道德修养的前提，净土宗的修行也离不开佛教本体论和世界观前提。佛教对什么是善，什么是恶，有着十分丰富的思想观点，为人们的道德修行提供了具体的行为指导。

佛教强调修行者要把自我建构作为佛教道德主体，修行或修持是唯一途径。净土宗也为众生指明了修行的路径，即以"信""愿""行"为修行纲宗，发菩提心，念佛求生极乐净土。净土宗认为，"信、愿、行"是修行的根本所在，三者之间存在着一种逻辑递进的关系。"信"是净土修行的前提和基础。有了"信"，有了坚定的信念和信仰，才会产生内在的愿望，才会对佛教所描绘的愿景有着强烈的向往。佛教道德主体的建构必须以信仰为先。事实上，宗教愿景是对某种宗教所描绘的美好未来或愿景，对非信仰者来说，其是不存在的期许；对信仰者来说，则是精神努力和奋斗的方向。任何宗教都有世俗的前提和基础，宗教愿望就是把人们对美好人生的愿景寄托在未来或来世，也是人们对现实美好的曲折反映。净土宗的"愿"与其他佛教宗派的不同在于，它涵括信众本身的"愿望"和阿弥陀佛的"愿力"两部分。西方极乐净土是阿弥陀佛发救度一切众生的四十八誓愿后，经过累劫勤苦修行直至成佛，由其修行功德力和愿力化现而成，这也体现了佛教伦理慈悲与平等救度众生的根本精神。其次，信众自身的愿望是往生净土的内在原因，这一愿望的实现方式就是自身的修行。从伦理学角度来说，作为一个道德主体，个人需净化自身心灵才能得以往生清净之佛国净土。众生之"愿"自也包括两个部分，一是相信自身的道德修行和宗教修行是进入佛国净土的资本，二是相信仅靠自身的修行还不够，还需相信阿弥陀佛的慈悲愿力和借助其愿力实现往生。净土宗的"愿"，体现了阿弥陀佛与众生之间的宗教道德关系，即阿弥陀佛救度众生与众生信赖阿弥陀佛之间的道德关系。信念和愿望是在世间行善的强大精神动力。因此，虔诚的修行者就会是真正有道德的人。在这个意义上说，修行本身就是道德实践问题，佛教徒就是和谐道德社会的建设者。

净土宗的道德主体建构并非仅仅局限于自我，其还强调在自我道德完善的同时去成就他人。在净土宗看来，修行不仅体现为自觉自利，还体现为觉他利他。"回向发愿"则是净土"愿"的一大特色，体现了大乘佛教"自觉觉他，自利利他"的菩萨道精神。自利自他，成就他人，是净土的道德精神境界，也是最高的道德原则。这一道德原则的合理性就在于佛教所强调的人之内在能动性，在于佛教所坚持的只有自己有了道德的觉悟意识才能够担当起救度他人的使命感。同时，净土宗还强调回向利他也是自我功德的一种实现方式，是在成就他人的时候成就自己。

宗教道德主体的建构最终需落实到"行"，即落实到宗教实践和道德实践中。在信、愿、行"三资粮"中，"行"将净土的信仰、信念和意愿具体落实到行为实践中。净土宗提出持名念佛和净业助行两个方面的修持要求。净土宗的修行与佛教其他宗派修行的不同在于其强调持名念佛。所谓"持名念佛"，即为一心专念阿弥陀佛名号。净土宗认为，个体道德主体的建构是涤除尘染彰显自性清净，从而实现成佛之目的。净土宗认为，尘世并非是众生的归处，世俗的生命不过是生命旅途的一段历程，生命的归宿在于超越生死，跳出轮回。极乐净土就是这样一个超越生死轮回的至善之地。修行必须使自己的内心清净，成就道德人格，将往生极乐净土作为自我道德修行的见证。往生净土需借助"自、他二力"，自力即自我的修行功德力，他力即阿弥陀佛的救助力。净土宗把持名念佛，特别是专念南无阿弥陀佛六字名号或阿弥陀佛四字名号作为主要修行方式，将自己的生命归处托付给阿弥陀佛。净土宗强调，念佛名号是极为重要的道德修行活动，人作为道德主体必须竭诚尽敬，专心致志。其间的道德主体关系，主要在于佛之诚和众生之诚，阿弥陀佛的无量慈悲，愿接引世间一切信众往生西方极乐世界，就是佛之诚；众生念佛名号求生净土，就是信众之诚。至诚即为敬，即对所信赖之对象抱着一种恭敬与虔诚的心态去追求，去向往。以恭敬与虔诚之心来念佛，需要排除一切杂念，杜绝一切利欲诱惑，全身心专注于念佛。因此，众生念佛本身就是一种至诚的道德修行。众生称念阿弥陀佛名号，信愿持名念佛，其意诚心弥陀当知，当尘世生命终结时，阿弥陀佛将以愿力接引其往生极乐净土，彻底断除生死轮回之苦。

"净业三福"为净业助行，是道德主体修行往生净土的根本道德条件，体现出了净土修行的道德实践意义与价值。如三福中的第一福"孝养父母，奉事师长，慈心不杀，修十善业"，是佛教最基本的道德要求。佛经认为，"净业三福"是所有三世诸佛净业构成的正因，西方极乐净土也以此净业为正因。因此，修净业三福也就成为修行者的必然之事。九品往生论说明勤修净业三福具有提升往生品位的功能。同时，宗教道德的修行贯穿于修行者的一生，但因修行者觉悟的差异性，求生净土的意识有早晚，修行者生起求生净土之意愿就意味着佛性的觉醒。任何人信愿往生，一向专念佛号都会得到弥陀愿力救度得往生。这体现出了佛教超越一切生命形式的绝对平等和救度一切众生的绝对慈悲。

　　佛陀普度众生的慈悲精神，激发了道德主体持续进行道德修行的热情与决心。本书认为，这一点正是几千年来佛教得以存在和发展的内在精神原因及佛教作为道德宗教的主要意义所在。实际上，当前我国所倡导的社会主义精神文明建设，加强道德建设是其中的应有之义。而佛教"孝养父母，奉事师长，慈心不杀，修十善业"等道德要求，与社会主义核心价值观中的对个人的道德要求如"爱国、敬业、诚信、友善"具有内在的一致性。此外，佛教还强调要敬诚合一，以真诚的心态为人处事，慈心不杀，修十善业，以道德为荣为善，以不道德为耻为恶。正是基于此，本书认为，佛教伦理和净土宗道德修行思想，对当代社会的精神文明建设有着十分重要的现实意义。

　　大乘佛教的"净土"信仰影响日渐深远，其中蕴含的哲理，对于我们今天建设和谐社会具有启发意义。阿弥陀佛"愿力"思想与我们现在和谐社会建设中的"共同理想"，在精神实质方面有相通之处。一个完善的社会或世界，需要在共同理想的指导下，经过长时期的奋斗才能够实现。各种"净土"的建设也是如此，都需要有恒久不变的目标与持之以恒的精神动力。

在"心净则国土净"思想主导下，佛陀教导人们以智慧自净其心，从而净化世间，以精进修诸功德，从而庄严世间。佛陀出家求道、说法几十年，四十年不休不止，对人心的"垢秽烦恼"，人们的"恶业"以及贫穷、疾疫、天灾、掠夺、侵凌、欺诈、战争、贼难等社会问题进行揭露。这样做不仅是出于对人类生老病死等人类缺陷的抗拒，而且是对恶浊污秽的人心和社会现实的反抗。

在大乘佛教经典中，菩萨行者为"净诸世界""庄严国土"乃至净化、庄严全宇宙一切国土，于无量亿劫奋斗不息。在释迦佛一生的教化中，透露出一种改造世界、建设关好人间的宏图壮志。净土环境优美、胜妙、富足。我们建设和谐社会的目标中有一条就是"通过处理好人与自然的关系来保证可持续的发展"，以促进"人与自然的和谐"，也就是在社会主义生产力发展、人民生活富裕的前提下，保持生态良性发展。"佛教的理想论是以众生升入极乐世界为最佳理想境界，极乐世界被描绘为环境优美、空气清新、草木茂盛、鸟语花香，这体现了佛教对理想生态的设定，蕴含着丰富的生态学内容。"① 佛教是重视环保、摄护生态的楷模。可以看出，"净土"信仰与和谐社会建设中"人与自然和谐"这一点上是有相互融通之处的。

---

① 魏德东：《佛教的生态理念和实践》，《中国宗教》1999年第2期，第16~17页。

　　世界外在环境的染污、社会的不公正现象，根源为内在人心的染污、不平等，因为有过度的贪欲，遂对外在的环境资源索求、破坏太多；因为内心有嗔恨、愚痴，常常损人以肥己，便造成种种社会问题。净土思想的"随其心净则国土净"的观念对于我们今天的和谐社会的建设的确有启示意义。

　　净土信仰重视德行的观念也与和谐社会建设有内在相通之处，它们都号召人们通过努力，而达到一种道德精神与物质生活共同富裕的境界，这才是"和谐"的人生、"和谐"的社会。"净土"信仰中蕴含着很多有关"和谐"的积极因素，在提倡构建和谐社会的今天，是值得我们深入挖掘的。

　　正如方立天所言，当前，我国道德建设是一个系统过程，要认真分析构建社会主义道德建设的各种要素，特别是对人性内涵和本质相关的，佛教伦理中有关伦理理念和道德规范有值得借鉴的地方。比如慈悲、平等利他等有较高的道德价值；行十善业道为提高人的道德修养提供了现成的价值论说和实践方法；因果报应价值说作为佛教伦理最重要的核心价值，长期支撑着中国传统优秀道德理论的作用。净土信仰尤其是对至善的弥陀净土的信仰，对人的善性和社会善性的提倡，将有利于我们主推社会道德建设，净化社会环境，净化人心，让人类恢复本有的善性。

参考文献

一 佛教经论类

（西晋）安法钦译《佛说道神足无极变化经》，《大正藏》第17册。

（后汉）安世高译《佛说阿难问事佛吉凶经》，《大正藏》第14册。

（后汉）安世高译《佛说骂意经》，《大正藏》第17册。

（魏）白延译《佛说须赖经》，《大正藏》第12册。

（魏）般若流支译《正法念处经》，《大正藏》第17册。

（南朝梁）宝亮等集《大般涅槃经集解》，《大正藏》第37册。

（隋）阇那崛多译《诸法最上王经》，《大正藏》第17册。

（西晋）敦煌三藏译《佛说决定毗尼经》，《大正藏》第12册。

（唐）法宝撰《俱舍论疏》，《大正藏》第41册。

（唐）法藏述《华严经探玄记》，《大正藏》第35册。

（唐）法藏述《华严一乘教义分齐章》，《大正藏》第45册。

（唐）法藏述《修华严奥旨妄尽还源观》，《大正藏》第45册。

（西晋）法护等译《佛说大乘菩萨藏正法经》，《大正藏》第11 册。

（西晋）法护等译《佛说如来不思议秘密大乘经》，《大正藏》第11 册。

（西晋）法护等译《渐备一切智德经》，《大正藏》第10 册。

（东晋）法显译《佛说大般泥洹经》，《大正藏》第12 册。

（后秦）佛陀耶舍、竺佛念译《善生经》，《大正藏》第1 册。

〔古印度〕诃梨跋摩造《成实论》，鸠摩罗什译，《大正藏》第32 册。

（隋）慧远《大乘义章》，《大正藏》第44 册。

（隋）慧远疏《无量寿经义疏》，《大正藏》第37 册。

（隋）吉藏撰《涅槃经游意》，《大正藏》第38 册。

（东汉）迦叶摩腾、竺法兰译《四十二章经》，《大正藏》第17 册。

（南朝宋）畺良耶舍译《佛说观无量寿佛经》，《大正藏》第12 册。

（后秦）鸠摩罗什译《佛说阿弥陀经》，《大正藏》第12 册。

（南朝宋）沮渠京声译《观弥勒菩萨上生兜率天经》，《大正藏》第14 册。

（魏）康僧铠译《佛说无量寿经》，《大正藏》第12 册。

〔古印度〕龙树菩萨造《大智度论》，鸠摩罗什译，《大正藏》第25 册。

〔古印度〕龙树菩萨造《十住毗婆沙论》，鸠摩罗什译，《大正藏》第 26 册。

〔古印度〕龙树菩萨造《中论》，鸠摩罗什译，《大正藏》第 30 册。

〔古印度〕弥勒菩萨说《瑜伽师地论》，玄奘译，《大正藏》第 30 册。

〔古印度〕菩提灯译《占察善恶业报经》，《大正藏》第 17 册。

（唐）菩提流志《大宝积经》，《大正藏》第 11 册。

（宋）契嵩撰《孝论》，《大正藏》第 52 册。

〔古印度〕亲光菩萨等造《佛地经论》，玄奘译，《大正藏》第 26 册。

（南朝宋）求那跋陀罗译《杂阿含经》，《大正藏》第 2 册。

（宋）日称等译《诸法集要经》，《大正藏》第 17 册。

（东晋）僧伽提婆译《增一阿含经》，《大正藏》第 2 册。

（后秦）僧肇等撰《注维摩诘经》，《大正藏》第 38 册。

（唐）善无畏、一行译《大毗卢遮那成佛神变加持经》，《大正藏》第 18 册。

〔古印度〕舍利弗造《舍利弗阿毗昙论》，昙摩耶舍、昙摩崛多等译，《大正藏》第 28 册。

失译人名：《别译杂阿含经》，《大正藏》第 2 册。

失译人名：《佛说甚深大回向经》，《大正藏》第 17 册。

失译人名：《萨婆多毗尼毗婆沙》，《大正藏》第 23 册。

（唐）实叉难陀译《大方广佛华严经》（八十卷本），《大正藏》第 9 册。

〔古印度〕世亲尊者造《阿毗达摩俱舍论》，玄奘译，《大正藏》第 29 册。

〔古印度〕世友菩萨造《异部宗轮论》，玄奘译，《大正藏》第 50 册。

（北凉）昙无谶译《大般涅槃经》，《大正藏》第 12 册。

（北凉）昙无谶译《大方等大集经》，《大正藏》第 13 册。

（北凉）昙无谶译《优婆塞戒经》，《大正藏》第 24 册。

（唐）提云般若译《佛说大乘造像功德经》，《大正藏》第 16 册。

〔古印度〕天亲菩萨造《发菩提心经论》，鸠摩罗什译，《大正藏》第 31 册。

〔古印度〕天亲菩萨造《佛性论》，真谛译，《大正藏》第 31 册。

（吴）维祇难等译《法句经》，《大正藏》第 4 册。

〔古印度〕无著菩萨造《大乘庄严经论》，波罗颇蜜多罗译，《大正藏》第 31 册。

（唐）玄奘译《般若波罗蜜多心经》，《大正藏》第 8 册。

（唐）玄奘译《本事经》，《大正藏》第 17 册。

（唐）玄奘译《药师琉璃光如来本愿功德经》，《大正藏》第 14 册。

（唐）义净译《根本说一切有部毗奈耶出家事》，《大正藏》第 23 册。

（宋）元照述《观无量寿佛经义疏》，《大正藏》第 37 册。

（隋）智者大师述《观心论》，《大正藏》第 85 册。

（隋）智者大师说《观无量寿佛经疏》，《大正藏》第 37 册。

（后秦）竺佛念译《出曜经》，《大正藏》第 4 册。

（后秦）竺佛念译《菩萨璎珞本业经》，《大正藏》第 24 册。

（唐）宗密述《佛说盂兰盆经疏》，《大正藏》第 39 册。

（宋）遵式述《往生净土决疑行愿二门》，《大正藏》第 47 册。

二　著作类

〔美〕阿拉斯代尔·麦金太尔：《德性之后》，龚群等译，中国
　　社会科学出版社，1995。

〔英〕阿·麦格拉思：《意义的惊现——科学、信仰以及如何
　　理解事物的意义》，孙为鲲译，上海三联书店，2014。

〔英〕边沁：《道德与立法原理》，时殷弘译，商务印书馆，
　　2020。

〔荷兰〕斯宾诺莎：《伦理学》，贺麟译，商务印书馆，1997。

（清）彻悟大师：《彻悟大师文集》，九州出版社，2013。

陈兵编著《新编佛教辞典》，中国世界语出版社，1999。

陈观胜、李培茱编《中英佛教辞典》，外文出版社，2005。

陈扬炯、冯巧英评注《昙鸾集评注》，山西人民出版社，1992。

陈瑛等：《中国伦理思想史》，贵州人民出版社，1985。

陈瑛、焦国成：《中国伦理学百科全书（2）·中国伦理思想
　　史卷》，吉林人民出版社，1993。

丁文江、赵丰田编《梁启超年谱长编》，上海人民出版社，

1983。

董群：《佛教伦理与中国禅学》，宗教文化出版社，2007。

方立天：《中国佛教哲学要义（上下卷）》，宗教文化出版社，2014。

冯友兰：《中国哲学简史》，北京大学出版社，1996。

印光法师：《增广印光法师文钞》，九州出版社，2012。

〔德〕康德：《道德形而上学奠基》，杨云飞译，人民出版社，2013。

赖永海：《中国佛性论》，江苏人民出版社，2010。

李萍主编《伦理学基础》，首都经贸大学出版社，2004。

莲池大师：《竹窗随笔》，河北佛教协会虚云印经功德藏，2009。

林世田点校《净土宗经典精华》，宗教文化出版社，1999。

吕大吉：《人道与神道——宗教伦理学导论》，上海人民出版社，1991。

罗国杰主编《中国伦理思想史》，中国人民大学出版社，2008。

〔英〕麦克斯·缪勒：《宗教的起源和发展》，金泽译，上海人民出版社1989。

魏英敏等编《新伦理学教程》，北京大学出版社，2012。

〔英〕摩尔：《伦理学原理》，长河译，商务印书馆，1983。

〔日〕木村泰贤：《本愿思想之开展与道德文化的宗教的意义》，载张漫涛主编《现代佛教学术丛刊》第66册，大乘文化出版社，1978。

〔斯里兰卡〕那烂陀：《觉悟之道——佛陀最直接的教导》，学愚译，山东人民出版社，2007。

欧顺军：《伦理视阈下的佛教平等观》，湖南师范大学出版社，2012。

（明）蕅益大师：《蕅益大师文集》，于德隆、徐尚定点校，九州出版社，2013。

任继愈主编《宗教大辞典》，上海辞书出版社，1998。

〔日〕三浦藤作：《中国伦理学史》，张宗元、林科棠译，台湾商务印书馆，1970。

（唐）善导大师：《善导大师全集》，释慧净、释净宗编，岳麓书社，2012。

（唐）善导大师：《善导大师文集》，九州出版社，2013。

（唐）善导、法照、少康：《云在阁经藏唐代净土祖师全集》，张景岗编校，九州出版社，2013。

沈善洪、王凤贤：《中国伦理学说史》，浙江人民出版社，1985。

圣凯：《晋唐弥陀净土的思想与信仰》，中国社会科学出版社，2009。

石峻等编《中国佛教思想资料选编》，中华书局，1981。

释大安集述《净土宗教程（修订本）》，庐山东林寺印经处，2011。

释印光：《印光法师文钞》，张育英校注，宗教文化出版社，2009。

释昭慧：《佛教规范伦理学——从佛教伦理学到戒律学思想体系之构建》，宗教文化出版社，2013。

太虚法师：《太虚大师文集》，宗教文化出版社，2004。

（南北朝）昙鸾、道绰：《昙鸾大师道绰大师文集》，张景岗点
　　校，九州出版社，2014。

汪志强：《印度佛教净土思想研究》，四川出版集团巴蜀书社，
　　2009。

王孺童：《佛学经义》，漓江出版社，2013。

王月清：《中国佛教伦理研究》，南京大学出版社，1999。

温金玉：《禅宗伦理学初探·中国佛教学术论典（28）》，佛光
　　山文教基金，2001。

（清）严可均辑《全晋文》，商务印书馆，1999。

于德隆、徐尚定点校《净土宗大师全集》，九州出版社，2013。

圆持：《佛教伦理》，东方出版社，2009。

张岱年：《中国伦理思想研究》，上海人民出版社，1989。

张怀承：《无我与涅槃——佛家伦理道德精粹》，湖南大学出
　　版社，1999。

朱贻庭主编《伦理学大辞典》，上海辞书出版社，2011。

朱贻庭主编《中国传统伦理思想史》，华东师范大学出版
　　社，2009。

三　期刊论文类

贲利：《现代中国佛教伦理思想研究》，《黑龙江大学学报》，
　　2010。

曹晓虎：《净土宗伦理研究》，《南京大学学报》，2003。

董群：《净土三经的伦理思想研究》，《东南大学学报》（哲学社会科学版）2003 年第 3 期；《缘起论对佛教道德哲学的基础意义》，《道德与文明》2006 年第 1 期。

方华田：《中国佛教宗派——净土宗》，《佛教文化》2005 年第 5 期。

韩焕忠：《佛教中国化的形式和内容》，《青岛科技大学学报》（社会科学版）2002 年第 4 期。

黄国清：《龙树的净土念佛思想——以〈大智度论〉与〈十住毗婆沙论〉为本的研究》，《普陀学刊》2016 年第 3 期。

魏磊：《净土法门，唯信为本——略述净土宗信愿行之一》，《法音》2001 年第 1 期；《弥陀大愿慈力　至诚感动即摄——略述净土宗信愿行之二》，《法音》2001 年第 2 期；《名号具万德　称念必往生——略述净土宗信愿行之三》，《法音》2001 年第 3 期；《净业三福融圣道　了他即自享佛果——略述净土宗信愿行之四》，《法音》2001 年第 4 期。

李元光：《宗喀巴大师宗教伦理思想研究》，《四川大学学报》，2004。

魏德东：《论佛教道德的层次性》，《道德与文明》2002 年第 6 期。

彭欣：《星云法师人间佛教伦理思想研究》，《中南大学学报》，2011。

王公伟：《试析中国净土思想发展的路径》，《社会科学战线》2005 年第 6 期。

王月清：《论中国佛教伦理思想及其现代意义》，《南京大学学报》（哲学人文科学社会科学版）2002 年第 5 期。

杨明、刘登科：《中国佛教伦理文化与当代和谐社会建设》，《道德与文明》2006 年第 6 期。

姚长寿：《净土三经与净土五经》，《佛教文化》1990 年第 2 期。

姚卫群：《佛教的伦理思想与现代社会》，《北京大学学报》（哲学社会科学版）1999 年第 3 期。

张风雷：《智颛佛教心性论述评》，《中国哲学史》1996 年第 3 期。

张有才：《中国净土宗伦理思想研究》，《东南大学学报》，2005。

四　外文文献类

A. L. Herman, "A Solution to the Paradox of Desire in Buddhism," *Philosophy East and West*, Vol. 29, No. 1 (Jan. , 1979).

Charles B. Jones, "Foundations of Ethics and Practice in Chinese", *Pure Land Buddhism Journal of Buddhist Ethics*, Vol. 10, 2003, (April 27th, 2010).

Damien Keown, *Buddhist Ethics—A Very Short Introduction*, Newyork, Oxford University Press, 2005.

Kenneth K. Inada, "Buddhist Naturalism and the Myth of Rebirth," *International Journal for Philosophy of Religion*, Vol. 1, No. 1 (Spring, 1970).

Laurence J. Rosán, "Desirelessness and the Good," *Philosophy*

East and West, Vol. 5, No. 1 (Apr., 1955).

Luis O. Gómezge, "Emptiness and Moral Perfection," *Philosophy East and West*, Vol. 23, No. 3, *Philosophy and Revolution* (Jul., 1973).

Peter D. Hershock, "Dramatic Intervention: Human Rights from a Buddhist Perspective," *Philosophy East and West*, Vol. 50, No. 1 (Jan., 2000).

Peter Harvey, *An Introduction to Buddhist Ethics: Foundation, Values and Issues*, Cambridge, Cambridge University Press, 2000.

Saddhatissa H., *Buddhist Ethics: Essence of Buddhism*, London, Geoge Allen&Unwin, 1970.

Sallie B, King, "Buddha Nature and the Concept of Person," *Philosophy East and West*, Vol. 39, No. 2 (Apr., 1989).

Shoson Miyamoto, "Freedom, Independence, and Peace in Buddhism," *Philosophy East and West*, Vol. 1, No. 4 (Jan., 1952).

Sulak Sivaraksa, "*Buddhism* and Human Freedom," *Buddhist – Christian Studies*, Vol. 18 (1998).

Winston L. King, *In the Hope of Nibbana—The Ethics of Theravada Buddhism*, Open Count Publishing Co. 1964.

图书在版编目（CIP）数据

中国净土宗伦理思想研究 / 钱姝璇著. -- 北京：
社会科学文献出版社，2021.10
ISBN 978 - 7 - 5201 - 8846 - 3

Ⅰ.①中… Ⅱ.①钱… Ⅲ.①净土宗 - 伦理思想 - 研
究 - 中国 Ⅳ.①B946.8

中国版本图书馆 CIP 数据核字（2021）第 161333 号

中国净土宗伦理思想研究

著　　者 / 钱姝璇

出 版 人 / 王利民
组稿编辑 / 袁清湘
责任编辑 / 郑凤云　赵怀英
责任印制 / 王京美

出　　版 / 社会科学文献出版社·联合出版中心（010）59367202
　　　　　　地址：北京市北三环中路甲 29 号院华龙大厦　邮编：100029
　　　　　　网址：www.ssap.com.cn
发　　行 / 市场营销中心（010）59367081　59367083
印　　装 / 三河市东方印刷有限公司

规　　格 / 开　本：787mm × 1092mm　1/16
　　　　　　印　张：18.25　字　数：190 千字
版　　次 / 2021 年 10 月第 1 版　2021 年 10 月第 1 次印刷
书　　号 / ISBN 978 - 7 - 5201 - 8846 - 3
定　　价 / 98.00 元

本书如有印装质量问题，请与读者服务中心（010 - 59367028）联系